# Morality and Truth of Knowledge

# 知识的"善"与"真"

当代中国最为重大的问题，不是政治问题，不是经济问题，也不是哲学等等问题，而是文化问题。文化问题是一个宏观的、根本的问题，相比之下，其他问题则是微观的、非根本的问题。

黎志敏◎著

人民出版社

责任编辑:王怡石
装帧设计:雅思雅特

**图书在版编目(CIP)数据**

知识的"善"与"真"/黎志敏 著. -北京:人民出版社,2011.10
ISBN 978-7-01-009995-8

Ⅰ.①知…　Ⅱ.①黎…　Ⅲ.①现代文化-研究-中国　Ⅳ.①G12

中国版本图书馆 CIP 数据核字(2011)第 119887 号

# 知识的"善"与"真"
ZHISHI DE SHAN YU ZHEN

黎志敏　著

人民出版社 出版发行
(100706　北京朝阳门内大街 166 号)

北京市文林印务有限公司印刷　新华书店经销

2011 年 10 月第 1 版　2011 年 10 月北京第 1 次印刷
开本:710 毫米×1000 毫米 1/16　印张:16
字数:240 千字　印数:0,001-2,000 册

ISBN 978-7-01-009995-8　定价:45.00 元

邮购地址 100706　北京朝阳门内大街 166 号
人民东方图书销售中心　电话 (010)65250042　65289539

# 目 录

# 前　言

一

自五四新文化运动以来,中国传统文化被不断质疑、批评、解构。今天看来,中国传统文化体系早已分崩离析,其作为一个有机整体已经不复存在。人们在解构中国传统文化的同时大量地引进了西方文化。雷蒙德·杜胜说:

> (在近代之前)中国为其文化和力量的卓越而十分自负。十九世纪中叶,中国人尽管遭受了西方列强的一系列欺辱,他们并没有对于自己的文化信仰和生活方式产生任何怀疑……他们在向西方学习工业、军事、经济、外交技巧的同时甚至强化了传统儒家文化的社会政治组织方式……"洋务运动"被证明是一次惨重的失败。1871 年,洋务运动已经遭到怀疑。1894 年,随着中国在甲午战争之中的惨败,洋务运动也最终破产。从此,中国人的自信彻底崩溃……中国人开始怀疑他们的所有的传统文化。这最终导致了 1919 年的五四运动——这一运动的目标是抛弃所有的中国传统文化,并全面模仿西方文化重建中国文化。①

在引进西方文化的过程中,有些人将西方文化视为某种"普世价值",主张直接照搬——他们在潜意识里似乎将文化价值等同于机器设备零件之类的物质产品,以为直接搬过来就可以使用了。可惜,这类人却在事实

---

① Raymond Dawson, *The Legacy of China*, Oxford: Clarendon Press, 1964, p. 81.

面前常常碰得鼻青脸肿。例如在文学领域，纪弦等诗人曾经发起所谓"横的移植"运动，主张直接"移植"西方诗学——这一运动试行不久就遭到惨败。①许多历史事实已经证明：在文化领域，采取所谓直接照搬、移植的办法基本是行不通的。

更多人持另外一种颇为"中庸"的观点，即所谓"融合论"。这一主张的假设前提是：第一，中西文化是平等的；第二，中西互有优缺点，而且可以互相补充。这一主张受到众多人士的支持，在业内广为流行。究其原因，主要在于其前提一符合人们的自尊需求，前提二符合人们不求甚解的"折中"思维范式。而且，这一主张还有不少成功的实际例子作为证明，例如在医学界就有不少中西医结合取得显著疗效的例子。不过，问题在于：我们也能轻易地找到很多反例，例如"父母之约、媒妁之言"和"自由恋爱婚姻"、"夫权"和"男女平等"等就针锋相对，不可能有任何"调和"的余地。在这种情况下，我们只能在二者之间进行取舍，所谓的"融合"方法根本行不通。

"融合论"可以作为中西文化交流的一种有效模式，却并不成其为一种成熟的理论。所谓"模式"，即指在逻辑上可行、在实践中有效的具体操作性原则；而成熟的"理论"则必须能够体现所有事件的共同规律；前者容许反例出现，后者则不能。"融合论"不成其为一种理论的理论原因在于：中西文化中的许多优秀成分本身就是和弊端密不可分的，换言之，在很多时候，中国在引进西方的某种优秀文化成分的同时，也不可避免地引进了某种弊端，例如引进"自由婚姻"的观点，就不可避免地引进了"高离婚率"；同时，在很多时候，引进西方的某种优秀文化成分，就会同时损害中国传统中相应的优秀文化成分，例如引进西方的"人人平等"，就会在很大程度上损害中国传统的"孝道"。波普认为："理论是我们撒下去抓住'世界'的网：使得世界理论化，说明它，支配它。我们尽力使得这个网的网眼愈来愈小。"②"融合论"的"网眼"很大，并不是一种成熟的理论——尽管在有些时候是有效的。

---

① 有关中国新诗学习引进西方诗歌的问题研究，参见黎志敏：《西方诗学影响下的中国新诗：起源、发展与本土意识》，西南师范大学出版社2005年版，第236—258页。

② 波普尔：《科学发现的逻辑》，《自然科学哲学问题丛刊》1981年第1期。"波普尔"现在一般被翻译为波普，正文中统一使用"波普"这一译名，注释中则遵照原文。

钱穆认为中国人在近代遇到的首要问题,就是"如何赶快学到欧、美西方文化的富强力量,好把自己国家和民族的地位支撑住"。第二个问题,"是如何吸收融合西方文化而使中国传统文化更光大与更充实。""若第一个问题不解决,中国的国家民族将根本不存在;若第二个问题不解决,则中国国家民族虽得存在,而中国传统文化则仍将失其存在。"①钱穆的这一看法,也是持"融合论"的学者们的共识。问题的关键在于:究竟"如何"融合呢?钱穆本人在批评"融合论"时指出:"在他们的思想方法中,所谓的最佳,一定是中国文化中最高、最完美的精神与西方文化最高、最理想精神的结合,在这种理想主义的天平上,中西文化的融合、交汇,实际上只能变成了简单的一致和融同。"②而且,这种"简单的一致",往往是对中国传统文化的盲目背弃以及对西方文化的盲目认同。随着这种思维模式的发展,近年来更有不少中国人士大力鼓吹要"融入国际主流文明社会"。对此,甘阳尖锐地指出:"国内近年的有些说法我是不大认同的,比如很多媒体常常说'中国要融入国际主流文明社会',言下之意是我们中国人应该把自己看成野蛮人,要脱胎换骨想办法去'融入西方主流社会'。"③从文化策略上来看,盲目地迎合西方显然是十分无知的:因为中西方各有自己的文化利益,盲目地迎合必然导致我们不能坚持自己的利益,从而陷入难以自拔的"被动"泥潭。

李泽厚曾说:"(中国文艺理论——作者注)争论的焦点之一是到底应以古典为基础、现代为基础,还是西方为基础呢?我想,恐怕还是要以12亿中国人的现代生存为基础。"④他还说:"我以为旧的东西不必经过彻底打碎,而可以通过各种形式逐渐转换变成新的东西,这个新的东西不一定就是西方世界已经有的或既成的模式。因此,这里的重点是在创造。"⑤李泽厚在这里提出的两点,即"以中国人的现代生存为基础"、"在中西文化的基础上进行创造(而且重点在于创造)"是十分明智的,可以作为中国现代文化建设的基本理论原则。把这两个观点总结为一句话,即现代中

① 钱穆:《中国文化史导论》,商务印书馆1994年版,第204—205页。
② 杨岚:《钱穆论中国现代文化的出路》,《中州学刊》1995年第6期。
③ 甘阳:《通三统》,三联书店2007年版,第9页。
④ 李泽厚:《谈世纪之交的中西文化和艺术》,《文艺研究》2000年第2期。
⑤ 同上。

国文化建设必须以中国人自己的现代生存为基础,在中国现有文化的基础上进行自主创造。李泽厚提出的原则无疑是正确的,不过仍然没有回答"如何"的问题——回答好这一问题,必须在深刻理解中西文化特点的基础之上才有可能。

建设现代中国文化,不可能白手起家,而必须以中西方已有的文化为基础。这意味着我们首先必须充分认识、理解中西方文化。对于中国人而言,尤其重要的是认识、理解西方文化。而西方的文化历史异常复杂、西方文化典籍浩如烟海,任何一个小的领域都足够一个学者付出一辈子的辛勤劳动。刘小枫认为:"对汉语学界来说,理解西方哲学是非常艰难的历史任务,需要数代学人不懈努力,能否完成也还是未知数。"[①]中国的现代化事业的确需要所有中国人共同努力去完成,中国学界更是义不容辞——学者个人则要勉力为之,以尽绵薄之力。

幸运的是,在经过近一个世纪的艰苦探索之后,中国人已经积累了大量的宝贵经验。在此基础上,我们可以信心十足地开始系统地构建现代中国文化的框架结构体系。只要创建起这一框架体系,我们就完全拥有了自己的独立品质和主动地位,不必再担心陷入附庸文化的被动境地;也只有建立起了这一框架体系,我们才能对西方浩如烟海的文化典籍进行有效地选择、学习、吸收,才能更进一步地进行各方面的细节创造。近现代(尤其是五四运动)以来,现代中国文化建设工作的重点在于批评、解构中国传统文化;当代的重点,在于构建现代中国文化的最基本框架;未来的人们,则可以不断丰富、发展、完善现代中国文化的各种细节,从而最终将现代中国文化建设为世界上最具魅力的现代文化。法国著名哲学家伏尔泰在《哲学辞典》里赞扬中国是"举世最优美、最古老、最广大、人口最多和治理最好的国家。"他还讽刺自以为是最高文明者的基督徒,说当中国早已是文明国家时,"我们还只是一小撮在阿尔登森林中流浪的野人哩!"[②]中国传统文化在传统世界是最为优秀的文化之一,我们没有理由不相信,我们也能将中国现代文化建设为现代世界最为优秀的文化之一。

---

① 刘小枫:《诗化哲学》,华东师范大学出版社 2007 年版,第 7 页。
② 叶廷芳:《18 世纪欧洲的"中国风"》,《光明日报》2010 年 8 月 12 日。

# 二

建设现代中国文化的关键在于理解西方文化,而理解西方文化的关键在于理解西方哲学。刘小枫说:"在二十一世纪,中国文化精神如果要发展的话,就得在深入理解西方思想的基础上重新理解自己——这当然不意味着要用西方的某种哲学观念来解释我们自己的传统。"①而深入地理解西方哲学,并使之服务于现代中国文化建设的关键则在于坚持本土文化立场——即在中国文化的基础上,以中国文化的视角阅读、理解、学习、引进西方哲学。不牢牢把握这一原则,即便再过几百年,我们仍然不可能有效地掌握西方哲学,更不可能获取阐释西方哲学的话语权。

西方哲学概念 Philosophy 的原意是"爱智"。从这一定义出发,可以说"凡有语言的地方就有哲学"。正因为如此,叔本华才说:"可是我们首先就发现哲学是一个长有许多脑袋的怪物,每个脑袋都说着一种不同的语言。"②在广义的哲学定义之下,任何哲学家都说不清哲学究竟是什么。也正因为如此,每一个哲学家都可以合法地根据自己的需要来定义自己的"哲学"概念。从严格意义上来说,世界上所有哲学家所使用的"哲学"概念都并不完全一致,而且,他们对哲学体系内的同一概念的理解和使用也不一样。即便是同一个哲学家,在不同时候对同一个概念的阐释和使用也不尽相同,例如倪梁康就指出:"他(胡塞尔)在其一生的思想发展中不断地修改和纠正他自己的思想,而作为这些思想长河之水滴的概念范畴也就处在不断地变化流动之中。"③事实上,任何哲学概念,只在其使用者的思想体系之中才被赋予最为确切的意义,而这种意义也仍然永远不可能被确定为"绝对清晰"的终极概念定义。

因此,中国学者完全可以合法地立足于中国文化,独立自主地根据自己的学术需要重新定义西方哲学。只有在此基础下,我们才能取得独立自主的学术地位,才能取得让自己满意、让西方学界瞩目的学术研究成

---

① 刘小枫:《这一代人的怕与爱》,华夏出版社 2007 年版,第 328 页。
② 叔本华:《作为意志和表象的世界》,石冲白译,商务印书馆 1982 年版,第 145 页。
③ 倪梁康:《胡塞尔现象学概念通释·前言》,三联书店 1999 年版,第 2 页。

果,才能不断获得哲学研究的信心和能力,并最终获得哲学阐释的话语权。也只有如此,才能有效地避免种种误区,合理地利用西方哲学的资源为现代中国文化建设服务。相反,在追随西方学界的指导方针下,我们永远也不可能取得让西方学者刮目相看的学术成就,永远也无法取得独立自主的学术地位——这会进一步殃及现代中国文化,使之堕落为某种附庸文化。

从广义的西方哲学概念出发来看,传统中国不但有哲学,而且还有着十分丰富的哲学资源。不过,传统中国却没有西方传统中的知识论哲学——或许有一点点萌芽——这一点,冯友兰、金岳霖等学界前辈早已指出。李泽厚也说:"'哲学'这个概念传到中国有100多年了。这个概念其实不很合适,因为中国没有西方意义上的那种哲学。说得夸张一点,中国没有'哲学'。"①成中英认为:"有些人认为中国人没有西方所说的哲学,因之认为中国人没有哲学,这点是无法成立的。我认为中国有哲学,中国哲学甚至也能引申出西方所谓的哲学。只要各位仔细考察,就知道中国哲学相当丰富。"②李泽厚所指的是西方意义上的哲学,准确地说就是冯友兰、金岳霖等所说的"知识论哲学",而成中英所指的则是广义上的哲学,从这一层面来看,二者并不矛盾。

从超越中西文化体具体形态差异的文化体系结构理论层面,我们可以很好地解释中西文化体系的差异及其各自的合理性(见本书《导论》)。从文化结构层面来看,中国传统文化和西方相比"缺乏、而且仅仅缺乏"的就是知识论哲学。换言之,现代中国文化的框架建设唯一所需要引进的就是西方的知识论哲学。认识到这一点,至关重要,因为它可以从根本上解决中西"如何"融合的问题。中国早在20世纪初期就开始系统引进西方哲学,从学理上来看,这一"引进"可以视为中国传统文化体系被正式解构的开端。由于当时的人们对于文化理论和西方哲学的本质理解不深,

---

① 李泽厚:《谈世纪之交的中西文化和艺术》,《文艺研究》2000年第2期。李泽厚在文中还说:"……但是,你能废掉这些词吗?现在不用'哲学'这个词语,行吗?不行的。这有我们在用到这个词的时候,注意哪些地方是不合适的,哪些地方是合适的,就好办。"李泽厚的这个办法并不是最好的,最好的办法就是创造一些词来,对不同含义的"哲学"进行有效区分,例如知识论哲学、本体论哲学等。

② 成中英:《中国文化的现代化与世界化》,中国和平出版社1988年版,第60页。

因此，当时的"引进"十分盲目、鲁莽，并对中国文化造成了巨大的伤害。我们不但要引进西方哲学，还要注意合理地引进——在中国文化规范的前提下进行引进。这一点在本书第十二章有详细论述。

"融合论"所主张的"主体"并不明确，严重遮蔽了我们建设中国现代文化的独立自主性。既然我们是要构建自己的现代文化，就必须立足中国本土文化，充分重视自己的独立自主性。如果立足于中国本土文化，我们完全有理由将狭义的西方哲学定义为"知识论哲学"——其关键在于排除西方哲学中的各种价值学说（中国于此并不缺乏，甚至更为丰富），以便于中国对于西方知识论哲学的学习研究、引进吸收，并最终有利于现代中国文化的建设。狭义的西方哲学是由古希腊的三位大哲学家奠基的：苏格拉底提出将绝对意义上的"真理"作为追求目标；柏拉图提出了"理念世界"，而"理念世界"为西方哲学开辟出"真理域"；亚里士多德创造了逻辑，赋予西方哲学追寻真理的工具。这三位古希腊的大哲学家共同搭起狭义的西方哲学的基本框架，而这一框架可以简称为"求真的逻辑的体系"。其后，这一哲学体系又被笛卡尔、康德等人不断丰富、发展、完善。狭义的哲学概念和西方科学密切相关，因此可以将其二者表述为一个概念，即"哲学—科学"。[①]

近现代以来，中国从西方引进的"哲学—科学"在很大程度上解构了中国传统文化伦理道德体系，使得中国在文化层面呈现出深度不稳定的状态。因此，我们不但要引进西方知识论哲学，还要立足本土文化，解构西方知识论哲学，并在此基础上构建符合中国文化特征的、在学理上优于西方知识论哲学的"整体知识论"哲学（参见第七、第八章）。然后，我们还要（而且才能）将"知识论"哲学纳入现代中国文化的框架之中，使之有效地为现代中国文化建设服务。值得指出的是：西方"哲学—科学"在现代中国文化框架之中只能（而且只是）处于一种从属地位。[②]甘阳曾说："中国思想学术下一步要有大的发展，同样取决于我们对西方的认识能否有

---

① 例如胡塞尔就经常使用"哲学—科学"概念。参见张廷国：《欧洲文化危机的根源——胡塞尔晚期思想中的一个哲学问题》，《江苏社会科学》2000年第5期。

② 在以中国文化为服务对象、中国问题为研究目标的学术语境之中，这是必须坚持的一个基本原则。而在西方文明的语境之中，使用广义的哲学概念则并不构成任何问题。

大的突破。我有一个说法很多人知道,叫做'消解西方神话,重说中国故事'。"①在中国语境中对西方哲学的解构与重建,正是一种"消解西方神话,重说中国故事"的具体努力与尝试。

在狭义的西方哲学概念的观照下,我们不难发现:西方现代性的关键问题,在于"哲学—科学"与宗教信仰之间形成的矛盾与张力,中国现代性的关键问题与西方在本质上是一致的,具体则体现为"哲学—科学"与中国文化伦理道德之间的矛盾与张力(见本书导论部分)。西方现代社会的稳定性,根本上在于西方"哲学—科学"与西方宗教信仰之间形成了某种调适机制,使得二者之间达成了动态平衡。而现代中国文化建设的关键所在,也就是以求"善"的文化价值引导和规范求"真"的"哲学—科学",在中国"哲学—科学"和中国现代文化价值体系之间构建某种调适机制,最终使之达到一种动态平衡。做好了这一点,也就解决了中国现代性的根本问题,即解决了现代中国文化建设的关键问题。

## 三

全书共分为 14 章。分别从文化、哲学、社会等不同视角围绕中国现代文化建设的基本问题进行论述。导论中提出,中国现代文化建设是五四以来,直至当代中国的核心问题——以五四运动为代表的新文化运动成功地解构了中国传统儒家文化体系,却并未相应地构建起中国现代文化体系。经过五四运动以来近百年的长期积累之后,现在构建中国现代文化体系的时机已经成熟。从策略上来看,构建中国现代文化体系应首先从大处着手,即在全球化语境下进行中国现代文化的基本框架和理论建设。从文化体的结构来看,中西文化体都包含文化信仰、认识能力与技术基础三大基本结构要素。西方现代文化在历史上所遭遇的重大危机,体现为"哲学—科学"(即认识能力与技术基础)对于宗教信仰(即文化信仰)的巨大冲击。在西方"哲学—科学"和西方宗教双方通过长期的相互调适之后,现代西方文化基本取得了某种动态平衡,由此西方现代文化也

①　甘阳:《古今中西之争》,三联书店 2006 年版,第 250 页。

体现出一定程度的稳定性。中国现代文化的根本问题在本质上和西方现代文化的问题是相同的，即表现为"哲学—科学"（认识能力与技术基础）对中国传统儒家文化（即文化信仰）的冲击。不同之处在于，西方"哲学—科学"和中国传统儒家文化之间并没有形成任何调适机制，从而导致后者基本被解构。构建中国现代文化的关键所在，就是构建中国"哲学—科学"和中国现代文化信仰体系之间的调适机制，使之达到一种动态平衡。

第一章认为，西方哲学"本体论"的研究问题直接源于西方语言逻辑，是以系动词"on"（being）所隐含的两个假设前提作为其所以"成立"的基础的。这两个假设前提是：1.假设"有某种东西存在"；2.假设这些存在物具有"某种（某些）共性"。在本体论得以成立之后，这两个假设前提被学界进一步设定为：1.世界万物都是某种存在；2.人类可以认识所有存在物。这些假设导致传统"本体论"在现代遭到强烈质疑乃至摒弃。重构"现代本体论"，首先，应该明确哲学问题的意义在于其"思辨价值"，而不在于其"实践价值"。其次，应该拓展本体论的研究问题域，将本体论的研究问题拓宽到"对存在物进行区别性的共性研究"。

第二章认为，西方哲学对"主体"问题的研究兴趣归根到底源于其对于人类"认识"问题的兴趣。笛卡尔在"我思故我在"的著名论断之中，将"我"等同于"思"。而所谓"思"，又可以细化为三个视角，即作为动词的"思"（thinking，即思维的动作），作为名词的"思"（thought，即思维的结果）以及"思"的工具（即语言形式）。与这三个视角相应对，主体研究也基本形成了三种主要研究范式，即"先验主体范式"、"思想范式"以及"语言范式"。胡塞尔继承笛卡尔、康德等人的"先验主体范式"对主体问题进行了艰苦的探索，失败后最终转入"生活世界"领域的研究，并在"生活世界"的研究中促进了西方哲学从近代哲学向现代哲学的转型。福柯结合"思想范式"和"语言范式"对主体问题进行了深入研究，"终结"了笛卡尔意义上的主体问题，却没有终结一般意义上的主体问题。福柯的最大成就在于突破了西方理性主义传统为主体问题所设定的"理性视阈"，从而为人们在更广阔的"生活视阈"研究主体问题铺平了道路。研究表明：全面地回答主体问题，必须突破"理性视阈"，将研究扩展到"生活视阈"才能有效地进行。从"生活视阈"的层面来看，主体问题的研究才刚刚开始。

第三章认为,中西学界一般将思维视为人类"大脑"所特有的功能,不过这只是一种没有经过证实的假设。事实上,思维的本质是人体的一种"信息过程",人类肉体也具有"思维能力"。人类思维可以分为肉体思维、意象思维和抽象思维三类。人类生命是从低级生命体向高级生命体发展而来的,人类思维也经历了一个从初级向高级不断发展的、循序渐进的过程,即从"肉体思维"到"意象思维"再到"抽象思维"的发展过程,人类的这三种思维形式体现了人类生命体在进化过程中的三次飞跃。人类的"大脑"是在人类生命细胞系统逐渐发展出专门处理各种复杂信息的器官之后才产生的,"大脑"的产生是人类思维能力第二、第三次飞跃的基础与前提。在现实生活之中,人类往往需要同时协调地运用这三种思维方式,才能最好的求得生存与发展。

第四章认为,人类肉体是思维产生和发展的基础与前提。人类的天然思维功能是一种"认知机制",它是由遗传母体直接通过"遗传"途径所赋予的。除此之外,人类还通过遗传途径直接获取了包括"本能知识"(即无条件反射)等肉体思维,以此作为新生个体启动生命体的必要手段。人类的思维基本可以分为肉体思维、意象思维和抽象思维三类,而人体最为信赖的是肉体思维,其次是意象思维,最后才是以逻辑理性思维为主的抽象思维。为中西学界一直强调的逻辑理性思维其实具有天然的缺陷,它对于人类的重要性反而不及肉体思维与意象思维。

第五章认为,在笛卡尔以"我思故我在"的著名论断开启主体论哲学问题之后,中西学界一般是从作为名词的"思"(thought,即思维的结果)、作为"思"的工具(即语言形式)、作为动词的"思"(thinking,即思维的动作)这三个不同视角来研究主体问题的。中西学界有关人类认识主体的假设,都源于这三个视角。其中,第三个视角直接涉及作为动作"思"的来源的"我"的问题,即"动源本体"的问题,这是"主体论哲学"研究的最基本问题。笛卡尔的"灵魂主体"、康德的"纯粹主体"、胡塞尔的"纯粹自身"都指向"动源本体",不过,他们的论述均缺乏物质基础,只具有哲学预设的理论意义。从生命的物质载体,即人类肉体的视角出发,我们发现,人类的终极目标是"求生",人类的认识主体是人类个体的生命整体,人类主体的"动源主体"是生命力。

第六章认为,人类的认识局限于人类感觉器官所决定的认识域。人类使用工具可以增强各种感官的"度",但是却无法拓宽感官的"域"。从认识域的角度出发,我们可以将世界分为三类,即已知世界、未知世界和不可知世界;而已知世界和未知世界又合称为可知世界,与不可知世界相对应。现代科学强调的"客观知识"只是局限于人类可知领域的、在现象层面意义上的"客观知识"。以人类的有限认识能力,不可能发明具有无限性质的纯粹的客观知识。论者所强调的"客观知识"中的数学知识、时间和空间概念等归根到底都是以人类的身体为皈依的,并不是所谓的"客观存在"。人类不可能完整地认识宇宙万物,而且也没有这个必要。人类的认识和科学以服务人类的生存为根本目标,因此人类的认识活动只要完成"认识—应用"的完整价值链条,就足以实现其价值意义了。

第七章认为,西方知识论中的"知识"指的是"科学知识",即"真理"。西方知识论哲学和中西伦理道德学说的运思方式截然不同:它们具有不同的本质属性,属于不同的领域。如果任由西方知识论哲学以逻辑理性解构中西伦理道德学说的基础(诸如西方的宗教信仰或中国的儒家信仰),就会导致社会道德水平大滑坡。西方历代不少著名哲学家都认识到了这一点,因此力主在"科学知识"和"伦理道德"之间划出明确的界限。而这一点尚未引起中国学界的注意。事实上,中国学界在引入西方知识论哲学的过程中,应该立足于中国文化,认真进行"对接"问题的研究,以求在吸收西方知识论哲学精华的同时,规避其对中国社会可能造成的危害。

第八章认为,西方知识论的本质是"真理论",其主导问题意识是"求真"意识。西方知识论的运思模式和伦理道德的运思模式格格不入,不少著名西方哲学家是将"知识"和"伦理道德"分而论之的。西方知识论是西方文化大背景中的产物,并不适合于中国文化。中国文化的"知识"同时蕴涵着道德品质和真理品质,因此,中国的知识论应该是一种和西方截然不同的"整体知识论"。"整体知识"是人类所有的知识的总和,其"知识"概念指"一种能够支配人类做出反应的信息链"。整体知识论重视知识的"真",同时将"是否有益于人类"视为知识价值意义的根本评判原则。整体知识论并不一概排斥"错误知识"——尤其是有益于人类的"错误知识"。

第九章认为,在苏格拉底提出"真理学说"、柏拉图创造"理念世界"、亚里士多德发明逻辑之后,西方现代科学体系的基本理论框架便宣告完成了。中国没有西方意义上的哲学,因此也没有酝酿、发展出西方现代科学体系。古希腊以"真理"为标志的哲学体系的发展,源于古希腊社会所面临的严重生存危机,相比之下,由于中国古代社会成功发展了农业生产,确保了社会群体的基本生活保障,因此人们转而追求以求"善"为精神的、确保人和人之间和谐相处的伦理道德学说。中国古代社会没有出现古希腊的"真理说"并非"不能"的问题,而是"没有必要"的问题。在西方,以求"真"为目的的哲学一经产生,就和以"善"为皈依的西方宗教发生了激烈冲突,而这种现象在中国传统社会并未出现——直到近现代中国引进西方"哲学—科学"体系之时。

第十章认为,文化的本质体现于其所包含的伦理道德价值体系,中国传统伦理道德体系是由普通民众在日常生活中逐步创建并完善起来的,儒家学说则是中国文化的系统总结者和推动者。因为儒家伦理本来源于对民间伦理的总结,所以儒家文化在本质上是一种平民百姓愿意接受、并且自觉践行的"俗世伦理"。古希腊只有贵族伦理,没有俗世伦理,这是古希腊社会缺乏凝聚力,并最终陨灭的根本原因。于公元1世纪在西方产生的基督教则具有鲜明的"俗世伦理"特征,因此具有强大的生命力,很快就在西方社会普及。为了对抗古罗马帝国政府的压制,初期的基督教教义十分严厉,教会组织具有强烈的政治色彩,后来随着其地位日益巩固,基督教的政治色彩也逐渐减弱。文艺复兴时期的宗教改革极大地解放了人们的思想,促成了古希腊思想的回归,并使得古希腊的"真理学说"得以和实证科学、实用技术成功结合,从而形成了西方现代科学。

第十一章认为,社会的稳定是知识发展不可或缺的前提:其一.稳定的社会可以为知识生产者提供必要的生产条件;其二.稳定的社会环境可以确保知识发展的连续性;其三.稳定的社会环境有利于知识生产的社会化合作。比较中西知识发展的历史,我们发现成就中国传统社会长期相对稳定的根本原因在于中国具有强大生命力的传统伦理道德体系,因此,构建知识社会,维护社会的长治久安,必须将伦理建设提到极端重要的战略高度。建设具有强大生命力的现代伦理道德体系,首先必须明确建设主体,其次要加强教育,再次要注重方式方法,最后还要具有世界眼光。近现代以来,中国伦理道德体系遭到从西方引进的"哲学—科学"思想的严重破坏,而伦理的缺失已经造成中国知识界的严重混乱,从而严重阻滞了知识的发展。知识社会必须首先是一个道德的社会,知识社会应该追求伦理知识和"哲学—科学"知识的和谐发展、良性互动、平衡发展。

第十二章认为,中国传统经学的根本特征在于包含一套完整的伦理道德学说,它是中国传统学术体系的统领和灵魂。20世纪初期,西方哲学被纳入中国学术体系,并取代经学成为中国知识体系的统领;中国学术体系至此被逐渐全盘西化,中国知识体系原有的伦理道德品格也逐渐消失。中西文化具有截然不同的特征:西方学者可以一方面在知识体系之中进行科学研究,另一方面去教堂获得伦理道德素养;而中国学界的伦理道德品质并无宗教信仰可以依托,因此,剥去知识体系的伦理道德品格就从根本上为中国学界的道德大滑坡埋下了伏笔,而且其不良后果在当代已经清晰地显现出来了。中国知识体系需要重构,恢复伦理道德学说(不一定是照搬传统经学)的统领地位。

第十三章认为,中国现行知识分类体系是在模仿西方的基础上建立的。西方知识体系以追求客观科学真理为基本原则,缺乏"伦理道德"关怀的品质。中国现行知识分类体系较好地承袭了西方"追求真理"的精神,不过同时也导致了中国学术在伦理道德关怀品质方面的种种问题。为了改善这一状况,我们需要将伦理道德学说作为知识体系的灵魂来重构中国学科分类体系,以"求善"原则规范"求真"精神,促进人类知识的良性发展。与此同时,我们还可以改革中西方现行的"平面化"的僵化学科分类体系,构建有利于学科发展、易于操作、易于数学模型化的多维立体型学科分类体系。

第十四章认为,人类的根本需求和本能是"生",这决定了人类的根本价值立场,即"生"。为了保障"生",人类群体以不同形式组织起来,创造出各种不同的文化体系。文化体系包含三类基本文化关系,即个体和自我的关系,人和人之间的关系以及人和物之间的关系,不同文化体对这三类关系有不同的规范。西方文化以哲学、科学和宗教一方面务虚地追问生存的意义;另一方面务实地改善人类的生存境地。中国传统的儒、道、释对生存意义的追问不如西方深刻,却务实地创造了延续时间最为长久的"生的文化"。"生的文化"以"生"为绝对信念,并在此基础上围绕"个体的生"与"群体的生"、"自己的生"与"后代的生"、"肉体的生"与"遗传的生"等基本理念构建起庞大的文化体系。

以上是本书的主要内容,即中国现代文化的框架构建。

在相当长的历史时期里,中国文化都被世界奉为最为优秀的文化体系。法国著名学者谢和耐说:"中国为世界提供了第一个文明、富饶、强大的模范。中国立足于理性和自然法则之上,其成就与基督教毫无关系。她为现代政治思想的形成作出了卓越的贡献,她的很多基本制度(例如文官制度——笔者注)甚至被欧洲模仿。"①直到 18 世纪,不少西方人仍然将中国视为一个理想国度,并热烈追捧各种中国文化生活方式,"在法国,18 世纪第一个元旦,法国王室举办化装舞会,参加者竟不约而同地化妆成中国人,以显示自己德操高雅。"②可是,在 18 世纪中后期,尤其在鸦片战争之后,西方人对中国的态度逐渐改变了。日本学者三石善吉认为:"从 18 世纪到 19 世纪,越来越多的欧洲人不再赞美中国,而是把中国变成了轻蔑的对象。"③

导致西方人对中国的态度转变的直接原因,是中国在与西方的直接武力决斗中频频败北——西方文化具有浓郁的英雄崇拜情节,西方人不可能欣赏弱者。导致中国屡战屡败的原因,则在于中国在科学技术方面的全面落后——从学理上来看,则在于中国文化中缺乏西方的知识论哲学,并因此没有产生现代科学技术体系。

中国近现代大力引进西方哲学以及科学技术的举措无疑是十分正确的。时至今日,中国在科学技术方面的成就日新月异,在许多领域甚至处于世界领先地位。问题只是在于,在这一过程之中,中国文化的伦理道德

① Jacques Gernet, *A History of Chinese Civilization*, Tr. by J. R. Foster, Cambridge: Cambridge University Press, 1982, p. 523.

② 郝侠君等主编:《中西 500 年比较》(修订本),中国工人出版社 1996 年版,第 280 页。

③ [日]三石善吉:《传统中国的内发性发展》,余项科译,中央编译出版社 1998 年版,第 9 页。

体系遭受严重冲击,并直接导致中国文化体系分崩离析,导致其文化向心力、凝聚力、感召力大大降低。当今中国学界的第一大任务,就是对各种优秀文化成分进行良性重组,全面重构中国现代文化体系。这一任务一旦完成,中国现代文化必然能够像中国传统文化一样,受到赞美与尊崇。

前言

# 导 论
## 中国现代文化的基本问题研究

## 引 言

当代中国最为重大的问题,不是政治问题,也不是经济问题,而是文化问题。文化问题是一个宏观的、根本的问题,相比之下,其他问题则是微观的、非根本的问题。

中国传统与现代的分水岭不是政治事件、不是经济事件,也不是哲学等其他事件,而是文化事件——20世纪初的"新文化运动"。新文化运动从根本上动摇、瓦解了中国传统文化体系。可是,新文化运动在解构中国传统文化体系的同时却并没有成功地构建起中国现代文化体系。尽管如此,五四文化运动却开启了中国现代文化建设的历程,可以说,中国在五四之后近百年的发展,正是不断探索中国现代文化体系建设的过程。

从五四时期到中国现代文化体系基本构建完成之日,都属于中国社会的"转型期"。从策略上来看,当前构建中国现代文化应从大的方面着手,即进行基本框架和基本理论的构建——这是现代中国学界所应该承担的首要工作。一旦中国现代文化的基本框架及其基本理论体系得以构成并在学界取得共识,则中国社会的"转型期"也就可以宣告结束了。至于基本框架之内的细节方面,则可以等待千千万万的普通民众在实践生活中逐渐丰富——而这一过程,或许需要几百年的时间才能基本完成。

学界一般将1840年的鸦片战争视为中国"近代"的起始。"近代"是中国特有的一个概念,可以视为中国从传统社会到现代社会的"过渡期"。

以鸦片战争作为中国近代社会的开始,充分体现了西方对于中国近现代社会发展的重要作用。梁漱溟认为中国传统社会"自身内部具有高度之妥当性调和性,已臻于文化成熟之境者"①。这一观点已经取得学界的共识。1980年,金观涛提出中国封建社会是一个"超稳定系统"的观点,并在之后的论著中不断阐发。②中国传统社会的成熟性和稳定性决定:如果没有外力的强大干预,中国传统文化体系在总体上就不会发生大的改变。钱满素认为,如果没有西方的影响,中国可能根本就不会产生"现代社会"。③

在1840年之前,中国对于西方文化毫无兴趣,并对西方的各种文化传介进行了本能的抵制,作为西方文化精神的基督教在中国的彻底失败就是一例。④沈福伟在分析这段历史时说:"罗马教廷始终将传教权操于西方传教士之手,天主教的禁令又与中国的民间礼俗、知识分子的登仕之途背道而驰,教务便一落千丈。"⑤基督教后来最终于1783年退出中国,这一事件至少充分表明:成熟的中国传统文化对基督教文化并无需要——相反,在军事上于476年征服了西罗马帝国的日耳曼人却皈依了西罗马帝国的基督教:日耳曼人需要基督教文化。基督教退出中国之后,西方国家曾多次尝试通过政治渠道和中国建立正式外交关系,英国女王甚至还曾亲自写信给清政府当局表达建交意愿,可是这些努力都因为清政府的闭关锁国政策而遭到失败。在此背景下,西方势力进入中国就只剩下"军事"一条途径了。

在以军事力量打开中国的国门并迫使中国政府签订"开放门户"的各种"和约"之后,西方势力便在中国站稳了脚跟。最初,中国社会对西方势力普遍持拒绝和排斥的态度。不久,人们渐渐认识到西方科学技术的优势,因此提出所谓"师夷之长以制夷"的策略,并逐渐主动地、大规模地向西方学习现代科学技术。其后便一发不可收拾,并最终冲破"中学为体、

---

① 梁漱溟:《中国文化要义》,学林出版社1987年版,第3页。

② 参见金观涛:《中国历史上封建社会的结构:一个超稳定系统》,《贵阳师范学院学报》1980年第1期。

③ 钱满素:《爱默生和中国:对个人主义的反思》,三联书店1996年版,第67页。

④ 本书中的"基督教"一般指西方天主教、基督教、东正教、新教等基督教派的总和。

⑤ 沈福伟:《中西文化交流史》,上海人民出版社1985年版,第386页。

西学为用"的底线,大量引进西方的哲学、政治、宗教等各种思想学说。到五四时期,这一潮流更是发生"质变"——人们公然开始大张旗鼓地以西方文化反对中国传统文化,导致中国传统文化体系在总体上被逐渐瓦解。中国也因此正式步入了所谓"现代社会"。

五四之后直到现在,中国学习西方的热忱一直高涨。不过,随着中国在政治、经济、军事等诸多方面的不断成熟,随着中国综合国力的不断增强,人们在学习西方时也更加理性。在此背景下,中国学界重新审视中西文化关系,重新认真思考由五四学界所开启的中国现代文化体系构建的时机已经成熟。

## 一、文化研究辩义:中国问题意识

在中国传统社会,并无现代意义上的中国文化研究。当时中国文化在整体上十分稳固,人们毫不怀疑中国文化的基本理念所代表的是一种普世价值,因此所关注的只是一些操作层面的具体问题,即诸如政治、经济、文学之类的问题。现代意义上的中国文化研究是在西方文化大举入侵之后才形成的,具有明显的"对比性质"。20世纪初期的中国文化研究大抵都着重于中西文化的比较研究,这也是梁启超、陈独秀、梁漱溟等五四前后的学人研究中国文化的基本运思模式。当时学界所取得的研究成果十分丰富,其主要特点在于强调中西文化的差异性,而对于这些差异性背后的共性则缺乏深入的挖掘。①也正因为如此,许多结论经不起认真推敲。

例如陈独秀在《东西民族根本思想之差异》中强调"西洋民族以战争为本位,东洋民族以安息为本位"、"西洋民族以个人为本位,东洋民族以家族为本位"、"西洋民族以法治为本位,以实力为本位;东洋民族以感情为本位,以虚文为本位",②陈独秀的这些观点广为人们所接受,表面上看似乎也颇有道理,不过,如果仔细推敲,就不难发现它们原来都是一些似

---

① 参见陈菘编:《五四前后东西文化问题论战文选》,中国社会科学出版社 1985 年版。
② 陈独秀:《东西民族根本思想之差异》,参见陈菘编:《五四前后东西文化问题论战文选》,中国社会科学出版社 1985 年版,第 12—15 页。

是而非的论点。其一,东西方人追逐"利益"的本性其实是相同的,西方人并不更爱好战争,东方人也并不更爱好和平。战争还是和平,全取决于当事人的利益和实力而已。其二,西方人的"个人主义"(Individualism 的中文译语——不过 Individualism 在英文语境中并无中文语境中的贬义,因此似乎将 Individualism 翻译为"个体主义"更为合适,以区别于在中文语境中具有明显贬义的"个人主义")的实质体现为一种权利和义务的平衡,中国的家庭主义也体现为一种权利和义务的平衡。从本质上来看,中国人和西方人都是社会本位主义者——西方人为了社会利益愿意牺牲个体利益,中国人又何尝不会为了大家而舍弃小家?中西方的差别,只是在于中国人习惯更多地通过家庭途径来实现自己的社会权利和义务而已。其三,陈独秀在逻辑前提上将理性和情感对立了起来。其实,情感和理性都是人类认识世界的一种手段,两者的性质并非互相排斥,而是互相补充的。西方人并非不重视情感,而中国人也并非不重视理性;而且,西方人也会常常让情感压制理性,中国人也常常能够"以理化情"。至于"法治"的问题,主要是一个政治层面的问题,而不是文化层面的问题。

陈独秀的文笔之中透出强烈的文化自卑情绪,而且任由这种情绪遮蔽了他的理性思辨能力,使他难以进一步深入研究中西文化的特质。陈独秀身上体现出来的这种文化自卑情绪在五四时期中国学人之中普遍存在,而且至今仍然影响深远。甘阳在谈到国人的翻译心态时说:"凡碰到洋人、西方的东西,现代中国人一定会精心挑选'上等些的汉字'或'好看的字'……但另一方面,只要碰到的是非洲和拉丁美洲等,那对不起,只好用用'下等些的汉字'和'难看的字'了。"①类似的事例在我们身边也比比皆是。这种文化自卑情绪源于近代以来中国屡次被动挨打的客观现实,表现为一种强烈的文化不自信乃至一种文化虚无主义。在个别时期,这种文化虚无主义又报复性地、反向性地表现为一种极端的文化自大主义。而无论是文化虚无主义还是文化自大主义,都不是理性的文化研究所应秉持的立场——在它们的左右下,研究者容易产生先入为主的偏见,难以进行客观理性的学术运思过程,容易得出严重扭曲的学术结论。

---

① 甘阳:《移鼠》,参见《将错就错》,三联书店 2007 年版,第 13—14 页。

改革开放之后,中国文化研究仍然十分盛行。不过,由于西方文化研究理论的大量输入,中国文化研究的核心命题已然被严重遮蔽。当前西方文化研究的"基本旨趣"是要揭示种种压迫:性别压迫、种族压迫、阶级压迫(即所谓"文化研究铁三角")。①这种文化研究和中国自五四以来的文化研究所关注的问题自然不可同日而语。可是,由于学界对于西方的无原则尊崇,使得国内学者纷纷将注意力集中于西方文化研究所关注的问题,生产出大量性别研究、后殖民理论研究、种族研究等方面的研究成果,从而严重遮蔽了中国自五四以来有关中国文化研究的核心命题。难怪甘阳要说:"我绝对不认同现在流行的文化研究,绝对不能接受。"②甘阳还说:"我今天仍然认为,文化价值和文化理想的重建问题,是我们必须思考面对的问题。同时在这方面,西方当代流行的很多东西需要我们做深刻的批判检讨,而不是盲目地跟风。"③甘阳的提醒是让人警醒的。目前,中国文化研究的核心问题应该是中国文化体系的重构问题,即中国现代文化体系的构建问题。

钱穆曾对"文明"和"文化"两概念区分道:"'文明'、'文化'两辞,皆自西方移译而来⋯⋯大体文明文化,皆指人类群体生活言。文明偏在外,属物质方面。文化偏在内,属精神方面。"④"物质方面"的"文明"和"精神方面"的"文化"相互影响,可谓一个硬币的两面。不过,两相比较,后者更具有决定性的作用。

甘阳说:"我认为,科勒律治(Coleridge)和阿诺德(Arnold)等在英文中最早使用的 Culture 一词,正与赫尔德(Herder)等在德语中最早使用的 Bildung 相通,其基本意思都是'人性的完善'(perfection)。二者均与儒学的'修养'一词最为相近⋯⋯令人深思的是,近现代以至这几年来中文使用极频的'文化'一词,与上述 Culture 和 Bildung 之意几乎实不相干。"⑤从词源学来看,"culture"最初有"耕种、养殖、驯化"等含义。英国学者威廉斯(Raymond Williams)考证了"culture(文化)"的词义变化并

① 甘阳:《文化泛滥》,《将错就错》,三联书店 2007 年版,第 141 页。
② 甘阳:《古今中西之争》,三联书店 2006 年版,第 219 页。
③ 甘阳:《古今中西之争》,三联书店 2006 年版,第 7 页。
④ 钱穆:《中国文化史导论》(序言),商务印书馆 1994 年版,第 1 页。
⑤ 甘阳:《古今中西之争》,三联书店 2006 年版,第 124 页。

指出:"文化一词主要指'自然成长的倾向'以及——根据类比——人的培养过程。但是到了 19 世纪,后面这种文化作为培养某种东西的用法发生了变化,文化本身变成了某种东西。它首先是用来指'心灵的某种状态或习惯',与人类完善的思想具有密切的关系。其后又用来指'一个社会整体中知识发展的一般状态'。再后是表示'各类艺术的总体'。最后,到 19 世纪末,文化开始意指'一种物质上、知识上和精神上的整体生活方式'。"①西方学界对于文化的定义千差万别,西方著名学者泰勒(Edward Burnett Tylor)这样给文化定义:"文化或者文明就是由作为社会成员的人所获得的,包括知识、信念、艺术、道德法则、法律、风俗以及其他能力和习惯的复杂整体。就对其可以作一般原理的研究的意义上说,在不同社会中的文化条件是一个适于对人类思想和活动法则进行研究的主题。"②大多数定义尽管措辞不同,但所表达的意义和这一定义大同小异。

中文"文化"术语是日本学者在翻译"culture"一词时利用汉字所创造的。在中国古代,"文"即"纹",例如《易传》中就有:"黄裳元吉,文在中也"的说法。后来,"文"的义项有所引申,《论语》中即有"文质彬彬,然后君子","周监(借鉴)于二代,郁郁乎文哉"等说法。郑玄在为《礼记》作注时说:"文,犹美,善也。"可见,"文"的核心义项已转变为"美、善"之意。中国传统的"化"则是"感化、教化"的意思,例如《周易》说:"刚柔交错,天文也;文明以止,人文也。观乎天文,以察时变;观乎人文,以化成天下。"而"文化"一词则是"文治和教化"之意,例如《说苑·指武篇》就说:"圣人之治天下,先文德而后武力。凡武之兴,为不服也;文化不改,然后加诛。"南齐王融《三月三日曲水诗序》也说"设神理以景俗,敷文化以柔道"。

西方和中国有关"文化"的释义只能作为我们的参考和基础。我们必须按照"中国现代文化体系"这一核心问题,来正确定义"文化"概念。因为构建中国现代文化,其实质就是重建文化价值规范;所以,我们应该将"文化"定义为"各种伦理道德价值规范的总和"。甘阳从中国文化的研究

---

① 韦森:《文化与制序》,上海人民出版社 2003 年版,第 9 页。

② 马文·哈里斯《文化·人·自然——普通人类学导引》,顾建光、高云霞译,浙江人民出版社 1992 年版,第 136 页。

问题出发,认为"文化的核心在于一套价值标准",①可谓抓住了问题的本质。坚持学术自主,首先就必须坚持学术概念的自主定义——当然必须在遵守相关基本学术规范的前提下进行。

由于中国现代文化和西方千丝万缕的联系,因此,我们在研究中国现代文化时就必须将它置于全球化的语境之中进行。也就是要充分考虑到世界其他国家的文化现状,尤其要考虑到西方文化的现状,从而使得我们所构建的中国现代文化能够成为世界性的优秀文化——能够容纳西方文化的优秀成分,能够经受世界各种文化的冲击,进而能够引领世界文化的发展——否则,中国现代文化建设就不可能取得最终成功。

事实上,西方文化在现代也遭受到种种深重的危机,西方文化的价值也面临着重构的问题。"谈到未来哲人必须承担的责任的沉重(格言203),尼采将他们的全部任务命名为'价值的重估'。"②这一方面提示我们在构建中国现代文化时绝不能盲目依从西方现有的文化体制,而要另起炉灶,从超越中西文化差异、深入到人类文化的根本基点开始构建中国现代文化;另一方面,这也提示我们应该注意到西方文化的根本问题,使我们所构建的中国现代文化能够避免西方文化的危机,并进而能够帮助西方化解其危机。果真能够如此,则中国现代文化体系的构建也就不难取得成功了。

从根本上来看,所有人种和民族都具有相同的生理结构和相同的求生需求,这决定中西人类文化体在本质上的一致性,以及在总体结构上的相同性。事实上,中西文化体尽管互相独立,却各自具备文化体所应该具备的所有要素,概言之,即文化信仰、认识能力与技术基础——这也是任何成熟的人类文化体所必然具有的三大基本结构要素。所谓文化信仰,即一个文化体在组织理念方面的基本共识,其核心体现为一套规范各种关系的伦理道德体系,即我们一般所说的"文化"或者"文化体系";所谓认识能力,即该文化体认识、掌握客观世界和主观世界的规律的能力;所谓技术基础,即该文化体赖以获取并运用物质生活资料的各种实用技术。

中西传统文化体在文化结构上是相同的,中西文化体的差异只是具

---

① 甘阳:《古今中西之争》,三联书店 2006 年版,第 26 页。
② 朗佩特:《斯特劳斯与尼采》,田立年、贺志刚等译,上海三联书店 2005 年版,第 90 页。

体形态层面的差异,即中西文化体的三大结构要素在内涵与外延、相互关系、表现形式等方面的不同。中国文化的现代化,实质上就体现为文化信仰、认识能力与技术基础三者关系的大幅度调整和相互调适。具体来说,主要体现为认识能力的提高和技术基础的加强对于文化信仰的冲击,并迫使文化信仰进行总体上的解构与重组。以此观照西方文化,不难发现西方文化的现代化问题实质上也体现为认识能力的提高和技术基础的加强对于文化信仰的冲击——也就是说,中西方文化的现代化其实在本质上具有共性。其不同之处,只是程度不同而已,具体来说就是现代科技对于西方的基督教文化和中国的儒家文化所造成的冲击所产生的不同程度的破坏而已——前者还在勉力支撑,而后者则基本溃败。

深入研究、了解中西文化体在总体结构上的相同性及其在具体结构形态上的差异性,对于理解中西现代文化变化的根本原因,促进中西现代文化的顺利交流,促进中西现代文化的和谐共处,尤其对于促进中国现代文化的建设,具有重大意义。

## 二、西方文化结构的现代调适:"哲学(科学)—宗教"的动态平衡

人类对"生存"的根本需求是人类文化产生的根本原因。人类个体的生存能力是十分有限的。在远古时代,单独的"个体"很容易成为猛兽的袭击目标。人们不难发现,"群体生活"才是最好的求生方式,群体一旦形成,"文化体"也就应运而生了。

人类的认识能力是生存的基础,是人类在千百万年的进化过程之中逐步发展而形成的。即便是人类最为基本的感觉能力,也是为了生存的目的而不断发展完善的。马克思指出:"不仅五官感觉,而且所谓精神感觉、实践感觉(意志、爱等),一句话,人的感觉、感觉的人性,都只是由于它的对象的存在,由于人化的自然界,才产生出来。五官感觉的形成是以往全部世界历史的产物。"[①]随着人类认识能力的发展,人类大脑结构逐渐

---

① 马克思:《1844 年经济学哲学手稿》,《马克思恩格斯全集》第 3 卷,人民出版社 2002 年版,第 305 页。

完善，并且拥有了思维能力。后来语言的出现，使人类的思维能力飞速发展，也使得人类的思维能力具有了鲜明的社会性质。恩格斯曾指出："什么是人的思维。它是个人的思维吗？不是。但是，它仅仅作为无数亿过去、现在和未来的人的个人思维而存在。"①恩格斯的这一论断无疑是正确的，不过它适合，而且仅仅适合人类语言出现后的时期。

自古希腊起，西方就有了以"人类认识能力"为研究对象的专门学问，即"认知论"（或曰"知识论"）。林默标认为，西方传统认识论的问题域包括："一是关于认识的性质、前提和基础等问题，近代哲学对这类问题的提出和解决具有此前本体论哲学的特点；二是认识的来源、过程和机制即认识的发生学方面的问题；三是认识的范围、可靠性、真理性、确证性、知识的普遍必然性和客观有效性等知识论问题。这些问题用康德的表述，就是研究有关认识的'起源、范围及其客观有效性'。"②而中国传统上并无专门的知识论。金岳霖对此深有感触。③为了弥补这一空白，他几十年如一日，完成了洋洋洒洒几十万言的《知识论》，填补了中国现代哲学中"知识论"领域的空白。④金岳霖的这一举措确实令人叹服，不过，他在《知识论》中的运思模式完全是西方式的——而这种西方式的知识论是否符合中国现代文化的需要，却是金岳霖并没有认真考量的。

人类的认知能力决定技术基础，并伴随着各种技术手段的创造、发展与应用而不断发展。中国古代没有"知识论"，并不等于古代中国人的认识能力就不高。恰恰相反，从中国古代的技术成就来看，古代中国人的认识能力在相当长的一段时间内其实大大超过了西方人。英国的李约瑟也承认，"在公元前 1 世纪到公元 15 世纪期间"，中国的技术基础比西方"有成效得多"。⑤培根曾大声赞美从中国传到西方的印刷术、火药和指南针，

① 恩格斯：《反杜林论》，《马克思恩格斯选集》第 3 卷，人民出版社 1972 年版，第 125 页。

② 林默彪：《认识论问题域的现代转向》，《哲学研究》2005 年第 8 期。

③ 金岳霖：《中国哲学》，《金岳霖学术论文选》，中国社会科学出版社 1990 年版，第 252—253 页。在该文中，金岳霖明确指出："中国哲学的特点之一，是那种可以称为逻辑和认识论的意识不发达，……中国哲学家没有一种发达的认识论意识和逻辑意识，所以在表达思想时显得芜杂不连贯……"

④ 胡军认为，金岳霖的《知识论》真正填补了中国现代哲学中"知识论"领域的空白。胡军：《中国现代哲学中的知识论研究》，《哲学研究》2004 年第 2 期。

⑤ 李约瑟：《东西方的科学与社会》，《自然杂志》1990 年第 12 期。

并且以这些技术成果证明"西方"中世纪的科技和古希腊相比已经产生了质的飞跃,他还指出绝妙无比的印刷术、火药和指南针从根本上改变了西方在文学、战争和航海方面的整体面貌,并且由此改变了整个世界。①或许也正是这些具有强烈实证品质的中国人发明的科技,启发了培根的实证科学理论思想。20世纪初期,由于中国在科学技术方面暂时落后于西方世界,中西学界的不少人就按捺不住,开始质疑中国人的"科技能力"。李约瑟用大量证据告诉这些人说:"所有这些都表明,中国人完全有能力观察理解自然世界。他们在传统中所取得的各项成就还表明他们完全有能力进行实证研究。整个世界历史都因为他们的发明创造而为之一变。如果没有纸张、印刷术、指南正和火药,我们西方何以可能从封建社会走向资本主义社会呢?"②

现代科学体系无疑是在西方起源并不断发展形成的。西方科学和西方知识论哲学息息相关,可以说,没有西方哲学,就没有西方科学。不少西方科学直接脱胎于西方哲学。罗素指出,关于天体的研究过去归于哲学,而现在属于天文学;关于人类心理的学问,也刚刚脱离哲学变成心理学,"任何一门科学,只要关于它的知识一旦可能确定,这门科学便不再称为哲学,而变成为一门独立的科学了。"③从这一角度来看,西方哲学可谓西方科学之母。更为重要的是,西方哲学所形成的理论体系,构成了西方科学的精神内核,并成为西方科学的鲜明特征。中国著名科学家时东陆在详细论述"现代科学"的定义时,认定著名哲学家笛卡尔是 现代科学的鼻祖。④西方哲学对科学具有决定性的作用。也正因为西方哲学和西方科学的密切关系,不少论者常常将西方哲学和西方科学合而论之,称之为"哲学—科学"。⑤

---

① Joseph Needham, *Progress in Science and its Social Conditions*; Nobel Symposium 58, held at Lidingo, Sweden, 15—19 August 1983, ed. Tord Ganelines (Oxford, published for the Nobel Foundation by Pergamon, 1986), p. 9.

② Joseph Needham: *The Grand Titration*. London: George Allen & Unwin Ltd., 1969. p. 149.

③ 罗素:《哲学问题》,何兆武译,商务印书馆1999年版,第129页。

④ 时东陆:《科学的定义》,《科学》2007年5月。

⑤ 参见张廷国:《欧洲文化危机的根源——胡塞尔晚期思想中的一个哲学问题》,《江苏社会科学》2000年第5期。

西方科学在近现代的飞速发展对西方文化信仰体系造成了巨大的冲击。这种冲击的焦点体现为现代科学对于西方宗教信仰的冲击。早在19世纪末，尼采就发出了"上帝已死"的断言。20世纪初，在美国田纳西州著名的"猴子审判"之中，达罗律师仅以寥寥几个逻辑问题就给《圣经》的"可信性"打上了一个大大的问号。对上帝和《圣经》的质疑导致西方严重的信仰危机。只要我们了解宗教信仰对于西方人是何等的重要，我们就不难理解西方科学对于西方文化的冲击是何等的巨大。可以说，西方人的一切道德修养，都是以其宗教信仰为基础的，一旦失去其宗教信仰，很多西方人就会立即迷失生活的方向。现代科技对于西方文化的冲击，其实就构成了西方现代性的核心问题。

哲学（科学）—宗教这一对矛盾自古希腊起就在西方存在。著名哲学家苏格拉底就是因为"亵渎神灵"被判处死刑的。后来，哲学（科学）和宗教采取了相互调适的方法来处理相互之间的矛盾，使得西方文化后来在现代科技的冲击之下仍然能够维持某种平衡。在哲学界，不少近现代的大哲学家主动约束哲学（科学）对宗教的冲击。例如，康德就说他研究科学知识论的目的就是"悬置知识，以便给信仰腾出位置"[①]。俞吾金说："康德限制了知识论哲学的界限，以干净利落的方式斩断了知识和道德之间的纽带。"[②]而在宗教领域，越来越多的宗教人士开始对《圣经》进行隐喻式的解释，从而避免《圣经》被现代科学证伪、解构。[③]对于《圣经》进行隐喻式解释的传统，还一直可以追溯到公元4世纪。"在4世纪，奥古斯丁就说过，当已被证明的知识与《圣经》的字面理解显得有冲突的时候，就应对《圣经》作隐喻式的解释。"[④]哲学和宗教的相互调适，确保了基督教在现代西方文化中的基础性地位。

---

① 康德：《纯粹理性批判》第二版"序"，邓晓芒译，人民出版社2004年版，第22页。俞吾金将这句话翻译为"我必须限制知识，以便为信仰获得地盘。"俞吾金：《知识论哲学的谱系及其对马克思主义哲学研究的影响》，《马克思主义与现实》1997年第2期。该句蓝公武译为："故我发见其为信仰留余地，则必须否定知识。"蓝译与前两译文略有出入，笔者根据上下文取信前者。参见康德：《纯粹理性批判》，蓝公武译，商务印书馆1960年版，第21页。

② 俞吾金：《超越知识论——论西方哲学主导精神的根本转向》，《复旦学报》（社会科学版）1989年第4期。

③ 参见伊安巴伯：《当科学遇到宗教》，苏贤贵译，三联书店2004年版。

④ 伊安巴伯：《当科学遇到宗教》，苏贤贵译，三联书店2004年版，第2页。

哲学(科学)—宗教的相互调适,其实就是认识能力(技术基础)与文化信仰之间的相互调适,其实质就是逻辑理性和道德情感的相互调适。所谓的现代化问题,也就是这一"调适"问题——在西方如此,在中国也是如此。不同之处,仅仅是调适的程度不同,方法手段各异而已。

### 三、中国儒家文化的解构

西方的现代化是在西方文化体内自然萌发、逐渐发展的。从表面上来看,中国的现代化始于西方的武力干涉。不过,如果认真辨析,我们不难发现,英国挑起鸦片战争主要着眼的是商业利益,而不是文化。一旦实现其商业目标之后,英国和清政府便基本实现了和平相处。其他西方国家也基本如此。换言之,西方并没有将"现代化"强加于中国。所谓"洋务运动"的发起者、实施者都是中国人——尽管这一运动受到西方列强这一外因的强烈影响,但是,"内因"毕竟具有决定性地作用。事实上,当清政府进行洋务运动之时,还有意识地强化了中国儒家传统文化的统治地位。"当清政府在向西方学习工业、军事、经济、外交等各行各业技术的同时,甚至进一步加强了儒家文化在政府和社会的统治地位……"[①]这足以表明,西方并没有直接干涉中国传统文化,因此,追寻中国现代化兴起的根本原因,还必须从中国文化体内部着眼。

中国传统文化是中国人在千百年的生活实践活动之中总结出来的一套规范各方面关系的体系。在远古时代,中华民族就已经发展出一套完整的以"礼"为核心的文化规范,以处理人和人之间的关系。在周朝,这一体系已经十分完善,以至于在周朝的数百年间,"可以不用兵力,单赖此等松弛而自由的礼节,使那时的中国民族益趋融合,人文益趋同化,国家的向心力,亦益趋凝定。这便是中国传统的所谓'礼治'精神。"[②]"礼治"是中国古人在自发、自愿的基础上,在日常生活实践中逐渐形成的一种调节人和人之间的关系的行为准则。这决定"礼"所形成的前提必然是平等自由、互相尊重。

---

① Raymond Dawson: *The Legacy of China*, ed. Oxford: Clarendon Press, 1964, p. 80.
② 钱穆:《中国文化史导论》,商务印书馆 1994 年版,第 31 页。

后来,儒家继承并改造了中国远古的"礼治"精神。冯天瑜说:"儒家是殷商以降巫史文化的承袭者,又特别发展了西周的礼乐传统……"[①]儒家以"仁"作为其思想体系的最高理念,系统阐释了中国传统的"礼治"精神。"仁"表明儒家所追求的高境界是人和人之间关系的"和谐"。应该说,儒家以"仁"抓住了人类"文化"问题的核心,这也是儒家文化在几千年的岁月里为人们所尊崇的根本原因。不过,儒家为了适应当时的王权政制,对中国文化的内涵进行了很多歪曲的解释,从而导致儒家所继承的"礼治"精神中所蕴涵的"平等"、"自由"等理念的严重流失。冯天瑜说:"礼起源于原始社会的风俗习惯,当私有制、阶级和国家出现以后,统治阶级便对往昔流传下来的风习加以改造和条例化,以作为稳定社会秩序的制度和手段。"[②]这也导致儒家文化在后皇帝时代受到了严厉的批判,决定了儒家文化不可能成其为现当代的主流文化。甘阳认为:"我们不能再把儒家文化继续当成'中国文化的基本精神',而必须重新塑造中国文化新的'基本精神',全力创建中国文化的'现代'系统,并使儒家文化下降为仅仅只是这个系统中一个次要的、从属的成分。"[③]从策略上来看,甘阳的观点无疑是正确的,不过,如果不将儒家文化进行改造(尤其是改造其迎合传统帝皇制度的部分),恐怕我们也难以将它作为"一个次要的、从属的成分"置于中国现代文化体系之内。

儒家学说的创始人孔子生于"礼崩乐坏"的春秋战国时期。在当时的社会背景下,推行儒家学说的最佳途径就是与王权结盟。这也是孔子作出的决策。这种文化和政制的"结盟"在儒家学说之中表现无遗:一方面,儒家主张"仁"教;另一方面,又主张"君君臣臣"(《论语·颜渊》)、"溥天之下,莫非王土,率土之滨,莫非王臣"(《诗经·小雅·北山》)、"君要臣死,臣不得不死"等王权教条。认真分析,我们发现前者才是儒家的文化主张,而后者只是儒家囿于当时社会背景的政治抉择。也正因为如此,儒家学者更为重视"仁",并以此提出"仁政"的口号,对君王的权利进行了有效的约束。孟子进一步提出"民为贵,社稷次之,君为轻"(《孟子·尽心下》)

---

① 冯天瑜:《中国文化史纲》,北京语言学院出版社1994年版,第40页。
② 冯天瑜:《中国文化史纲》,北京语言学院出版社1994年版,第32页。
③ 甘阳:《古今中西之争》,三联书店2006年版,第63页。

的思想,甚至倡言"贼仁者谓之贼,贼义者谓之残;残贼之人,谓之一夫。闻诛一夫纣矣。未闻弑君也。"(《孟子·梁惠王下》),即主张人人均有诛杀"不仁"的"君王"的权利——正因为孟子较多地维护了儒家的文化主张,因此他的学说也屡遭皇室的刁难。在各代君主那边,他们更强调的是儒家文化所许诺的"君主权利"(三宫六院、穷奢极欲、鱼肉臣民),而将"仁"只是看做一种维护自己统治的工具——这也正是清王朝再三尝试证明自己是中国儒家文化的正统继承者(例如,耗费大量人力物力修撰《四库全书》)的原因,也是清王朝在"洋务运动"时期还进一步加强儒家文化的原因。

儒家文化(即所谓"道统")和皇权政制(即所谓"治统")构成了中国传统社会的主要矛盾,它们之间的相互调适、相互平衡也在很大程度上确保了中国在几千年时间内的不断发展、进步。李约瑟所说的优于西方的中国传统科学技术也是在这一时期被创造出来并不断发展的。从总体上来看,儒家文化和皇权政制都属于文化信仰体系的范畴,即所谓"道"的领域,与认识能力(技术基础)相关的领域在中国传统社会则被划为"器"的领域。中国历来具有"重道轻器"的传统,统治者将"器"完全视为一种"工具",需要时大力襄助,并在客观上促进其迅猛发展,不需要时则弃之一旁,有时甚至加以打压。明朝政府在作出放弃海外探索的决策之后,甚至将郑和七下西洋所积累的各种宝贵资料付之一炬,就是最显著的例子之一。鸦片战争前后,西方的各种科学技术也因为被清政府称为"奇技淫巧"而受到漠视。可以说,在中国传统社会,文化信仰和认识能力(技术基础)处于一种完全不平等的地位,前者对后者具有绝对的支配权力。

政治体制的形成具有其独特的规律。由于生产合作、战争等各方面的需要,中国在远古即形成了高度集权的王权政制。而当这一政治体制一旦形成,就产生了庞大的既得利益阶层。这一既得利益阶层为了维护自己的既得利益,不断寻找结盟者(尤其是文化界的精英)以充实自己的力量,全力维护业已形成的政制体制,从而使该政治体制表现出极大的惯性与惰性。正因为如此,中国皇权政制才得以在传统中国长期存在。

传统中国某一统治集团的垮台也具有鲜明的规律性:或者被另一统

治集团以武力直接消灭，或者因为昏庸无能、统治威信消失殆尽，被内部新兴力量所取代。清朝政府的垮台属于后一种情况。自鸦片战争之后，清政府屡受外辱而无力自卫，从而使其威信大打折扣。尤其在1894年中日甲午战争中惨败于昔日的小伙伴，使清政府完全失去了民众的信赖。之后，清政府的实际控制者慈禧颁布了大量改革措施，然而已经无法收拢人心了。慈禧死后不久，清政府面对国内的各种革命势力一筹莫展，清王朝从此退出中国历史的舞台。在中国历史上，一个朝代的没落总是伴随着另一个朝代的兴起。可是，在20世纪初期，"共和"政制体制的理念被孙中山等人广为宣传，从而瓦解了"皇权政制"的当然合法性质。又由于清政府的恶劣表现，西方各种"共和"体制国家的强大，从而使得"共和"体制受到了民众的广泛拥护。有趣的是：即便如此，仍然有一小撮人士在历史惯性的支配下怂恿袁世凯做了一次短命皇帝。

西方的政治和宗教一直处于分离状态，两者之间维持着一种相互调适的动态平衡。而在中国传统社会实行的则是政教一体的制度，具体来说就是儒家文化和皇权政制的结盟——这使得儒家学者对皇权政治产生了极大的依附性。在皇权政制被瓦解之后，中国的学术人士被迫独立。而一旦他们独立之后，便开始毫无顾忌地大量引进、宣传西方的各种思想文化，并最终发动了以五四为标志的新文化运动，将中国社会正式推进现代社会。

以陈独秀为首的新文化运动在大量引进各种西方思想的同时，对中国传统文化采取了彻底批判、全面排斥的策略。这一点连西方学者也看得十分清楚："中国人开始怀疑他们的所有的传统文化。这逐渐导致了1919年的五四运动——这一运动的目标是抛弃所有的中国传统文化，并全面模仿西方文化重建中国文化"①。五四新文化运动对现代中国的影响是极其深远的，可以说，它从总体上影响了其后中国的发展历程，并促使中国传统文化在不同的层面不断解体，例如，在五四时期它促使中国文化在思想层面解体，其实，五四新文化运动的历史贡献也主要在于其对于中国传统儒家文化的"解构"方面。

---

① Raymond Dawson, *The Legacy of China*, ed., Oxford: Clarendon Press, 1964, p. 81.

## 四、构建中国现代文化体系——"真"与"善"之辨

五四新文化运动的伟大历史功勋是毫无疑问的。不过,五四新文化运动对于中国传统文化的过度解构,也是必须予以纠正的。

新文化运动以"德先生"反对帝制、反对专制统治,这无疑是可取的。可是,以此全面地攻击中国传统文化,则显然是一种过度解构行为。按照新文化运动的目标,他们在文化层面所反对的对象仅仅应该是儒家文化囿于当时社会背景而作出的政治妥协,以及在政治妥协下主张的相关的皇权专制文化,而不是整体意义上的儒家文化,更不应该是整体上的中国传统文化。儒家文化中所继承的优秀中国传统文化是应该保护和发扬的——中国以"礼治"为代表的优秀文化传统,在任何时代都应该予以保护、继承——或许也需要进行些微的改良、调适。事实上,中国以"礼治"为代表的传统文化是中国人在自发、自愿的基础上,在日常生活实践中逐渐形成的一种调节人和人之间的关系的行为准则,它具有高度的合理性。中国礼治本身所蕴涵的"平等自由、互相尊重"的理念,具有超越时空的合理性,和西方现代文化精神也不谋而合。新文化运动对于中国传统文化整体上的攻击,恰恰是违背"平等自由、互相尊重"理念的,反而极容易导致另一种专制。

中国传统以"礼治"为代表的各种文化道德规范是中国古人源自人性根本的一种文化创造,不会因为时代的变迁而失去魅力。可是,这些优秀的文化传统在五四时期却受到了大力鞭挞。1916 年,陈独秀撰写了《吾人最后之觉悟》一文,大力推崇西方的伦理道德规范,全面否定中国传统文化道德规范,并断言说:"吾敢断言曰,伦理的觉悟,为吾人最后觉悟之最后觉悟。"[①]他的这一思想在新文化运动中被广为宣传,并深入到社会思想的各个角落。鲁迅甚至以文学艺术的形式,创作了《狂人日记》,将中国传统文化一概斥为"吃人的文化"。可是,如果他们能够活到今天,看到中国当前的道德底线被不断突破,连基本的、被中国传统文化视为根本的

---

① 陈独秀:《吾人最后之觉悟》,1916 年 2 月 15 日《青年杂志》第 1 卷第 6 号。

"诚信"也几乎丧失殆尽之时,他们是否会反思呢?

"德先生"其实只是一种政治概念。而政治只是文化的某种具体形态——同一种文化,可以产生多种不同的政治形态,例如在基督教文化下就产生了奴隶政制、封建政制和资本主义政制。究其根本原因,乃是因为文化只是根据人类的基本人性所形成的道德规范,而政治体制则是某种具体的群体组织方式;相比之下,文化是宏观的,而政治体制则是微观的;文化是前提,而具体的政治体制只是可能的结果之一;文化是土地,政治体制是人们在这块土地上所建筑的某栋房子。文化所规定的是一些涉及人性品质的基本规范,如果缺乏这些规范,任何政治体制都难以维系;相反,好的文化规范却可以帮助任何政治体制获得成功。熟悉近现代世界史的人不难发现:世界上的许多优秀文化体,无论采取什么样的政治体制形式,都同样优秀;相反,在一些文化落后地区,即便采取了世界上最先进的政治体制,仍然是一片混乱。因此,新文化运动以政治方法来处理文化问题,在学理上本身就是错误的,自然也就难免会造成各种各样的文化灾难了。

现代西方社会一直小心翼翼地维持着哲学(科学)和宗教文化道德之间的平衡。可是,五四新文化运动在大力引进、倡导"赛先生"之时,却对中国传统文化道德没有设定任何保护措施。恰恰相反,他们径直将"哲学(科学)"引向中国的文化道德领域,将"哲学(科学)"直接用做衡量文化道德的标准,将许多中国传统文化贴上"伪科学"或者"封建迷信"的标签,进行毫无节制的评判和解构。

哲学(科学)和文化伦理道德本来就属于不同的领域:哲学(科学)的根本目的在于"求真",属于"真"的领域,而文化道德的终极目标在于"求善",属于"善"的领域。它们两者的性质本来就是不相同的。古希腊著名哲学家苏格拉底"像猎犬一样追寻真理",并提出将绝对意义上的"真理"作为哲学的追求目标,赋予哲学宝贵的"求真"精神。[①]柏拉图以古希腊盛行的"灵魂说"为基础,创造性地提出"理念说",认为"理念世界"就是一个真理的世界。从本质上来看,柏拉图的"理念世界"为西方哲学开辟出一

---

① 参见斯东:《苏格拉底的审判》,董乐山译,三联书店 1998 年版,第 80 页。

种"真理思维域"。亚里士多德则在总结前人的基础上,创造了系统的逻辑工具,赋予西方哲学追寻真理的"思维工具"。至此,西方知识论哲学的基本框架就已经完成。由此也可见,西方知识论哲学其实就是一种"求真的逻辑的思维体系"。

休谟指出,西方哲学所研究的是"是"的问题,伦理道德所研究的是"应该"的问题;而且,"是"的问题和"应该"的问题并不能通约。休谟提醒读者:"我倒想向读者们建议要留神提防,而且我相信,这样一点点的注意就会推翻一切通俗的道德学体系。"①这就是著名的"休谟(伦理)难题"。休谟难题表明,西方哲学和伦理道德学说在质地上根本不同。赫德森也说:"道德哲学的中心问题,乃是那著名的是——应该问题。"②成中英指出:"在知识论的现代发展阶段,即使像 G. E. 摩尔等哲学家们慎重其事地对待'道德知识论',也并没有对这一论题的系统关注。这意味着西方知识论的焦点和模式是对世界的知识,而不是对价值和人本身的知识。"③西方哲学的本质是以"求真"为目的的知识论,和以"求善"为目的的伦理道德学说本来就具有不同的性质。

和西方的基督教一样,中国以"礼治"为代表传统文化所主张的是一套俗世伦理道德体系,它们属于"善"的领域。在"善"的领域,其最高标准是仁爱(或者博爱、慈悲等),而不是逻辑理性——以逻辑理性来处理"善",我们只会得到"功利主义"、"机会主义"等等,即只能得到虚伪的"善",而非真正的"善"。当前虚伪的功利主义在中国社会大行其道,不能说和新文化运动以"赛先生"为统领、解构中国传统文化道德没有关系。

尤其值得注意的是,尽管新文化运动大力引进各种西方思想文化,却偏偏对于西方文化的基础——基督教文化没有表现出兴趣。从表面上来看,崇拜"科学"的新文化当然会对"非科学"的基督教不屑一顾。不过,从深层次来看,这一现象其实和中国文化传统不无关系。

牟宗三认为:"宗教可自两方面看:一曰事,二曰礼。自事方面看,儒

---

① 休谟:《人性论》(下册),关文运译,商务印书馆 2005 年版,第 510 页。

② W. D. Hudson, *The Is—Ought Question*, *A Collection of Papers on the Central Problem in Moral Philosophy.* New York: ST. Martin's Press, 1969, p.11.

③ 成中英:《中国哲学中的知识论》(上),《安徽师范大学学报》(人文社会科学版)2001 年第 1 期。

教不是普通所谓宗教,因它不具备普通宗教的仪式。它将宗教仪式转化而为日常生活轨道中之礼乐。但自礼方面看,它有高度的宗教性,而且是极圆成的宗教精神。它是全部以道德意识道德实践贯注于其中的宗教意识宗教精神。因为它的重点是落在如何体现天道上。"①牟宗三的观点是有道理的。从更深层次来分析,儒家文化中所蕴涵的伦理道德其实和西方宗教所蕴涵的伦理道德在根本上是相同的,并且其体系之完备丝毫不亚于后者。在此前提下,中国民众根本没有必要舍弃前者而去引进后者。在近代,"外国传教士来中国传教,在各地建了不少教会,开办了不少教会学校,招取生徒,但从者有限,入教者更是寥寥无几。"②有的西方牧师来中国传教,大力地倡导所谓基督的"忍耐"精神,可是,深受中国传统文化滋润的中国人一点也不缺乏"忍耐"精神,他们甚至具有比西方人更加坚强的"忍耐"精神——这一故事一时被传为笑谈。中国人并非反对基督教,而是不需要基督教,这才是新文化运动没有引进西方宗教的根本原因。某些基督教团体在中国的成功,并非因为其所主张的宗教信仰,而是其所提供的各种现实利益。

任何人,只要在社会中生存,就必须依从一定的伦理道德规范——那么,新文化运动者们所依从的究竟是什么伦理道德规范呢?源于西方的"人道主义"曾在新文化运动之中(尤其在文学领域)大受吹捧,其中以周作人在《人的文学》中提出的"人的文学"口号影响最为广泛。胡适概括说:"那个时代所要提倡的种种文学内容,都包括在一个中心观念里,这个中心观念他叫做'人的文学'"。③不过,源于西方的人道主义其实是以基督教为基础的。西方的"人道主义"只是在文艺复兴时期才出现的一种思潮,是人们反对宗教组织过度剥削的一种逻辑产物。而且绝大多数 Humanists("人道主义者")虽然反对宗教组织,但并不反对宗教本身。例如,西方文艺复兴时期伟大的 Humanist 但丁在《神曲》之中虽然将很多教皇、主教打入地狱,但他仍然信仰基督教、相信天堂。"人道主义"所宣

---

① 牟宗三:《作为宗教的儒教》,沈福伟编:《中西文化交流史》,上海人民出版社 1985 年版,第221页。

② 郝侠君等主编:《中西 500 年比较》修订本,中国工人出版社 1996 年版,第364页。

③ 胡适:《中国新文学大系·理论建设集导言》,上海良友图书印刷公司 1935 年版,第30页。

扬的"人权、平等、博爱"等理念本身也来自基督教。朱光潜说:"究竟什么是人权呢?从法国革命中两次《人权宣言》都可以看出,'这些权利就是平等,自由,安全与财产'(1793 年《人权宣言》第二条)。人权究竟是从何而来的?两次《人权宣言》都说人权是人'按其本性'生而就有的'自然的权利',所以它和神权一样是'天赋'的或上帝授予的。两次《人权宣言》从一开始'就在主宰(即上帝)面前'发誓,这就足以说明人权说的宗教联系。1776 年的美国《独立宣言》说得更清楚:'人人生而平等,他们都从他们的造物主那边被赋予了某些不可转让的权利,其中包括生命权,自由权和追求幸福的权利'。"① 可见,西方的人道主义和基督教具有十分密切的关系。正因为人道主义和基督教的密切关系,又因为中国新文化运动无意引进基督教,所以,周作人所倡导的"博爱"就成为了无源之水、无本之木。难怪所谓"人的文学"在经过短暂的繁荣之后在 20 世纪 30 年代就遭到嘲笑,连诗人们也"不再歌咏人道主义了。"②

其实,中国新文化运动者所依从的仍然是中国传统文化道德。新文化运动的革命主将们正是秉持着"为天地立心,为生民立命"的儒家宗旨,高喊着"天下兴亡、匹夫有责"的儒家口号投向各行各业的革命运动的。不仅仅是新文化运动的主将们,还有深受他们影响的千千万万新文化人士,从根本上其实都依从的是中国传统文化伦理道德。刘小枫认为:"康、孙、蒋和毛都是儒家革命家,他们的革命精神有共同的儒家革命精神资源,强调孙、蒋与基督教的缘分或毛与马克思主义的缘分,都不足以把他们的革命精神的底蕴搞清楚……"③ 刘小枫的见解是深刻的。李泽厚也认识到了这一点,他说:"以牟宗三为代表的现代新儒家说儒家死掉了,要救。我觉得情况恰好相反,正因为他还活着,我们才重视,要把无意识的变成意识的。老实说,如果真死了,凭几个知识分子是救不活的。"④ 其实,除非有更为先进的文化伦理道德出现,中国传统文化伦理道德就会一直支配着人们的一言一行——即便是在潜意识之中也会如此。

---

① 朱光潜:《文艺复兴至十九世纪西方资产阶级文学家艺术家有关人道主义·人性论的言论概述》,《社会科学战线》1978 年第 3 期。
② 朱自清:《中国新文学大系·诗集导言》,上海良友图书印刷公司 1935 年版,第 8 页。
③ 刘小枫:《儒教与民族国家》,华夏出版社 2007 年版,第 98 页。
④ 李泽厚:《新儒学的隔世回响》,《天涯》1997 年第 1 期。

中国以礼治为代表的优秀传统文化没有死亡,而且也永远不会死亡。只是由于新文化对于它的大规范批判,使它在文化层面、在知识层面失去了其所应有的崇高地位。这不可避免地导致人们在"意识"层面产生了文化虚无主义和文化焦虑感,例如,郑敏就曾经感慨地说:"一个人,如果他是中国人,中国文化就是踩在脚下的土地。如果没有这块土地,那他就是一个文化漂浮者。哪热闹往哪去……我们应该有自己的文化土地,这块文化国土我认为太重要了,比其他什么国土都重要。"[①]对于中国传统文化的无原则批评也阻碍了人们公开地、自由地、理性地讨论中国传统文化伦理道德,并引导其良性发展。从政治层面上来看,这还大大削弱了中国的软实力,使得中国在外交事务中难以立于道德的制高点。而且,由于人们只能在无意识的层面按照中国传统文化履行自己的文化道德义务,所得到的道德愉悦感就十分微弱,因此,这还大大地降低了人们的"幸福感"——现在不少人尽管富起来了,可是其幸福感却十分有限就是明证之一。更为严重的是,由于社会大众得不到系统的文化伦理道德教育与熏陶,导致社会整体道德水平已经急剧下降——近年来所发生的一切有关道德败坏的新闻充斥着人们的视听,许多事件已经到了触目惊心的地步。

只有从文化体结构的视角,我们才能很好地把握中国现代文化建设的问题:清晰地理解中西方文化的结构体系,清晰地理解中国传统文化向现代转型的历程,清晰地理解中西现代文化的本质相同性与具体相异性,并最终清晰地理解构建中国现代文化的方法与措施。

中西文化都是成熟的文化体,都包含文化信仰、认识能力与技术基础这三大基本结构要素。不同之处在于,西方的文化信仰体系以基督教为主的宗教信仰为依托,而中国的文化信仰体系的基础则是以"礼治"为代表的中国传统文化。中国儒家文化在继承了中国古代优秀"礼治"文化的同时,也对封建皇权作出了政治妥协——我们反对儒家文化只应该反对其维护封建皇权的部分,而不能笼统地反对,更不能一概地反对中国传统文化。中西方人民都具有非凡的认识能力,创造了各种伟大的科学技术,并且在历史上通过交流,促进了对方认识能力的提高和科学技术的发展。

---

① 郑敏:《诗歌与哲学是近邻:结构—解构诗论》,北京大学出版社1999年版,第251页。

    中西方的现代文化所遭遇的道德问题在本质上是相通的,即文化信仰和认识能力(技术基础)之间的矛盾。这一矛盾具体体现为哲学(科学)与文化信仰(即伦理道德)之间的矛盾,其实质则是"真"和"善"的矛盾。西方现代社会通过两者之间的互相调适,逐渐取得了两者之间的某种动态平衡,而中国现代文化的建设,也必须采取相同的方法。

# 第一章
## 本体论的假设前提以及
## 研究问题域的拓展

西方传统上将"本体论"视为哲学的核心问题。郑文先说:"古代和中世纪哲学家(指西方哲学家——笔者注)直接把本体论等同于哲学,而近代哲学家则把本体论作为庞大哲学体系的基础,以此引出对认识论问题的讨论。因而人们常把古代哲学和近代哲学区分为'本体论哲学'和'认识论哲学'。"①可是,在现代哲学的发展历程之中,本体论却一度受到严重质疑、乃至遭到摒弃。黄楠森、丛大川撰文认为,至少从休谟以来,西方哲学界中就流行着一种观点,即"本体论是伪科学,人们根本不能谈论任何离开认识的客观世界,哲学归根到底就是认识论。"②实证主义哲学家们显然就是持这种观点的,"在实证主义者看来,本体是否真实存在,我们不可能知道,也无法言说,因为没有必要的方法保证。'某个实体存在'这个陈述,我们既不能通过逻辑分析确定其真假,亦不能通过经验验证其真假。所以,它是一个伪陈述。"③既然是一个"伪陈述",也就是一个"伪问题",并不值得研究。

当前,学界不少人提出"本体论"的重建问题。可是,人们至今对于"本体论"概念本身也没有达成共识。刘立群说:"所谓'本体论'到底应包

---

① 郑文先:《略论本体论的当代意义》,《武汉大学学报》(哲学社会科学版)1998 年第 1 期。
② 黄楠森、丛大川:《本体论能否成为一门相对独立的科学? ——谈谈哲学对象问题》,《哲学研究》1985 年第 12 期。
③ 郑文先:《略论本体论的当代意义》,《武汉大学学报》(哲学社会科学版)1998 年第 1 期。

括哪些含义，核心的问题是什么，不仅国内，而且国外哲学界也众说纷纭。"①如果对于这些核心问题不进行认真辨析，重建本体论也会举步维艰。在对于这些问题的辨析过程中，我们可以逐步回答"本体论"是否值得重建，如何重建等基础性的议题。

**1."本体论"概念辨析**

本体论是西方哲学术语"ontology"的中文译语。不过，这一译语并不准确。"ontology"的词根是"on"。精通希腊文的刘小枫说："onto 源于古希腊文'是'动词的分词形式，通常译作'存在者'。"刘小枫建议在某些时候（例如研究西方浪漫派的时候），可以将"ontology"译为"在体论"②。刘立群通过对于"ontology"进行词源学研究，认为"从字面上说，'ontologia'就是'研究存在（物）的学问（或学科）'之意"。③ 黄楠森、丛大川也说："这个词的本来含义是关于存在的理论（ontology），译为存在论亦未尝不可。"④几位学者都不约而同地选择以"在"作为"on"的核心译语。

任何翻译都是以"理解"作为基础的。由于语言结构本身的差异，中国人并不能够从任何中文译语本身出发、当然地理解"on"。刘立群指出："'on'和'onta'是古希腊语'tò ὄν'和'τö,ὄντα'的拉丁文转写，是系动词的名词形式，前者为单数，后者为复数。"⑤ 从英语视角来看，"on"相当于英语"be"动词的名词形式"being"。因此，英语使用者可以方便地用"being"来翻译"on"。可是，在汉语之中，我们找不到对等的语言结构。"be"动词又称为联系动词（Link Verb），主要起联系（Link）的作用，其本身并无实在的词义。在汉语之中，系动词常被省略，例如在"季羡林，山东人"这句话中，系动词"是"就被省略了。这种情况在中文中十分常见，而在西方语言中却十分罕见。这反映出汉语思维并不重视系动词，也是中国历史上何以没有产生西方意义上的"本体论"的根本原因。

确切地理解"本体论"，必须从语言逻辑的视角出发来进行。中西语

---

① 刘立群：《"本体论"译名辨正》，《哲学研究》1992 年第 12 期。
② 刘小枫：《诗化哲学》。华东师范大学出版社 2007 年版，第 54 页。
③ 刘立群：《"本体论"译名辨正》，《哲学研究》1992 年第 12 期。
④ 黄楠森、丛大川：《本体论能否成为一门相对独立的科学？——谈谈哲学对象问题》，《哲学研究》1985 年第 12 期。
⑤ 刘立群：《"本体论"译名辨正》，《哲学研究》1992 年第 12 期。

言的差异导致中国人很难确切地理解西方意义上的"本体论"。汉语中也有相当于西方系动词的语词，例如"是"、"乃"等。不过，这些语词不能像西方语言中的系动词那样进行词性变化，以生成相应的名词。正因为如此，几乎没有人主张以"是"、"乃"等词为基础来翻译西方的"ontology"。

准确地理解"on"，需要认真领会西方语言的语言逻辑，以及系动词在西方语言逻辑中的功能。西方语言中的系动词有一个根本的语法特征：它不能单独做主语；也就是说，它总是伴随着主语而存在的——无论主语是人、是物，是单数还是复数。由此可以看出：西方语言中的"be"动词的名词形式具有一种十分抽象的内涵，即"有某种东西存在"——也许是人、也许是物。换一句话说，如果没有任何东西存在（即没有主语），"be"动词也就不会出现；既然"be"动词出现了，那么就一定"有某种东西存在"。可见，在将"being"（或者"on"）单独作为研究问题时，我们已经设定了一个逻辑假设前提，即"有某种东西存在"。如果忽略了由语言逻辑所构成的这种假设，无论如何翻译"ontology"，我们都不能够对其进行确切的理解。

西方本体论正是在假设"有某种东西存在"的前提下展开研究的，其研究的核心，就是找出这种"存在"的"共性"——应该说，这种研究冲动和"be"动词的语言功能不无关系：既然表示不同实物的主语可以共用同一的"be"动词，那么，这些不同的实物也应该存在着某种"共性"。这当然也只是基于语言逻辑的另一种假设而已，可是，西方哲学家却正是在这种假设前提之下开展本体论研究工作的。赵汀阳说："本体论不想说明每一个事物（everything），只是想说明任何事物（anything）的本质。"[①]贺来说："毕达哥拉斯的'数'、赫拉克利特的'逻各斯'、巴门尼德的'存在'、柏拉图的'理念世界'等，即属于这类超出感官世界的'本体'世界。"[②]郑文先在对西方本体论研究问题做了系统的概括之后认为，本体论在历史上的演变、发展分为三个阶段，分别对应三种形态：其一是始基论或本原论，其二是基础论，其三是本质论。并认为"它们也大致说明了哲学对本体性质的

① 赵汀阳：《本体论的困难及其出路》，《哲学研究》1990 年第 4 期。
② 贺来：《"认识论转向"的本体论意蕴》，《社会科学战线》2005 年第 3 期。

基本规定:本原性、基础性、本质性"①。在对西方语言逻辑进行分析之后,我们不难发现,西方本体论哲学家所从事的其实只是对于"假定的存在"的"假定的共性"的研究而已。

这些没有经过充分证明的假设前提,导致本体论在现代哲学发展的历程中遭到严重质疑。既然这些假设前提没有得到"确证",而且根本无法得到"确证",存在主义哲学家们和休谟当然可以将"本体论"斥为一种"伪科学"。维特根斯坦显然也认同这一观点,他说:"关于哲学问题所写的大多数命题和问题,不是假的而是无意义的。因此我们根本不能回答这类问题,而只能确定它们的无意义性。哲学家们的大多数命题和问题,都是因为我们不懂得我们语言的逻辑而产生的。"②不可否认,许多西方哲学家正是在不懂他们语言的逻辑的前提下(即"本体论"研究问题之所以成立的两大逻辑假设前提),就盲目地从事着所谓"本体论"问题的研究。这样稀里糊涂地随大流进行研究,闹出诸多笑话也就不难理解了。

在中国学界以"在"作为"on"(或者 being)的核心译语时,我们必须清晰地认识到:"on"(或者 being)本身并无"在"的意义——"在"只是"on"(或者 being)作为独立的研究问题时的逻辑假设前提而已。也就是说,我们以"在"翻译"on"(或者 being),其实所用的是一种"阐释性"的翻译方法,即对于其逻辑假设前提的"阐释"。如果不明白这一点,那么在我们将"ontology"翻译为"在体论"或者"存在论"之后,就容易误以为它研究的是有关"存在"(例如"宇宙万物是否都是某种存在"等问题)的问题。上文已经表明,"ontology"已经假设了"有某种东西存在",它所研究的只是这些"存在着的东西"的"共性"的问题。

刘立群通过对汉语"本体"概念考究后认为其基本含义是"本来的状态、状况或恒常状态",认为以"本体论"翻译西方哲学的另一个术语"Noumenon"比较合适。③康德曾经在阐释"Noumenon"时说:"这样的一些夸大了的客体,人们就称之为本体(Noumenon),或纯粹理智存在

---

① 郑文先:《略论本体论的当代意义》,《武汉大学学报》(哲学社会科学版)1998 年第 1 期。
② 维特根斯坦:《逻辑哲学论》,贺绍甲译,商务印书馆 1996 年版,第 41 页。
③ 刘立群:《"本体论"译名辨正》,《哲学研究》1992 年第 12 期。

体。"①与之相对应,刘立群认为应该将"ontology"翻译为"存在论"。应该说,刘立群的建议不无道理。不过,从另一角度来看,如果将 ontology 翻译为"存在论",不少中国学人就会不由自主地将它和当前哲学界十分流行"存在主义"(existentialism)联系起来——因为从汉语角度来看,"存在论"和"存在主义"具有相同的根词,这使得人们难免会自然地认为他们之间有某种"亲缘关系"。② 西方语言学家索绪尔指出:"概念是纯粹表示差别的",不能根据其内容从正面确定它们,只能根据它们与系统中其他成员的关系从反面确定它们。"它们的最确切的特征是:它们不是别的东西。"③因此,我们在考虑将"ontology"翻译为"存在论"时,就不得不考虑"存在主义"这一译语的因素。事实上,从系统地构建中文哲学译语体系的角度出发,我们在翻译西方哲学术语时不能不考虑到相关其他中文译语的因素。从这一角度考虑,似乎将"Noumenon"、"ontology"、"existentialism"分别译为"本体论"、"在论"、"生存主义"比较合适。

在辨别"ontology"汉语译名的过程中,最为重要的是从西方语言逻辑的角度辨清"ontology"的来由。只要做好了这一工作,是否需要及时调整"ontology"的译名反倒显得不那么急迫了。考虑到语言约定俗成的惰性特征,当前学界大多数人仍然沿用"本体论"作为"ontology"的译语。笔者也不例外。④

### 2. 本体论的研究问题辨析

对"本体论是伪问题"的观点,也有哲学家并不认同。例如,"金岳霖认为,本体论是全部哲学的基础……这就是说,在他的体系中,本体论、知识论和逻辑学是一致的或相通的,而他的本体论又是他的全部哲学的基础。"⑤正是在这种思想的指引下,金岳霖撰写了《论道》一书以表达他的本体论观点。俞吾金也说:"既然哲学的根基是形而上学,而本体论又是

①  康德:《未来形而上学导论》,商务印书馆 1978 年版,第 111 页。
②  其实,"存在主义"却是对于"存在论"(本体论)的运思方式的一种彻底反动。存在论强调"共性"、"本质",而存在主义则强调"个性"、"具体"。
③  索绪尔:《普通语言学教程》,高名凯译,商务印书馆 1980 年版,第 163 页。
④  笔者认为,对于约定俗成的译语的改变,需要学界有组织地进行才能起到最好的效果。在此之前,可以进行充分的理论研究,但不必急于开始"个体行动",否则容易影响语言的"交际效果"。
⑤  胡军:《金岳霖》,台湾东大图书公司 1993 年版,第 8—9 页。

形而上学的基础和核心,那么,哲学是不可能把本体论搁置起来的。"①不过,这些反对意见没有提供强有力的论证,也没有引起中西学界的太多关注。

比较有影响的是所谓"本体论承诺"之说。蒯因认为:"一个人的本体论对于他据以解释一切经验乃至最平常经验的概念结构来说,是基本的。"他还指出"当我探求某个学说或一套理论的本体论许诺时,我所问的只是,按照那个理论有何物存在。"②郑文先对于"本体论承诺"进行解释道:"显而易见,蒯因所说的任何理论学说都有某种本体论承诺,是指知识借以构筑起来的基本前提或思维的逻辑起点。"③基于这一理论,郑文先认为当代本体论的重建(不是复兴)应该从"合理性"角度来进行:"第一,必须改变对本体的提问方式。即从问'本体实际是什么'转向'本体应是什么'……第二,要调整对本体问题的回答内容……第三,必须转换对本体的论证过程。"④从问"本体实际是什么"转向"本体应是什么"实质上抛弃了"实证"的负担。这样固然可以回避实证主义哲学家的责难,却经受不起休谟、维特根斯坦等哲学家逻辑思辨的拷问。

无论是要"复兴"或者"重建"本体论,都必须认真地面对有关"本体论问题是伪问题"、"本体论研究没有意义"等质疑。

我们可以从有关"哲学意义"的讨论开始。哲学的原意是"爱智",其本质是思辨。可以说,凡是有益于"思辨"的问题都是具有哲学意义的问题。与此相反,一些对于人类生计具有重大意义的生产实践,因其没有思辨的潜质,反而可能没有哲学意义。赵汀阳说:"一个能够被回答的问题是一个知识的(比如说科学的)问题,一种知识总是具有真值。哲学问题恰好缺少这种性质。"⑤赵汀阳认为所有哲学问题都缺少"真值"固然有待商榷,但至少我们可以说:缺乏"真值"并不影响一个问题成为"有意义"的哲学问题——有关"哲学意义"的评价标准是"是否有益于思辨"。也正因为如此,许多"伪问题"也具有哲学价值,尤其是那些"既不能通过逻辑分

---

① 俞吾金:《马克思对物质本体论的扬弃》,《哲学研究》2008年第3期。
② 蒯因:《从逻辑的观点看》,江天骥等译,上海译文出版社1987年版,第10、4页。
③ 郑文先:《略论本体论的当代意义》,《武汉大学学报》(哲学社会科学版)1998年第1期。
④ 同上。
⑤ 赵汀阳:《维特根斯坦的本体论:对Can—be的批判》,《哲学研究》1991年第3期。

析确定其真假,亦不能通过经验验证其真假"的问题往往具有重大的哲学意义。罗素指出:"因此,关于哲学的价值的讨论,我们就可以总结说:哲学之应当学习并不在于它能对于所提出的问题提供任何确定的答案,因为通常不可能知道有什么确定的答案是正确的,而是在于这些问题本身。"①实证主义者可以质疑"伪问题"的实证价值,却无法否定这类问题的哲学意义。就是维特根斯坦也不能以"我们根本不能回答这类问题"为由而否定这类问题的哲学意义。

"辨伪"是哲学的日常工作。不过,"辨伪"工作的前提是"问题"的提出,如果没有提出问题,辨伪工作也就没法开始。维特根斯坦说:"哲学的目的是从逻辑上澄清思想。哲学不是一门学说,而是一项活动。哲学著作从本质上来看是由一些解释构成的。哲学的成果不是一些'哲学命题',而是命题的澄清。"②可是,如果事先没有一个不那么清楚明白的命题作为前提,我们又如何可能开始研究,以至于得到一个"清楚明白"的命题呢?不可否认,我们可以将哲学的研究目的设定为"得到清楚明白的命题"(相应地,其主要手段自然是逻辑理性的"思辨"),但同时我们也不能否认具有思辨价值的"伪问题"的哲学意义。对于不少具有假设前提的哲学问题,我们可以通过思辨得到"清楚明白的命题"(即真值),一旦如此,这个哲学问题也就宣告"结题"了。

哲学问题不以"实践价值"为准则,但这也并不是说哲学问题就没有巨大的、潜在的实践价值。对于哲学问题的思辨,可以让我们得到许多问题的"真值"。更为根本的则是:通过对于哲学问题的思辨,我们可以发现、制定思辨的规律——所谓"逻辑",正是这种思辨活动的产物。在对哲学问题进行思辨的过程中,我们将逐渐拥有强劲有力的逻辑理性思维,而一旦拥有了这种思维品质,我们就可以游刃有余地处理许许多多的生活实际问题。可见,以是否具有"实践价值"作为哲学问题的意义评判标准,正如以"是否真正杀死了敌人"来评判军队的演习一样荒谬。与此类似的是"科学问题"的意义评判准则:科学问题往往并不像技术一样具有实用价值,不过,如果没有科学的进步,技术也就很难发展。哲学的本质就是

---

① 罗素:《哲学问题》,何兆武译,商务印书馆 2004 年版,第 134 页。
② 罗素:《逻辑哲学论·导言》,贺绍甲译,商务印书馆 1996 年版,第 7 页。

思辨,哲学有权设立不可达到的研究目标。具体的实用性研究目标是哲学之外的其他自然科学、人文科学和社会科学的研究对象。

事实上,本体论问题不但具有重大的哲学思辨意义,而且还催生了大量的思维和实践成果。本体论假设世界上的存在物具有某种(或某些)共性(或本原),并且不断地追寻这种(或这些)共性(或本原)。仅就这种运思方式来看,就不无可取之处——这种运思方式植根于人类对于繁复芜杂的世界万象进行更为确切、更为简便地把握的渴望。中国传统上也曾将世界万物归纳为"阴、阳"或者"金、木、水、火、土"等简单的类别,并以此指导自己的认知活动——不论其是否符合严格意义上的现代科学,"有"这种归纳至少比"没有"好。人类对于客观世界的认识总是在"不够准确"的基础上向"更加准确"不断前进的。我们不能以"不够准确"为理由来否定某种认知模式的历史意义,因为人类可能永远也无法对于世界进行"绝对准确"的认识,也就是说,人类的认识成果永远都是"不够准确"的。西方哲学家在本体论问题的指引下,"提出了各种不同的本体论:宇宙本原论、物质(matter,也可译为'质料')本体论、理性本体论、意志本体论、神学本体论、情感本体论、实践本体论、生存论的本体论、自然存在本体论、社会存在本体论、社会生产关系本体论、人学本体论,等等。"[①]我们固然可以以"求全"的思维指责所有这些学说都具有缺点,不过,如果我们换一种思维方式,也能发现:这每一种学说其实都具有其优点,都能够指导我们从某一视角更为深刻地认识世界与生活。

在本体论思维模式的指引下,我们不断追寻万事万物的"共性",并"幸运地"发现了宇宙万物的许多规律。和中国古代一样,西方古代也产生过以"水、火、气、土"作为世界基始或本原的思想。和中国不同的是,西方哲学家在本体论问题的指引下不断追问,不断发展自己对于世界"共性"的学说,于是产生了"原子论"、"单子论"等许多重要的思想学说。应该说,西方近现代自然科学家对于化学元素、生物分子以及物理学中的万有引力等的发现,都直接得益于这种寻求"共性"的运思模式。在社会科学领域,人们对于人类社会的许多规律的发现,也和这种思维模式不无关

---

① 俞吾金:《马克思对物质本体论的扬弃》,《哲学研究》2008 年第 3 期。

系。甚至可以说，正是寻求"共性"的思维模式，催生了几乎所有的现代学科。

前面已经谈到，本体论对于事物"共性"的研究冲动源于"有某种东西存在"以及"不同的实物存在着某种共性"的假定。现代科学的研究成果已经表明：尽管所有存在物是否存在某种"共性"尚不得而知，但是，某些类别的存在物具有某种"共性"却已经得到充分证明。这一现状可以作为我们改革传统本体论问题，构建现代本体论问题的坚实基础。

具体来说，构建现代本体论的根本举措在于对"on"的逻辑主语（即存在物）进行"区别性的共性研究"。所谓"区别性的共性研究"，其研究目的在于对"存在物"进行不同视角、不同层次的分类，并系统归纳总结每个类别的"共性"。正如赵汀阳所指出的那样，传统本体论的研究目标是尝试说明"任何事物（即所有存在物）的本质"，而现代本体论则着手将这一目标进行分解、细化，着重于进行"一类一类的存在物的共性研究"，并且以此逐步回答"所有存在物是否具有某种共性"、"如果有，那是什么"等根本问题。

对于存在物进行"区别性的共性研究"，还可以从"实践价值"的角度消除人们对于本体论研究意义的质疑——因为这种研究可以直接催生新的学科，推动人类知识的发展进步。例如，如果我们从"生命体"的视角对存在物进行分类，就可以研究所有生命的共性，为"生命科学"提供坚实的本体论理论基础；如果我们从"数"的视角进行分类，就可以研究所有"数字"的共性，为"数学"提供坚实的数学哲学理论等。事实上，所有学科之成立也不能离开某种"本体论"基础，正如蒯因所说，任何理论学说都需要找到自己的某种"本体论承诺"。

可见，将本体论的研究问题拓宽到"对存在物进行区别性的共性研究"是具有强烈的现实意义的，并且也具有坚实的事实基础。事实上，迄今许多学科都已经或多或少地为自己建立了某种哲学理论基础，即本体论基础。不过，许多学科在建立自己的本体论基础时，只是从自身的、个别的角度出发进行的，因此视角比较狭窄，理论深度有限。在我们对"本体论"的研究问题域进行拓宽之后，就可以从知识体系的高度引导众多个别学科更加高效、合理地建设自己的本体论理论，促进知识体系的良性发展。这一举措得以落实之后,学界现存的许多问题都会自然得以厘清。例如,当前学界对于马克思的本体论持有许多不同的观点,相互间的争议颇大。①众所周知,马克思的本体论思想并不现成地存在于马克思的文本中,而是卢卡奇在马克思学说的基础上构建出来的。②传统上,人们一般认为马克思学说的本体论是物质本体论。现在却有学者指出这一观点并不确切。例如,俞吾金就认为:"马克思的本体论贯通了现象、本质两大领域,因而唯有把它称之为'实践—社会生产关系本体论',才能充分地展示出这一本体论理论的全幅内容和深刻内涵。"③应该说,哲学界有关马克思学说本体论的讨论是十分深入的,每种观点都有自己的合理性。发生分歧的关键在于"辩论的假设前提",即人们都认为"马克思学说只可能有一种本体论"。而这种假设显然是不正确的。在拓宽本体论的研究问题域之后,我们不难发现:"世界是物质的"的观点其实阐述的是马克思哲学的本体论,而俞吾金的观点所阐释的则是马克思社会学的本体论,两者并不矛盾,是并行不悖的。而俞吾金的观点尤其指明了马克思学说对于人类知识体系的独特贡献。

前面已经谈到,本体论之成立具有两大假设前提:1."有某种东西存在";2."不同的实物存在着某种共性"。后来,哲学家们在对本体论进行研究的过程中,将本体论的研究问题定义为"说明任何事物(anything)的本质"。这时,他们已经将本体论之所以成立的两大假设进一步设定为:1.世界万物都是某种存在;2.所有存在都具有某种共性。而且,他们还同时设定了另外一种假设,即"人类可以认识所有存在物及其共性"。但是,这些假设却遭到西方现代哲学家的强烈质疑。休谟说:"我们不能超越经验,这一点仍然是确定的"④;"除了心灵的知觉或印象和观点以外,没有任何东西实际存在于心中"⑤。罗素也说:"从某种意义上说,必须承认,我们永远都不能证明在我们自身之外和我们经验之外的那些事物的存

① 参见杨学功:《马克思主义哲学与"本体论"研究:分歧与出路》,《哲学研究》2001 年第 9 期。
② 卢卡奇:《社会存在的本体论》上卷,重庆出版社 1993 年版,第 637 页。
③ 俞吾金:《马克思对物质本体论的扬弃》,《哲学研究》2008 年第 3 期。
④ 休谟:《人性论·引论》上册,商务印书馆 1983 年版,第 9 页。
⑤ 休谟:《人性论》上册,商务印书馆 1983 年版,第 83 页。

在。"①可见,休谟和罗素都认为人类的认知能力是有限的,无法认识无限的宇宙万物。这也是实证主义者普遍接受的观点。维特根斯坦显然也承认人类认知能力的有限性,他在《逻辑哲学论》的最后一章的名言"对于不可说的东西我们必须保持沉默"明确地表明了他的态度。

任何本体论学说都毕竟是、而且只能是人类认识的成果,其必然受到人类认识能力的规范。脱离人类的认知能力来谈本体论只能是无源之水、无本之木。因此,本体论研究必须以人类的认知能力作为前提。换言之,本体论研究必须以人类的认知主体的研究为前提,本体论的研究问题域直接决定于人类认知主体的认知能力。这一点是毋庸置疑的。因此,我们改革本体论,必须还明确将其限定于人类认知范围之内。

①　罗素:《哲学问题》,何兆武译,商务印书馆 2004 年版,第 15 页。

第一章　本体论的假设前提以及研究问题域的拓展

# 第二章
## "主体"问题的研究范式探析

    中国学界一般将"主体"认定为"人",并且十分强调作为主体的人的"实践特性"。在大连有关主体研究的专题会议上,与会者在"主体的规定性上,大家的意见比较一致,认为马克思主义认识论所讲的主体是指能够从事实践和认识活动的现实的人,是具有自我意识、有认识能力的人。作为主体的人的本质规定是从他的社会本质、社会联系中获得的……"①在论证这一观点时,国内学者比较集中地援引了马克思和恩格斯的有关论述作为理论资源。马克思、恩格斯对于主体研究并无专门论述,他们的相关观点均散见于其他诸如政治、经济主题的著作之中。其实,传统西方学界也将人类的认识主体一般性地设定为"人",马克思、恩格斯只是基本沿用了这一论点。

    中国学界以马克思学说的主体论点为基础,运用中国传统的"务实"运思模式进行了大量的创造性阐发。中国文化具有十分浓郁的务实传统。成中英在对中国的认识论传统进行总结之后说:"同西方现代知识论不同,中国知识论从未脱离过实在论和实践论……这并不是说中国哲学没有知识论,而是说中国知识论只有循此脉络才能被理解、被说明并且被欣赏。"②具有深厚务实传统的学者们重视主体的社会实践特征,强调实用(实践),强调从"认识结果"的视角来探讨主体的本质,是一种十分理性、稳妥的选择:这样可以有效地规避任何理论可能对社会带来的种种冲击和危害——

---

① 张浩、黄小冲:《主体和客体问题讨论会在大连召开》,《哲学研究》1983年第10期。
② 成中英:《中国哲学中的知识论》(上),《安徽师范大学学报》(人文社会科学版)2001年第1期。

事实上,中国社会对于各种哲学思想的敏感度远远超过西方,因此在哲学思想和社会体之间装上具有安全阀作用的"实用(实践)论"是很有必要的。西方哲学中各种曾经风行一时的理论,往往都会被后人发现诸多纰漏,如果对西方的各种理论盲目轻信、全盘照搬,就会给社会造成很大的伤害——而"实用(实践)论"可以帮助我们有效地避免这种伤害。

主体论哲学起源于西方。西方有关主体的各种研究取得了很大的成绩,不过也都存在不少纰漏。中国学界在主体论领域倡导的"实用(实践)论"是对于西方主体论哲学的良好回应。从操作层面来看,"实用(实践)论"是有效的、必需的,不过从理论层面来看,它所取得的成果却难以超越西方哲学所设定的理论框架,从而也难以从根本上取得话语的主动权。因此,在"实用(实践)论"之外,我们还要从理论层面深入研究主体问题,对西方的各种研究范式进行细致评析,从而使自己能够有效地评估西方主体研究的各种理论框架,以求在总体上把握主体研究问题,并适时予以突破创新。

### 1. 主体研究的意义辨析

有论者认为,西方古代哲学是本体论哲学,西方近代哲学是认识论哲学。郑文先说:"古代和中世纪哲学家直接把本体论等同于哲学,而近代哲学家则把本体论作为庞大哲学体系的基础,以此引出对认识论问题的讨论。因而人们常把古代哲学和近代哲学区分为'本体论哲学'和'认识论哲学'。"[①]这一论断将"本体论哲学"和"认识论哲学"视为两个平等并列的概念,其实并不完全准确。西方传统哲学(包括西方古代和中世纪哲学)对"本体"的研究目的是为了探索世界的本质,也就是为了加深对客观世界的"认识"。赵汀阳说:"本体论不想说明每一个事物(everything),只是想说明任何事物(anything)的本质。"[②]可见,西方传统哲学也是"认识论哲学"。俞吾金也承认西方传统哲学的实质其实是一种"知识论哲学"。[③]西方传统哲学和近代哲学的本质都是"认识论哲学",不同之处,在于

---

① 郑文先:《略论本体论的当代意义》,《武汉大学学报》(哲学社会科学版)1998年第1期。
② 赵汀阳:《本体论的困难及其出路》,《哲学研究》1990年第4期。
③ 俞吾金:《超越知识论——论西方哲学主导精神的根本转向》,《复旦学报》(社会科学版)1989年第4期。

前者是从"客体"的维度来关注认识论,而后者则是从"主体"的维度。在传统哲学中,研究者在潜意识中将主体粗略地认定为"人",并在此基础上探索客观世界的"本体",不断加深对于客观世界的认识——尤其值得注意的是:当时的研究者在潜意识中将人的认识能力设定为"无限"。俞吾金说:"从西方哲学发展史上看,第一个大转向,即从独断论哲学到批判哲学,是经过从古希腊哲学到康德哲学这一漫长的过程才完成的……独断论哲学的朴素态度主要表现为对以下三个理论预设的信仰:第一,外部世界的事物本身是可以被认识的;第二,人的感觉、认识是可靠的,人可以通过自己的感官和理性去认识已有的对象;第三,人的意识的载体——语言是可靠的,人们能够运用语言准确地表达自己的思想,并和他人进行无障碍的交流。"①可见,西方传统哲学(即俞吾金所谓"独断论哲学")是以"认识"问题作为自己的核心问题的,不过其假设前提在后来却遭到质疑。

古希腊著名哲学家苏格拉底以追求真理为己任——必须注意的是:只有对人类自己的认识能力抱有"绝对"信心的学者,才会将"真理"确立为自己的认识目标。到了近代,哲学家们(例如休谟等)将注意力投向人类自身,并逐渐注意到人类认识能力本身的局限问题,发现人类并不一定能够"当然地"认识世界的所有奥秘,也就是说,人们意识到人类对客观世界的"认识"在很大程度上取决于人类本身的能力。在此背景下,研究者们纷纷将研究视角投向认识主体,促进了主体研究的蓬勃发展。从对认识问题的不同研究视角出发,我们可以将西方传统哲学和西方近代哲学区分为"本体论哲学"和"主体论哲学"——它们都是认识论哲学。

俞吾金在论及西方现代哲学时,认为其更加注重"价值"研究,产生了"人生哲学"转向。②其他不少论者也将西方现代哲学称为"人生哲学",以区别于西方传统的"本体论哲学"和西方近代的"主体论哲学"。俞吾金认为,在西方现代哲学之中,"支配西方文化传统达二十多个世纪之久的知识论哲学的颓势已经无可挽回地来临了。"③这一论断颇值得认真辨析:

---

① 俞吾金:《西方哲学发展中的三大转向》,《河北学刊》2004 年第 3 期。
② 俞吾金:《超越知识论——论西方哲学主导精神的根本转向》,《复旦学报》(社会科学版)1989 年第 4 期。
③ 同上。

从学理上来看,西方现代哲学的转向实质上源于西方哲学对理性主义的突破。西方现代哲学的导入具有多条路径,而"现象主义—存在主义"哲学无疑是其中的重要路径之一。从这条路径来看,西方现代哲学的产生源于胡塞尔晚期从"主体"研究向"生活世界"研究的转向。在胡塞尔之后,西方存在主义哲学家们沿着"生活世界"的研究路径进一步推动了"人生哲学"的蓬勃发展。不过,问题在于:胡塞尔在转向"生活世界"的研究之前,他有关"主体"的研究并没有取得成功。在其主体研究的论述中,胡塞尔将人类主体定义为"意识之流的统调者",不过他后来对自己的这一结论深表疑豫。张庆熊认为:"胡塞尔是西方哲学史上最彻底地贯彻内知觉的自明性的哲学路线的人,在他的整个生涯中,为了贯彻这条路线,他做了一次又一次'英雄'的尝试,尽管这些尝试在现在看来是失败的……"①也就是说,胡塞尔是在笛卡尔的理性视阈探讨"主体"问题失败之后,转向并不局限于理性视阈的"生活世界"的。这一主体研究尝试的"失败"固然可谓"颓势",不过,我们并不能以主体研究的任何暂时失败而否定主体问题的研究价值。事实上,人类永远也不会放弃对自己认识能力的追问,因此,人类主体问题的研究也具有恒久的重大价值。

胡塞尔之后的哲学家们对主体的研究也没有取得突破。人们似乎采取了"知难而退"的策略,对"主体研究"选择了忽视乃至放弃的态度。20世纪西方伟大的哲学家维特根斯坦也回避了这一难题:他采取了"消解主体"的避让策略,直接跨入了"生活世界"的研究领域。进入"生活世界"之后,维特根斯坦在"涉及生活的意义和价值问题时,他又引进了主体。"②维特根斯坦在"主体研究"中基本没有建树,他在谈及主体时一般只是随机地附和其他哲学家的论述。他和胡塞尔一样,在走进"生活世界"所引进的"主体"概念只是西方传统哲学中一般意义上的主体。

胡塞尔在"生活世界"领域提出了"主体际性"的概念。宋雅萍说:"自胡塞尔完成了从先验自我到主体间性的推导以来,海德格尔、伽达默尔和哈贝马斯等西方哲学家也从不同角度对主体间性进行探讨,现当代西方哲学主体间性研究通过语言学转向由理性主题回落到生活主体,体现出

---

① 张庆熊:《胡塞尔论自我与主体际性》,《哲学研究》1998 年第 8 期。

② 穆南珂:《主体的消解与复归——论〈逻辑哲学论〉的主体问题》,《哲学研究》1997 年第 2 期。

主体间性研究的实践性转向趋势。"①不过,胡塞尔是在对"先验自我"的研究失败之后转向主体间性的研究的,"主体间性"并非其"纯粹主体"的逻辑"推导"产物。换言之,胡塞尔的主体间性中的"主体"是一般意义上的、传统哲学中的"肉体"主体,而非经过哲学思辨而确立的形而上的理性主体。西方现代哲学"由理性主体回落到生活主体"的实质在于从理性领域回归到一般意义上的生活世界。

"主体间性"概念一经提出就受到学界的重视。"主体间性"指的是"主体之间的关系",不过,这个中文概念的组词方法违背了中文组词的一般规则:该术语中的"性"与一般中文词组中的"性"字(即表示"特质"、"特性")具有不同的内涵。也许正因为如此,俞吾金著文批评该词是一个"似是而非"的概念。②俞吾金的批评是有道理的,可有趣的是,俞吾金后来也似乎向语言约定俗成的惯性力量妥协,接受了"主体间性"这一概念并进行了进一步地阐释。③主体间性概念对于"生活世界"(即我们一般所说的社会研究)的确具有重要的意义。宋雅萍认为:"对主体间性理论的研究有助于推进伦理学的发展,伦理问题直接表现为主体间关系问题,主体间性是使伦理学成为可能的前提……主体间性与交往问题联系密切,与社会学问题有直接相关性。"④这一论断无疑是正确的。

不过,从中国文化传统的视角来看,有关认识论的各种研究更具有研究意义。金岳霖认为,中国传统并无"知识论"。⑤为了弥补这一空白,他几十年如一日,完成了洋洋洒洒几十万言的《知识论》,填补了中国现代哲学中"知识论"领域的空白。⑥金岳霖的成果是巨大的,不过仅凭他的一部著作也不可能填补中国认识论领域的所有空白,使中国在认识论领域达

---

① 宋雅萍:《论主体间性》,《马克思主义哲学研究》2008 年(此为年刊)。

② 俞吾金:《"主体间性"是一个似是而非的概念》,《华东师范大学学报》(哲学社会科学版)2002 年 7 月。

③ 参见俞吾金:《主体际性、客体际性和主客体际性——马克思实践唯物主义关系理论探要》,《河北学刊》2007 年第 2 期。在该文中俞吾金只是将"主体间性"中的"间"改为"际"而已,说明他其实已经接受这一概念了。

④ 宋雅萍:《论主体间性》,《马克思主义哲学研究》2008 年(此为年刊)。

⑤ 参见金岳霖:《中国哲学》(1943),《金岳霖学术论文选》,中国社会科学出版社 1990 年版,第252-253 页。

⑥ 参见胡军:《中国现代哲学中的知识论研究》,《哲学研究》2004 年第 2 期。

到具有几千年积累的西方哲学的水平。他所做的只是一种奠基性的工作,在中国认识论研究领域还有大量的空白需要中国学者填补、丰富、发展,因此,认识论的研究对于中国学界的重大意义也是不言而喻的。在"生活世界"领域,中国自古以来的各种研究成果十分丰富。与"主体间性"问题相对应,中国传统儒家学者一向关注人与人之间的社会"关系"的伦理问题研究,其研究成果与西方相比有过之而无不及。哈佛大学教授杜维明认为:"'中国文化关注的对象是人。'人与人的关系是中国文化关心的核心问题,人们立足于现实人生,所以政治伦理学相当发达。西方文化关注的是自然,人和自然的关系是古希腊注重的中心问题,由此衍生出理智和科技。"①这表明杜维明也在一定程度上认识到了中国在"生活世界"领域的优势,以及西方在"知识论哲学"方面的优势。西方有关"生活世界"的相关成果对于中国学界具有重要的借鉴意义,但这种意义是无法与知识论研究相提并论的。换言之,西方古代哲学和近代哲学对于中国学界的意义远远大于西方现代哲学。在哲学领域,中国学者并不能当然地以西方的传统为"传统",以西方的现代为"现代"。

只要人类在世界上存在一日,人类就需要不断深化自己的认识能力,也就永远绕不开"本体论"和"主体论"的问题。人类只有不断深化自己的认识能力,才能更有自信地解决"生活世界"中形形色色的问题。可见,"本体论哲学"和"主体论哲学"其实是"人生哲学"的哲学基础:此三者之间并不存在某种相互排斥的矛盾,它们的关系是相互依存的;它们并不必然地存在某种"取代式"的历时关系,它们的关系是共时的。

**2. 主体研究的"先验主体范式"**

西方有关主体的研究具有多种不同范式,而其主流研究范式则是"先验主体范式"。

学界一般认为,主体论哲学起源于被笛卡尔称为哲学第一定律的著名论断"我思故我在"。西方哲学自古执著于追问"我是谁"的问题,即作为肉体的"我"的本体的问题。在西方哲学之中,作为肉体的"我"和作为本体的"我"具有截然不同的哲学意蕴。西方哲学中一般意义上的"我"指

① 郝侠君等主编:《中西 500 年比较》修订本,中国工人出版社 1996 年版,第 790 页。

的是肉体上的"我",而在西方主体论研究领域,作为主体的"我"则是作为本体的"我"。正如"实用(实践)论"是中国传统实用思维模式的产物一样,西方哲学中"我是谁"的问题也是西方传统哲学本体论思维模式的产物。笛卡尔的"我思故我在"是对"我是谁"的问题在哲学层面的突破性回答,将西方学界的注意力一下子吸引到"我"的研究问题上来,并推动了西方传统哲学向"主体论"的转向。

以中国传统的"实用(实践)论"运思模式,我们很难理解笛卡尔有关"我"的阐释。笛卡尔说:"我是一实体,而他的全部本质或本性,只是思想而已,其存在,不需要有什么地域,也不需要有什么物质为其凭借。因此,这个我,即灵魂,是我之所以为我的理由。他与肉体完全不同,也比身体更容易认识,而且,假使肉体不存在了,仍然不停止他本来的存在。"①笛卡尔的"我"是一个没有"外延"的概念,从唯物主义的角度来看就是一个悬置概念,其所指是不存在的。维特根斯坦也认为,笛卡尔称为"我"的"那样的东西是不存在的。"②丹尼尔·丹尼特从心理学的视角"敦促我们抛弃笛卡尔的持存心灵,即一位把各种不同的知觉统一起来的观察者的概念。"③不过,我们并不能够以此否定笛卡尔的"我"的概念的重大哲学意义。笛卡尔的"我"正如解答几何难题中的"辅助点"一样,它从物质上来看是不存在的,却能够为我们开辟一个全新的视阈。没有笛卡尔的"我",西方的主体论哲学也就难以确立,因此,从功能的角度来看,笛卡尔的"我"是实实在在地存在的。而且,我们通过"内省"的方法都可以体悟到"我"的存在,这也是笛卡尔的论点能够为包括胡塞尔在内的很多人所接受的根本原因。我们应该从哲学意义上来认识笛卡尔的"我",而不能从现实的或者实用的视角来进行评判。

笛卡尔自己也没有从物质视角证明"我"的存在,笛卡尔是用内省的方法证明"我"之存在的。为了突出"我"的自明性,笛卡尔干脆将"我"和"肉体"分裂开来。他说:"如此,这个我,即灵魂,是我之所以为我的理由。他和肉体完全不同,也比肉体更易认识,而且,假使肉体不存在了,仍然不

---

① 笛卡尔:《笛卡尔思辨哲学》,尚新建等译,九州出版社 2004 年版,第 32、33 页。
② 穆南珂:《主体的消解与复归——论〈逻辑哲学论〉的主体问题》,《哲学研究》1997 年第 2 期。
③ 伊安·巴伯:《当科学遇到宗教》,苏贤贵译,三联书店 2004 年版,第 134 页。

停止他本来的存在。"①这样,笛卡尔就将"我"植根于自古希腊就业已存在的"灵魂论"传统之中。在生命科学尚不发达的时代,这种选择其实是高明的:这一选择的确可以确保"我"的自明性、纯粹性,有利于笛卡尔以此为基点构建一套庞大的哲学体系。

在"我思故我在"之中,笛卡尔将"我"等同于"思"。这一论断植根于西方的理性主义传统,同时又加强了这一传统。从"思"的角度来看,我们不难理解笛卡尔何以会说"假使肉体不存在了,仍然不停止他(即作为主体的'我')本来的存在"。恩格斯曾说:"什么是人的思维。它是个人的思维吗?不是。但是,它仅仅作为无数亿过去、现在和未来的人的个人思维而存在。"②如果笛卡尔的"思"指的仅仅是思想(thought)和思维模式,那么唯物主义者也不难认同。可是,作为动词的"思"(thinking)是否可以脱离肉体而存在,不承认"灵魂说"的人一般都会倾向于作出否定的答复。

自称在哲学认识领域掀起了"哥白尼革命"的康德批判性地继承、发展了由笛卡尔所开创的"主体论"。"康德进一步把笛卡尔未加区分的'我'、'思'区分开来,把'自身'(selbst)与'自我'(Ich)区分开来,认为前者是思维的起源,而后者则是思维的产物……就是说,纯粹主体是没有客体对应的主体,作为最终预设,也无法证明和追问它的如此存在是怎样的……重要的一点是康德对先验主体与经验主体的区分。前者是存在论意义上的一般的'一般之我',不能诉诸对象化,后者则是在时间中变换的感知的经验之我。"③可见,康德是在笛卡尔理论的基础上将作为名词的"思"(thought)和作为动词的"思"(thinking)区分了开来。作为名词的"思"与"先验主体"对应,而作为动词的"思"则与"经验主体"对应。康德的"先验主体"和笛卡尔的"我"的性质是相通的,是一种理论预设。康德主体论思想的创新在于将笛卡尔所排斥的"肉体"引进到哲学认知论的研究之中,以平衡作为理论预设的"先验主体"(即笛卡尔的"灵魂")。

笛卡尔和康德是在西方理性主义传统之中,运用纯粹思辨方法分别得出"灵魂(我)"主体和"先验主体"等相关概念的,我们将他们的这种主

---

① 笛卡尔:《笛卡尔思辨哲学》,尚新建等译,九州出版社 2004 年版,第 33 页。
② 恩格斯:《反杜林论》,参见《马克思恩格斯选集》第 3 卷,人民出版社 1995 年版,第 426 页。
③ 刘森林:《对话:内化与空间拓展——以"主体性问题为例"》,《哲学研究》2005 年第 10 期。

体研究方法称为"先验主体范式"。笛卡尔和康德的不同之处在于:笛卡尔从怀疑论的角度出发,认定人类的感官是不可靠的,因此将人类的肉体从知识论领域排除出去,将灵魂作为知识(理性)的唯一来源;而康德则和休谟等人一样,承认人类肉体对于认识的基础性作用。休谟说:"我们纵然尽可能把注意转移到我们的身外,把我们的想象推移到天际,或是一直到宇宙的尽处,我们实际上一步也超越不出自我之外。"①康德也认为:"我们认识的是事物的现象,至于事物本身究竟是什么样子则完全超出了我们的认识范围。"②可见,休谟和康德都认为人类肉体规定了人类认识的"界限"。这样,人类肉体也就理所应当地被引进了认识论领域。康德还认为,除了肉体之外,人类之所以能够获取知识还因为人类具有某种"先验主体"。康德的先验主体指的是一种认识"范式",比笛卡尔的"灵魂(我)"主体更为具体。不过,"先验主体"和"灵魂(我)"都是纯粹逻辑思辨的产物,它们都只能作为一种理论预设合法地存在。

康德将人类的认识主体认定为两个部分:其一是作为经验基础和认识界限的人类肉体,其二是提供认识模式的先验主体。休谟等人已对人类肉体的认识功能进行了许多论述,在生理学科建立之后,学者们更是能够在实用层面对人类肉体进行专门的细致研究。另一方面,胡塞尔等人则从哲学层面对康德的先验主体开展了进一步的研究。高秉江认为:"康德的先验主体是一种有限的主体,而胡塞尔要求的是先验主体的无限性;康德将作为本体的先验主体隐藏在不可知的物自体中而拒绝直接地去言说它,而胡塞尔则要求冲破康德的划界去言说这个先验主体。"③

胡塞尔在基本沿用笛卡尔的内省运思模式的同时,还使用了他独创的所谓"现象学还原方法"。胡塞尔通过研究发现:"纯粹自身看来是某种本质上必然的东西,而且是作为在体验的每一实际或可能的变化中某种绝对同一的东西,它在任何意义上都不可能被看做是体验本身的实有部分或环节。"④张庆熊解释说:"按照胡塞尔的看法,经过纯粹返观自照的

---

① 休谟:《人性论》上册,关文运译,商务印书馆 2005 年版,第 84 页。
② A. B. 古雷加:《费希特耶拿时期的知识学》,《世界哲学》1992 年第 6 期
③ 高秉江:《胡塞尔与西方主体主义哲学》,武汉大学出版社 2000 年版,第 67 页。
④ 胡塞尔:《纯粹现象学通论》,张幼蕊译,商务印书馆 1992 年版,第 15 页。该引文经张庆熊修订。

方式发现的'我'不是一个物质实体的自我,也不是一个精神实体的自我,宁愿说,它是意识的一种功能,是意识活动的'执行者'或'承担者'。"[①]也就是说,胡塞尔明确否定了笛卡尔认为"我"是某种"实体"的论断。胡塞尔将"纯粹自我"认定为某种"意识之流的统调者",其本质是"观念性"的。不过,胡塞尔后来对于这一结论也深表怀疑。他承认:"纯粹自我是'静态的'(statische)、'空洞的'(leere),而人格的自我是'主动的'(aktive)、'具体的'(konkrete)。"[②]我们不难想象后期的胡塞尔对于其前期研究工作的失望,后来,胡塞尔干脆放弃了前期研究的"主体问题","在后期更多地把注意力放在对'人格的自我'和'生活世界'的研究上。"[③]不难看出,胡塞尔其实是在对"先验主体"的探索失败之后,而回到"人类肉体"的研究视阈的——胡塞尔将这一研究视阈称为"生活世界"。在这一视阈之中,胡塞尔的主体只是一般意义上的主体,即肉体主体。

### 3. 福柯的主体研究模式

笛卡尔、康德、胡塞尔的研究对象是作为主体的"我"的"本体",即从"我"的视角来研究"我"。福柯则选择从"思"的视角来研究"我"。笛卡尔、康德、胡塞尔等人是在理性主义的视阈研究本体问题的,福柯则突破了这一视阈,在他所谓的"人类学"领域(相当于胡塞尔所谓的"生活世界")来开展研究。他说:"如果人们只能对作为一个自然人或作为一个有限存在的人进行哲学思考,那么,整个哲学从根本上讲难道不将都是人类学吗?"[④]福柯提出了其思想体系中的一个核心观念,即"认识型"。福柯对知识型做过这样的界说:"在任一文化的任一时刻,永远只存在着一个唯一的知识型,它界定所有知识之所以可能的条件——这一知识型也许表达在理论中,也许存在于无声的行为里。"[⑤]他还认为:"认识型涉及思想和事物的关系,而思想一词不免有主观的意义,思想是用语言表达的,因此思想和事物的关系就是语言和事物的关系,即词与物的关系,它是认识

---

① 张庆熊:《胡塞尔论自我与主体际性》,《哲学研究》1998 年第 8 期。
② 张庆熊:《胡塞尔论自我与主体际性》,《哲学研究》1998 年第 8 期。
③ 张庆熊:《胡塞尔论自我与主体际性》,《哲学研究》1998 年第 8 期。
④ 参见莫伟民:《词与物·译者引语:人文科学的考古学》,上海三联书店 2001 年版,第 10 页。
⑤ Michel Foucault, *The Order of Thing*, New York: Vintage Books, 1973. p. 168.

型的基本结构。"①于是,福柯选择从"语言"的具体维度来进行考察人类的思想。

人们一般认为,语言必然是"人"的语言,换言之,人在自己所创造的语言体系、思想体系中位居中心位置。但是,"在《知识考古学》中,福柯通过把'话语事件'作为他的考古学描述的对象,把'主体'视为话语所提供的一种位置,实现了对中心化的主体的解构;把'历史'分解为话语的多种系列和层面,实现了对连续性的历史的解构。"②如此一来,福柯就实现了对笛卡尔以来的主体哲学的双重解构:其一,人类认识主体对于人类认识所形成的思想成果无足轻重,这样就解构了人类主体在知识体系中的中心地位;其二,人类认识所形成的思想成果(即人类理性的寓所)是断裂的、随意的,其本身并不符合逻辑理性的规律,这样就解构了主体论哲学的预设前提,即"理性"。

福柯的研究方法别出心裁,别具一格,在中西方思想史上产生了巨大的影响。应该说,福柯应用"知识型"概念对于思想史具有某种程度的"不连续性"的揭示是无可辩驳的,这也的确能够有效地论证"绝对理性主义"的谬误性。但是,我们却并不能够以此对人类"理性"进行全盘否定。其实,福柯的"知识型"的形成本身就表明了人类理性的存在:如果没有人类理性,人类思想中不可能形成任何"知识型"——知识型本身就是理性的产物。福柯自己也不否认:以某种知识型为基础的那些人类思想各自都还是比较连续连贯地存在了相当长的一段时间。因此,福柯解构理性也并非是要绝对地排斥理性,"而是为了改变非理性的屈从地位,为非理性据理力争,为非理性争得与理性同等的权利、同等的地位,使非理性与理性平等相处。③认识到这一点,至关重要。胡塞尔"在批判近代以来的旧的理性主义的同时,也批判了那种反理性的非理性主义,因为在他看来,欧洲的生存危机不可能简单地了结于传统理性主义的摧毁之中,如果是这样的话,那只能加速本来就已经同真正的

---

① 陶秀璈:《主体论文化话语的终结——关于福柯现代认识型概念的考察》,《哲学研究》2007年第8期。

② 文兵:《主体的非中心化与历史的非连续性——福柯〈知识考古学〉的主旨》,《哲学研究》2002年第1期。

③ 莫伟民:《福柯的反人类学主体主义和哲学的出路》,《哲学研究》2002年第1期。

'理性'含义相疏远的欧洲的毁灭，从而落入对精神的蛮横无理的憎恨和退回到野蛮状态的危险。"①胡塞尔的论述不无道理，我们应该反对西方传统哲学中的"理性中心主义"，但也并不能因此而发的对所有人类的所有理性的批判。

福柯在《知识考古学》明确指出："我的目的不是排除主体问题，而是界定主体在不同语境之中的地位和功能。"②福柯的《知识考古学》等代表性论著的意义还不仅仅在于其对于主体这一具体问题的研究，其最重大的意义在于福柯提出了一套具有崭新概念体系的方法论。这套方法论并不在于排斥"理性"，恰恰相反，它包容理性。它的要害在于指出：人类的理性思想其实孕育和诞生于并不那么理性的混沌之中。在人类理性思想的脉络形成之前，人类思想所呈现的是大量"互不关涉的"（discursive）观点；而且，人类各种思想、学科脉络的形成，也具有极大的偶然性，并不具备理性主义者所认为的必然性。在这一体系的观照下，思想史也漏洞百出了。福柯在批评"思想史"时说："这一学科具有不确定性。其研究边际模糊不清，研究方法东拼西凑，思想路径既不缜密也不稳定。"③福柯从根本上突破了西方理性主义传统，大大拓展了知识论的研究视阈。不过，福柯并没有真正终结主体研究问题的研究。福柯在《词与物》的末尾断言："人们就能恰当地打赌，人将被抹去，如同大海边沙地上的一张脸。"④福柯的这一论断常常被引申为西方"主体论哲学"的终结。这只是一种误解，福柯其实只是解构了西方哲学传统中的理性主义而已。

福柯的研究策略十分巧妙：首先，他将研究中心确立为人类的思想（thoughts）。福柯"吸收了巴歇拉尔（Gaston Bachelard）认识论断裂（episteme break）的理论，指出西方思想史事实上不是一个理性从文艺复兴到现代连续性发展的过程，而是分成了三个明显的、非连续性的认识区

① 张廷国：《欧洲文化危机的根源——胡塞尔晚期思想的一个哲学问题》，《江苏社会科学》2000 年第 5 期。

② Michel Foucault, *The Archaeology of Knowledge*, Tr. by A. M. Sheridan Smith, New York: Harper & Row, 1976, p. 200.

③ Ibid p. 136.

④ 福柯：《词与物——人文科学的考古学》，上海三联书店 2001 年版，第 506 页。

(epistemic blocks)。"①西方理性主义者认为人类思想是一贯的、符合逻辑理性的,因此,人类在本质上也是理性的。福柯通过研究,指出人类思想其实是断裂的、非逻辑的,这样就解构了理性主义者主张人类理性本质的逻辑前提,从而从整体上解构了西方哲学传统中的理性主义。

其次,既然思想是由语言构成的,福柯将他的研究视角确定为语言的"陈述"(statement)。在对语言"陈述"研究之中,福柯通过证明语言中的主语可以不依赖人类认识主体而独立存在,从而解构了人类认识主体在知识结构中的中心地位。不过,福柯的这一次解构并不彻底:在西方语言之中,主体和主语都是用一个词(subject)来表示的,福柯所解构的其实只是作为话语的主语(subject),而不是作为人类认知主体的"人"(subject)。福柯举例"若 A 和 B 的数量都与第三者相同,那么 A 和 B 的数量相同",以此证明人类主体在话语中的无足轻重,并以此结构主体的中心地位。"②不过,问题在于:1)这句话中的每一个概念都是作为主体的人所创造的,而且是人类在自己的生活经验的基础上创造的,只能为人类所理解;2)这句话的语法结构也是为人类所创造的;3)这句话只有在人类的经验世界的基础上才具有意义。其实,任何概念都是在人类生活经验的基础上创立的,都只在一定的"生活域"才能成立。例如,人类生活中的很多概念、规则,在量子微观世界就不能成立。福柯的错误,在于想当然地将某些人类所创造的话语预设为某种可以脱离人类主体、脱离人类"生活世界"经验的宇宙真理。事实并非如此。即使在数学领域诸如"1+1=2"之类的命题,也只是人类生活经验的抽象物,而并非什么客观真理——例如在量子微观领域,数理逻辑也往往失效。

福柯所研究的"主体"并非笛卡尔、康德、胡塞尔等关注的"主体"——笛卡尔等所秉持的是西方哲学的传统本体论思维模式,其所关注的是"主体的实质",即"主体的本体",而福柯的研究中心则是"人类的思想",其研究视角是被虚化为某种非生命的、功能性的思想的陈述者。我们可以说

---

① 张梅:《自主话语的幻想与反主体的考古学——读福柯的〈知识考古学〉》,《哲学研究》2009年第 2 期。

② Michel Foucault, *The Archaeology of Knowledge*, Tr. by A. M. Sheridan Smith, New York: Harper & Row, 1976, p. 94.

福柯成功地解构了西方哲学传统中的理性主义，却不能说福柯终结了"主体"研究问题。只有在充分证明人类主体的本体就等于"思"的前提下，福柯才能够从解构"思"的结论里逻辑地推导出"消解主体"的论断——笛卡尔将"我"等同于"思"，因此，可以说福柯解构了笛卡尔的主体问题。不过，笛卡尔将"我"等同于"思"的说法本身只是一种没有经过充分证明的假设。可以说福柯的研究证伪了这一假设，也可以说福柯终结了笛卡尔所设立的主体问题，却不能说福柯终结了一般意义上的广义的主体问题。

笛卡尔是在理性视阈提出主体问题的。福柯研究成果的意义，在于发现人类理性的"非一贯性"。[①]福柯的这一研究结论也具有重大的哲学意义，它强烈表明人类的主体的本体并非理性，也就是说，西方哲学一贯将人类主体预设为"理性"的这一前提并不成立。既然主体并不等同于理性，福柯当然不能够从"消解理性"的前提逻辑地推导出"消解主体"的结论。从方法论的角度来看，人们根本无法从"语言研究"路径对于人类的认知主体问题充分地进行研究。语言本身是人类理性的标志性产物，从"语言研究"的视角或许可以加深我们对于人类主体的理性特征的认识，却不可能帮助我们完整地掌握人类认识主体的特征。由于人类主体所牵涉的领域大于理性视阈，因此，我们不可能从理性内部认识到人类主体的整体概貌。

事实上，福柯本人后来也对其研究路径也产生了怀疑。张梅说："在《知识考古学》中，由于福柯断定了话语领域的优先性，非话语的社会实践领域也就被排除了。因此，为了解决其理论的困难，福柯后来走向了关注

---

① 陶秀璈认为："所谓知识考古学是用一个三段论来消解主体论文化话语。它的大前提是：一定知识性文化话语由相应的认识型所构建，随着新的认识型取代旧的认识型，旧的认识型所构建的文化话语也就烟消云散；小前提是：主体论文化话语是由现代认识型所构建的；结论：随着新的认识型取代现代认识型，主体论的文化话语也烟消云散。这就是福柯以知识考古学消解主体论文化话语的方法。"（陶秀璈：《主体论文化话语的终结——关于福柯现代认识型概念的考察》，《哲学研究》2007年第8期。）福柯将文艺复兴以来的人类认识型分为三类：文艺复兴时代的认识型、古典时代的认识型和现代性时代的认识型。他从前两种认识型已经被替代，从而预见第三种认识型也会被替代。不难发现，福柯在这一三段论中犯了一个"不完全归纳"的逻辑错误。福柯还说的：随着后现代性时代的到来，"人类知识将发现一种新的形式，人会消失，这是令人鼓舞的，并且是深切安慰的。"（福柯：《词与物——人文科学考古学》，莫伟民译，上海三联书店2001年版，第13页）可惜，由于其前提不成立，结论也是不正确的。只能说福柯有时也颇善于制造耸人听闻的说法增加自己的知名度而已。

社会实践合理性的权力系谱分析。在福柯后来的论述中,社会实践领域比其他一切更为根本,因为在《知识考古学》之后,福柯也深深感觉到主题形成的可理解性不可能体现在对话语形成的纯粹形式分析中;只有揭示主体形成所依赖的社会实践背景,才能真正找到理解主体现实状况的钥匙。"①因此,和胡塞尔一样,福柯后来引入了新的主体概念,"在福柯那里,新的主体性形式即自身的关切、自身的技术、自身对自身的治理。通过研究自身的关切和自身的技术构建新的、自由的主体。福柯认为,这种主体是以伦理行为为目的的伦理主体,它注重主体化形式和自身的实践,强调个体在与自身的关系和与他人的关系上如何努力把自身构建为一个道德主体。"②"福柯在早期和中期之所以能将主体的瓦解视为救赎,是因为他将主体——模式理解为强制机制,在他的后期著述中,问题发生了位移,他的思想蹲点不再是主体的消失,而是主体性的另一种模式。这种模式不能被视做以内省的方式把握我自己的内在性,而是一种外在的对待自己的关系。"③这其实是否定了自己对人类认识主体问题研究的否定,他前期所呼喊的"人之死"自然也不攻自破。

**4. 西方主体的研究范式评析**

西方哲学界历来强调理性,具有浓郁的理性崇拜情结,并促使西方哲学界形成了某种思维定式,我们可以称之为"理性定式"。在这种思维定式的支配之下,西方哲学一般将人类主体的"定义"为"理性的动物"。而卡西尔更是将"语言"视为人类的根本属性,他说:"我们应当把人定义为符号的动物(animal symbolicum)来取代把人定义为理性的动物。"④在西方哲学之中,理性、真理、逻辑、思维、思想、语言等具有相同的理性预设前提,都是"理性定式"的产物。可以说,"理性定式"直接划定了西方哲学的研究领域,即"理性"的研究域。只有在"理性"的研究域之内,理性主义哲学研究才是有效的。

---

① 张梅:《自主话语的幻想与反主体的考古学——读福柯的〈知识考古学〉》,《哲学研究》2009年第2期。

② 吴贻玉:《从"沙滩上的脸"到主体的"回归"——论福柯主体场域的变迁》,《科学技术与辩证法》2007年第4期。

③ 彼得·毕尔格:《主体的退隐》,南京大学出版社2004年版,第13页。

④ 恩斯特·卡西尔:《人论》,上海译文出版社2004年版,第37页。

在宗教思想的影响下，不少西方哲学家还将"理性"、"真理"、"思维"和"灵魂"联系起来，例如古希腊的柏拉图正是以古希腊宗教中的"灵魂说"为基础提出"理念世界"概念的。"理念世界"的思想模式对欧洲哲学影响深远。怀特海称赞柏拉图时会说："欧洲哲学最明显的特征是包含了一系列柏拉图哲学的脚注。"[①]可以说，正是在柏拉图思维模式的影响下，后来的笛卡尔才将"我"和"思"看成某种可以脱离肉体而存在的"灵魂"。尤其值得注意的是：柏拉图和笛卡尔等西方哲学家还沿袭了宗教人士崇尚"灵魂"、贬低肉体的宗教策略，在知识论哲学中形成了弘扬理性、贬低肉体的思维模式。直至现代，这一思维模式在西方哲学界的影响力仍然十分强大。例如，西方现代哲学家维特根斯坦就坚持认为："哲学的我不是人，不是人的肉体或具有心理学属性的人的灵魂，而是形而上学的主体，世界的界限（而非世界的一个部分）。相反，人的肉体，特别是我的肉体，在其他东西中间，在动物、植物、石头等等之间，是世界的一个部分……无论谁，只要认识了这一点，就不会要为他自己的肉体或人类的肉体取得最基础的地位。"[②]其实，肉体是思维的寓居之所，没有肉体就没有思维，认识论研究不能忽视对肉体生命本身的研究。崇尚理性、贬低肉体的思维定式促使人们在理性领域取得了诸多研究成就的同时，也严重遮蔽了人类肉体的认识论意义。

学界一般认为，笛卡尔的"我思故我在"是西方主体哲学研究兴起的源头。在西方"理性定势"的支配下，笛卡尔将"我"等同于"思"；在柏拉图思维模式的影响下，笛卡尔又将"我"和"思"看成某种可以独立存在的"灵魂"。而所谓"思"，又可以细化为三个视角，即作为动词的"思"（thinking，即思维的动作），作为名词的"思"（thought，即思维的结果）以及"思"的工具（即语言形式）。与这三个视角相应对，西方主体研究也基本形成了三种主要研究范式，即先验主体范式，思想范式以及语言范式。

---

① Alfred North Whitehead, *Process and Reality: An Essay in Cosmology* (1929), edited by David Ray Griffin and Donald W. Sherburne, New York: Free Press, 1979, p.39.

② Ludwig Wittgenstein: *Notebooks* (1914—1916). Oxford: Blakwell, 1961. p.82. 维特根斯坦的这一论断和他认为笛卡尔称为"我"的"那样的东西是不存在的"的论断是互相矛盾的。我们认为其"哲学的我是形而上学的主体"的论断更有说服力——尽管我们并不认同其以此否定肉体的优势地位的观点。

其一是先验主体范式。这一研究范式的中心研究问题是:作为"思"(thinking)的动力的"我"的本体是什么?对于这一问题,笛卡尔的回答是"灵魂",康德的回答是"先验自我",胡塞尔的回答是"纯粹自我",而维特根斯坦干脆称之为"哲学的我"。从哲学层面来看,这些回答无疑是成立的,是具有哲学意义的。不过,他们的"我"都是一个虚构——就像几何解题中的辅助点一样的性质,尽管有意义,但其本身却是不存在的。穆南珂指出:"休谟认为唯我论者希望发现意识主体,一个自我,但是他只发现越来越多的对象,却从来没有发现任何主体"①。在笛卡尔的论述之中,"我"本身并不构成"思"的前提。恰恰相反,他的论证逻辑是:"'思'是存在的",而且,"'思'是'我'的产物",因此,"'思'的存在就是'我'的存在的明证"。其实,笛卡尔的"我思故我在"更准确地应该表述为"思,故我在"。

"先验主体"范式只能确定"主体"("我")的存在,而不能阐明"主体"的具体性质,这是由"先验主体"研究范式的运思模式所决定的。首先,在"真理思维定式"下,他们将"我"的本质预设性地定义为"理性"。而理性的本质是逻辑形式。康德曾在批评费希特时说:"纯粹的知识学,不多也不少,恰恰就是纯粹的逻辑……要从逻辑中提炼出实在的客体,那是徒劳的。"②其次,在主体研究之中,他们又将"我"视为一个思维的发源"点",而这个"点"不可能获得具有"过程"性质的逻辑形式。这样,他们就陷入一种"两难"的境地。最终,他们也只好将主体的"我"进行虚化处理,创造出一系列没有"外延"的概念:即"灵魂"、"先验自我"、"纯粹自我"、"哲学的我"。对于这些虚化的概念,他们除了坚持其具有"理性"性质之外,实在难以确证地提出其他任何具体性质。尤为可惜的是:即便这一"理性"的性质,也只是一种没有经过确证的假设前提。

其二是思想范式。这一研究范式以思维结果(thought,即思想)作为研究视角,并将生产"思想"(作为整体的思想)的社会作为认识主体。在这一研究范式之中,作为认识主体的"社会"是其研究中心。苏联学界、中国学界的不少学者都持该类观点。

其三是语言范式。这一研究范式以思维形式(即语言)作为研究视

---

① 穆南珂:《主体的消解与复归——论〈逻辑哲学论〉的主体问题》,《哲学研究》1997年第2期。
② 钟宇人、余丽嫦编:《西方著名哲学家评传》第6卷,山东人民出版社1984年版,第100页。

角,专注于语言问题的研究。西方现代哲学界的各种语言学派为此作出了重大的贡献。

而取得重大研究成果的福柯则结合了思想范式和语言范式两种研究方法:从语言视角研究人类思想,并进而关注认识主体。福柯基于先验主体的假设,将主体的"我"虚化为语言形式的一种存在(即主语),并在此基础上通过研究指出人类的思想体系其实是不连贯的,最终作出"主体之死"的结论。不过,福柯所谓的主体之死并非指人类认识主体之死,而是指作为理性化身的主体之死。福柯把人之死"看做'主体之死,大写的主体之死,作为知识、自由、语言和历史的源头和基础的主体之死'。"①福柯所证明的西方思想的断裂性揭示了人类理性并不是当然的、自立自足的、自明的。换言之,西方的理性主义本身并不"理性",更不是真理。如果跳出西方哲学的理性研究域,我们不难发现:人类思想断裂的根本原因其实来自人类认识主体对于思想成果的自主选择和扬弃——因此,福柯所谓的"理性主体"之死恰恰印证了人类"认识主体"的存在,印证了人类思维的成果(即思想)并不能够独立存在,而是依赖于人类认识主体而存在的。这也充分表明,我们并不能够在哲学的理性研究域之内有效地研究人类的主体问题——这是胡塞尔、维特根斯坦等人不约而同地走向"生活世界"的根本原因。这充分证明:主体研究必须跳出理性视阈,在生活视阈之中进行。生活视阈包含理性视阈,而又不局限于理性视阈。而在生活世界研究主体问题,必须以人类生命体(具有物质性质的生命体)作为研究视角。

### 5. 主体研究的"生命"视阈探析

西方哲学从近代转向现代的根本依据,在于突破西方理性主义传统的需要。西方传统哲学(包括西方古代哲学和近代哲学)和现代哲学的根本差异,在于其研究领域的差异,即"理性视阈"和"生活视阈"的差异。胡塞尔等人从理性视阈走向生活世界,可谓西方近代哲学向现代哲学转变的标志性事件。

西方现代哲学的突出代表叔本华有关人类主体的论述,也突破了西

---

① 莫伟民:《词与物·译者引语:人文科学的考古学》,上海三联书店 2001 年版,第 13 页。

方传统哲学的理性框架。叔本华独辟蹊径,将人类主体的本体认定为"生命意志":"叔本华将世界区分为表象的世界和意志的世界,把事物的现象世界归结为表象世界,因此他把经验和科学的对象看做表象世界里的东西。哲学不能仅仅停留于描绘表象世界。哲学最应关注的是意志,意志是人的真正的存在。人们超越现象范畴达到自在之物,这个世界不是主体中的某种表现,而是真正存在的东西本身。这个世界就是意志。作为意志的主体就不再像其他对象那样是一个对象。作为主体的意志,其基本特征就是求生存,因此这个主体就是'生存意志'或'生活意志'。一旦我们作为意志主体存在,就从表象的世界中解脱出来,超越了痛苦。"①从"生命意志"概念,我们可以看出叔本华在继承了西方传统哲学"追问本体"的运思模式的同时,也突破了西方传统理性主义的限制,即不再拘泥于西方传统哲学的理性研究视阈,不再把"生命意志"等同于某种"思",不再把"我"的本质视为一种静态的存在,而把它视为一种动态的"生命意志"。这不但突破了笛卡尔的主体论运思模式,而且体现了与其他研究者截然不同的哲学意味。

维特根斯坦在生活世界领域讨论人类主体时也颇为认同这种说法,他认为主体将善与恶带进世界,认为"这个主体是意志主体"。②对此,穆南珂评论说:"主体,被维特根斯坦称为哲学的我,不是人,不是人的肉体或心理学所处理的人的灵魂,而是形而上学的主体,即世界的界限而非世界的一个部分。在哲学里必须以非心理学的方式谈论自我。自我不是思维的、表象的主体,而是一种'意志的主体'。这个主体、自我要解决的是生命、生活的意义问题。"③必须指出的是,穆南珂的这一论述忽视了维特根斯坦有关主体的两次不同表述的前提预设,因此作出了错误的结论。其实,维特根斯坦的"哲学的我"的概念只在"理性"研究域才可以成立,而"意志主体"的成立前提是生活领域。两者并不一样。

有学者开始在哲学之外的具体学科探讨人类主体的问题。皮亚杰是西方著名的心理学家,他的"发生认识论"对于主体研究产生了深远的影

---

① 穆南珂:《主体的消解与复归——论〈逻辑哲学论〉的主体问题》,《哲学研究》1997 年第 2 期。
② Ludwig Wittgenstein:*Notebooks*(1914-1916).Oxford:Blakwell,1961.p.87.
③ 穆南珂:《主体的消解与复归——论〈逻辑哲学论〉的主体问题》,《哲学研究》1997 年第 2 期。

响。皮亚杰的目的"就在于研究各种认识的起源,从最低级形式的认识开始,并追踪这种认识向以后各个水平的发展情况,一直跟踪到科学思维并包括科学思维"。①科学思维,即理性思维。皮亚杰的研究关注科学思维,但并不局限于科学思维。

皮亚杰是通过观察人类肉体的表现来研究人类心理以及人类思维的,这一研究模式也突破了理性主义的理性模式。他通过研究认为:"在心理进化的开始,自我和外在世界还没有明确地分化开来,这就是说,婴儿所体验到和所感知到的印象还没有涉及一个所谓自我这样一种个人意识,也没有涉及一些被认为自我之外的客体。"②皮亚杰认为,人类是在掌握了第二信号系统之后才具有了"主体性"的:"儿童开始从自己把自己当做客体转变为把自己当做一个主体的人来认识。开始知道自己的名字,以后掌握了人称代词'我',从而出现了自我意识。"③根据皮亚杰的理论,不少学者进行了阐发,例如有学者就认为,"我们可以说'主体是人',而且主体只能是人。主体不是精神,不是神,也不是动物。但是,人却并不是在任何时候、任何情况下都是作为主体存在的。刚生下来的婴儿还不能说就是主体。这个孩子需要接受很长时间的教育,才能逐步具备从事主题活动的条件。"④这种观点其实是将人类主体视为"语言"的附属物,换言之,人类的主体性是由语言所决定的。这种观点显然是有问题的:按照这种观点,在人类发明并且使用语言之前,人类是没有"主体性"的。如果这样,那么,在人类发明语言之前的千百万年的发展过程之中,是谁在认识世界、适应世界并且不断发展进化呢?难道不是作为主体的人类吗?皮亚杰将主体视为语言"我"的附属物——而任何语词都是一种社会产物,因此,皮亚杰所谓的"我",其实是一种社会"主体",而不是人类的生命认知主体。一般人是在社会意义上使用"我"这个概念的。例如,幼儿说"我的东西",其实质是在言说某种"所有权"——而所有权当然是由社会定义的,具有社会性质。我们不能否认在婴儿说话之前,他(她)已经具有

---

① 皮亚杰:《发生认识论原理》,王宪钿等译,商务印书馆1981年版,第17页。
② 皮亚杰:《儿童的心理发展》,傅统先译,山东教育出版社1982年版,第31页。
③ 黄希贤:《普通心理学》,甘肃人民出版社1982年版,第126页。
④ 刘福森:《主体、主体性及其他》,《哲学研究》1991年第2期。

第二章 「主体」问题的研究范式探析

053

某种与其社会性不同的生命主体。同样的道理,我们也不能否认天生聋哑人具有生命主体。人类主体意识的存在是和生命本身相关,而与语词"我"无关。可见,皮亚杰尽管在方法论上突破了理性主义的局限,但在具体运思过程之中还是受到理性主义相当程度的误导。

除了叔本华和皮亚杰之外,还有许多其他学者突破理性主义的视阈,在生活视阈、从生命视角对人类主体进行了探讨。尽管他们从不同视角大大推动了主体问题研究的深入,却也并没有完整地回答人类主体的所有问题。

西方哲学"主体"问题的研究兴趣归根到底源于其对于人类"认识"问题的兴趣。主体研究问题的提出,无疑具有重大的学术意义。主体研究的各种范式,也从各种不同的角度为学界作出了宝贵的探索。它们在主体问题探索中遇到的各种挫折,表明它们也存在着各种不同的局限性。

研究表明:在西方传统理性主义的视阈之内,无法完整地研究人类认识主体的问题。我们必须突破理性主义的视角,在生活世界从生命视角深化主体问题的研究。突破"理性视阈"之后,我们发现人类认识主体的研究其实尚处于破晓时分。

# 第三章

## 信息过程论：
## 突破"大脑"局限的思维研究

笛卡尔是西方理性主义的集大成者，在理性主义者看来，人的本质是"理性"，而"思"则是人类理性的标志。在笛卡尔提出"我思故我在"的著名论断之后，不少研究者纷纷在理性视阈，从"思"的视角来研究人类认识主体（即"我"）的问题，从而推动了西方主体哲学的蓬勃发展。可惜的是，在"理性视阈"之中，我们无法从整体上把握人类思维，也无法很好地回答人类主体的问题，因此，以胡塞尔为代表的诸多主体研究者最终放弃了在"理性视阈"中对主体问题的研究。后来，福柯以自创的"知识考古学"研究方法，详细地论证了人类思想的非理性特性，从而证伪了西方传统哲学中的理性主义。

为了更为深入地阐释人类的认识主体，我们必须突破"理性"视角所界定的理性问题域，在更为广阔的"生活世界"来研究人类的思维问题。

在理性主义传统的强烈影响下，中西哲学界一般简单地将人类"思维"界定为"逻辑理性思维"。例如我国哲学界对思维的界定一般是："思维，人脑对现实世界能动地、概括地、间接地反应过程。包括逻辑思维和形象思维，通常是指逻辑思维。"[1]在这一"思维"的定义之中，尽管编撰者已经意识到了"形象思维"的存在，可是在根深蒂固的思维定式的制约下，编撰者还是以"概括地、间接地"两个语词从实质上排除了"具体的、直接的"形象思维。由此可见，在人们的潜意识中顽强地存在着将"思维"等同

---

[1] 傅季重主编：《哲学大辞典·逻辑学卷》，上海辞书出版社1984年版，第336页。

于"逻辑理性思维"的思维定式——如果不打破这一顽固的思维定式,思维研究就很难取得新的进展。

幸运的是,在诗学、心理学、教育学等领域,人们已经基本摒弃了将思维等同于逻辑理性思维的观点。例如,钱学森在《关于思维科学》一书中认为人类的思维有三种:形象思维、抽象思维和灵感思维。一方面,这一观点突破了传统哲学界的思维定式,值得称道;另一方面,其本身也还存在一定缺陷。范晓认为:"灵感思维是在潜意识状态下进行的思维。"①也就是说,灵感思维本身并不构成和形象思维和灵感思维并列的一类思维。这种观点是有见地的。灵感思维有时也被称为直觉思维,而贝勒通过研究,发现推理的整合是直觉活动重要的构成因素,发现直觉思维中包含着推理。②换言之,尽管"灵感思维"是在人们的潜意识中运行的,然而它并不具备有别于形象思维和抽象思维的某种本质特征,因此,不能将它视为与形象思维和抽象思维并置的另一类思维。

当今不少学者都认同人类思维至少存在两种:"意象思维(即形象思维)"和"抽象思维"。哲学家们或许未必也没有意识到"意象思维"的存在,可是,在他们心目中,这两种思维模式的重要性是截然不同的。笛卡尔认为人类的感官是靠不住的,他说:"由于感官屡次欺骗了我们,我便假定借助感官而想像的对象,没有一样是真实的存在。"③在笛卡尔等哲学家眼里,和人类的感官息息相关的意象思维不值得重视,只有抽象思维才具有研究价值。可见,哲学界对于意象思维的忽视其实是"有意的"。鲁道夫·阿恩海姆曾感叹道:"感知之所以受到鄙视,则是因为它在一般人的心目中与思维是两回事。"④感知是意象思维的基本路径,"对感知的鄙视"和"对意象思维的忽视"在本质上是相同的。不过,鲁道夫·阿恩海姆通过大量研究发现:"在人们的理性思考中,每时每刻都不能离开具体形象作为基点……阿恩海姆以大量事实与科学试验为依据,证明人类任何

---

① 范晓:《关于语言与思维的关系及其相关问题》,《语言科学》2003年第6期。

② A. Baylor, A three component conception of intuition: Immediacy sensing — relationships and reason, *New Ideas in Psychology*, 1997 (15):pp. 185—194.

③ 笛卡尔:《笛卡尔思辨哲学》,尚新建等译,九州出版社2004年版,第30页。

④ 鲁道夫·阿恩海姆:《视觉思维》,光明日报出版社1986年版,第43—44页。

思维,尤其是创造性思维,都是通过意象进行的。"①这充分表明,理性主义者习惯于将理性思维视为一种独立存在的观点并不符合事实,恰恰相反,理性思维是以感知和意象思维作为基础的。亚里士多德也曾经说过:"离开了感觉我们既不可能学习也不可能理解任何事物,甚至在我们沉思时,我们也一定是在沉思着某种影像。"②换言之,亚里士多德也是承认人类的感觉器官和意象思维在人类思维活动中的基础性作用的。波兰尼还断言道:"所有思想都是肉身性的(incarnate);它靠身体为生……"③事实上,人类的意象思维是以人类的感觉器官作为基础的,人类的理性思维也是如此,换言之,人类的思维都是以人类的感觉器官,即人类的肉体作为基础的。将理性思维孤立起来进行研究,常常会诱使我们对思维的性质产生误解。

人类思维的目的是"认识"世界——那么,人类为什么需要"认识"世界呢?一般人可能会说:是为了改造世界——那么,人类为什么要改造世界呢?其实,"改造世界"也只是手段而已,人类认识世界的根本目的在于"生存"——理性主义者也无法否认人类和其他生命一样具有"求生"的根本需求。事实上,只有从"求生"的视角、从"生命"的层面、在生活世界的宏大视阈中,我们才能更为全面地理解人类思维,认清思维的本质,并在此基础上加深我们对人类认识主体的理解。

## 一、信息过程与肉体思维

生命体与无生命体的差别在于:前者能够对外界刺激作出自主反应,以趋利避害保证自我的生存,而后者不能。我们可以将生命体对外界的反应过程图示为:

外界刺激——信息过程——自主反应

---

① 李有亮:《"视觉意象":知觉与思维的桥梁》,《晋阳学刊》1999年第4期。
② 亚里士多德:《亚里士多德全集》第3卷,苗力田等译,中国人民大学出版社1992年版,第83页。
③ Michael Polanyi, *Knowing and Being: Essays by Michael Polanyi*, London: Routeledge, 1969, p. 134.

人类思维显然包含在"信息过程"之中,因此我们可以将思维初步界定为"信息过程"。

我们可以将"信息过程"进一步具体标示为:

> 特定外物和身体感官接触……感官形成信息——神经将信息传送到大脑——信息在大脑形成意象——大脑对意象进行分析——大脑作出判断——神经将判断所形成的信息反馈到肢体——肢体作出反应……身体和外界事物的接触关系发生改变。

应该指出的是:这只是人类和外界互动的一个循环。在现实生活中,即便处理某一非常简单的事件,也需要进行多个循环。例如:一个蚊子叮到我们的皮肤上之后,第一个循环是"皮肤产生痛感",大脑产生"痛觉意象",从而指令我们去"看";第二个循环是眼睛"看",大脑收到蚊子的意象,通过分析判断之后,发出"打蚊子"的信息;第三个循环还是"看",看有没有打死,并作出进一步的反应……

传统所说的"思维",其实就包含在"大脑对意象进行分析——大脑作出判断"这两个环节。如果人类在思维过程中只运用了意象,那么这种思维就是"意象思维"。所谓"意象思维","是直观地对客观事物、现象或事件进行思考,它是在感觉、知觉、表象基础上进行的思维行为活动。这种思维主要是靠右脑进行。"[1]科学家已经通过试验证明:"意象思维可以在没有语言的前提下进行",[2]换言之,大脑可以通过纯粹的"意象"进行思维活动。学界一般认为,抽象思维是伴随着语言的产生而产生的——从人类进化史来看,在语言和抽象思维产生之前,人类在生活中主要依赖的是意象思维。从生命世界来看,我们不难发现人类之外的许多其他动物也具有意象思维能力,例如,小狗能够"识别"主人,并作出有别于陌生人的恰当反应,这充分证明"狗"是具有意象思维的。正因为不少动物具有和人类相似的意象思维能力,他们才能够和人类进行简单沟通——人类

---

① 范晓:《关于语言与思维的关系及其相关问题》,《语言科学》2003 年第 6 期。
② 钱学森:《关于思维科学》,上海人民出版社 1986 年版,第 77 页。

从中的受益是巨大的,将"思维"仅仅局限于人类的"人类中心主义"是极端错误的。

如果我们在思维过程中进一步借助语言符号,那么生命体的"信息过程"就可以标示为:

> 特定外物和身体感官接触……感官形成信息——神经将信息传送到大脑——信息在大脑形成意象——大脑对意象进行分析——大脑激活语料库——大脑运用语言概念进行分析推理——大脑作出判断——神经将判断所形成的信息反馈到肢体——肢体作出反应……身体和外界事物的接触关系发生改变。

必须说明的是:所谓语言符号,是具有一定的语音或者字形的物质载体,因此,语言符号对人类的刺激和其他物质对人类形成的刺激并没有本质区别,即都有一个"信息在大脑形成意象"的意象过程。这进一步表明:没有意象思维,抽象思维根本不可能发生,也就是说,意象思维是抽象思维的基础和前提。语言符号与意象的不同之处在于,这些特定的符号会促使大脑"激活语料库——运用语言概念进行推理",传统的抽象思维,指的正是这两个环节。所谓"抽象思维","是在词语和词语所表达的概念的基础上进行分析、综合、判断、推理等的一种思维……抽象思维的认识方式是理性的,所以也称'理性思维'。抽象思维离不开语言,所以也称'语言思维'。"[①] 在现实生活之中,我们一般会同时使用意象思维和抽象思维进行思考。"阿恩海姆通过大量研究表明……在知觉和思维之间不但没有一条不可逾越的鸿沟,反而是'你中有我,我中有你',相互补充、相互作用,成为一个'连续统一'的认识过程。"[②]

从语言的视角,我们可以将人类的意象思维区分为"纯粹意象思维"和"语言意象思维":前者指没有语言介入的意象思维,后者指有语言介入的意象思维;前者适用于绘画、雕塑等视觉艺术领域,而后者则适合于文

---

① 范晓:《关于语言与思维的关系及其相关问题》,《语言科学》2003 年第 6 期。
② 刘晓明:《意向的逻辑:创造性思维的首要推动者》,《自然辩证法研究》2003 年第 8 期。

学艺术等领域。从逻辑的角度,我们还可以将抽象思维区分为"逻辑思维"和"非逻辑思维"。通常所说的逻辑是抽象思维中的逻辑,即指人类进行理性思维的逻辑(可称做"理性逻辑")它是进行判断、推理、分析、综合等的一种思维方法。这种逻辑的基本单位是概念……理性逻辑主要有形式逻辑、数理逻辑、辩证逻辑。[①]王路认为,"逻辑的内在机制是:必然地得出"。[②]逻辑是可以让我们从正确的前提"必然地"推导出正确的结论的原则。自苏格拉底以来,西方哲学就以追求"真理"为最高目标——这是西方哲学倚重逻辑思维、极力强调人类理性的根本原因。

意象思维的实质是"大脑对意象信息进行分析并作出判断",抽象思维的实质是"大脑对语言信息进行分析并作出判断"。意象思维和抽象思维的共同本质是一种"信息处理"过程,这就是思维的本质。那么,人类是否拥有"意象思维"和"抽象思维"之外的思维能力呢?

人体还有一种能力,也可以和意象思维和抽象思维一样帮助我们对外界刺激进行"信息处理",即可以对外界刺激作出判断并引导肌体做出反应。我们习惯上将这种能力称为"本能"。本能的突出特点是:其"信息处理"过程不需要经过大脑,也就是说,人类大脑无法介入人类的本能反应过程。例如,当异物进入眼睛时我们就会本能地眨眼睛——类似的人体本能反应并不需要大脑的参与就可以完成。本能反应的信息处理过程如下所示:

　　　　特定外物和身体感官接触……感官形成信息——肉体的区域组织对信息进行分析处理——区域组织作出判断——肌体作出反应……身体和外界事物的接触关系发生改变。

不难看出,本能反应中的"肉体的区域组织对信息进行分析处理——区域组织作出判断"这一信息链接过程完全符合"思维"的特性。

对于习惯将思维看成大脑的"特权"的学者来说,他们固然很难接受"本能反应"是一种"思维"的观点。可是,将思维看成大脑特权的观点只

① 范晓:《关于语言与思维的关系及其相关问题》,《语言科学》2003 年第 6 期。
② 王路:《论"必然地得出"》,《哲学研究》1999 年第 10 期。

是一种"假设"，并没有任何科学理据作为基础。既然"本能反应"具有与意象思维和抽象思维相同的本质，我们就应该秉持科学的态度，抛弃这一"假设"（不论它如何根深蒂固），而将"本能反应"视为一种思维。而且，既然我们承认人类生命是从低级生命体向高级生命体发展而来的，就应该承认人类思维必然经历一个从初级向高级不断发展的循序渐进的过程，即从"本能思维"到"意象思维"再到"抽象思维"的发展过程。在人类处于大脑尚未成形的低级生命体时期，显然只能依靠肌体的直接反应，以求生存、繁衍、不断发展。

　　我们可以将凡是不通过大脑，由人类生命体的肉体直接进行信息处理并作出判断的"信息过程"，定义为"肉体思维"。肉体思维包含本能反应，却并不仅仅限于本能反应。鲁道夫·阿恩海姆通过大量研究指出，人类在感觉层面也具有和大脑中的思维相同的思维能力——一种有时还表现得异常强大的思维能力。他说："知觉思维在感觉水平上，也能取得理性思维领域中称为'理解'的东西。任何一个人的眼力，都能以一种朴素的方式展示出艺术家所具有的那种令人羡慕的能力，这就是那种通过组织的方式创造出能够有效地解释经验的图示能力。因此，眼力也就是悟解能力。"[1]如果我们在日常生活中认真体验，也能发现无处不在的"肉体思维"现象。例如，人类的眼球平均每天的跳动达十万次左右，但是，人类所看到的"视觉意象"却十分有限。这充分表明：眼球在将信息上传到大脑之前其实已经进行了一种"信息处理和判断"的思维过程，即对于信息进行筛选，只选择比较重要的信息进行"上传"。又例如，人类裸露在外的皮肤每时每刻都会遇到空气中的水分、微粒的大量刺激，而皮肤感官也只会选择比较重要的刺激进行"上传"。我们不能否认，对于某种刺激作出"不上传"的判断也是一种判断。我们对于外界的很多刺激能够做到视而不见、听而不闻、嗅而不觉等，都有赖于我们的肉体思维。只有在肉体思维对某种刺激作出"有意义"判断的前提下，它才会将它上传提交给大脑进行进一步分析处理。如果人类失去了这种肉体思维能力，那么人类的大脑就会因为垃圾信息太多而造成阻塞，无法有效地进行信息处理——

――――――――――――――

① 鲁道夫·阿恩海姆：《艺术与视知觉》，滕守尧译，中国社会科学出版社1984年版，第56页。

正如中了病毒的电脑一样。在"入兰室久而不闻其香"等感觉适应现象之中,人类肉体思维还表现出一种主动调整上传判断指标的高级思维能力。可见,传统以为感官只是被动地接受刺激,客观地不加判断选择地传递信息的假设是错误的。人类肉体不只是思维的基础,而且其本身也具有思维能力。

肉体思维的方式可能简单,但其重要性丝毫也不亚于另外两种思维方式。在人类所有的思维方式中,肉体思维是最为基础的。只有在引入"肉体思维"之后,我们才能在人类生命过程中发现完整的"思维配合模式":1.肉体思维对外界刺激所形成的感觉信息进行初步分析判断,对大量不重要的信息作出"不作为"的反应,对重要信息进行上传处理,并且对部分危险刺激作出即时的本能反应;2.意象思维对上传信息进行分析处理并作出判断,指挥肌体作出反应;3.抽象思维进一步对部分重要的意象信息进行推理分析,以求更为深刻地把握刺激物的性质,并作出更为准确的反应。可见,思维也并不仅仅停留在大脑内,而存在于生命体的全部细节中。人类在现实生活并不单独依赖某种思维,而依赖不同思维形式的整合。

辨明肉体思维的思维本质,对人类思维的科学研究将产生重大影响。从人类肉体的思维能力研究入手,将能够帮助我们更为深入地揭示人类思维的诸多奥秘。[①]

## 二、意象编码与思维规律

人体感官对外物刺激所形成的"感觉信息"是人类思维活动唯一的质料来源。人类的三种思维活动的复杂程度不同,但其本质是相同的:都是某种信息处理过程。

"肉体思维"是一种纯粹的信息过程,意象思维和抽象思维也是如此。

---

① 例如,我们可以研究人类肉体是否像人类大脑一样具有"记忆功能"(理论上来说应该有的),可以研究人类的区域肉体如何协调进行信息处理,该信息处理的具体机制如何等等。克隆技术已经表明,人类的许多体细胞都具有通过不断分裂演化成为整个生命体的潜能,这表明体细胞中也包含思维的根本物质要素。

人们在意象思维之中常常会"看到"某种具体物体或者"听到"某种声音，因此以为思维中存在某种实存的"象"等非信息成分——这其实是一种误解。例如，一只蜡烛的火焰透过凸透镜在其另一边可以形成一个火焰的倒影——这个倒影是一个实存的物象，是个实体。而这一实体物象在在我们的大脑中所形成的"象"则是"虚象"，其实质是一种信息活动。正因为如此，在我们闭上眼睛后（或者在眼前的光的"实存物象"消失之后，甚至在很长时间之后），我们通过回忆仍然可以"看到"该"物象"——其实质只是因为我们记忆中所存储的相应信息被激活而已。而且，无论眼前的物象是否存在，我们在大脑中"看到"该"物象"的"信息过程"在本质上是相同的。也正因为我们大脑中所看到的"象"是虚象，因此，我们有时在回忆时只能看到"物象"的某一部分（或者某种朦胧的轮廓）——究其原因，是我们记忆中所存储的部分物象信息被遮蔽或者丢失了。由于人类大脑中的物象只是某种信息组合，因此，人类就可以在大脑中对不同物象的信息进行重新组合，从而创造出某种客观世界根本不存在的全新"物象"。这是人类艺术创造活动的意象思维基础之所在。

　　人类大脑中的"物象"并不等同于客观世界中的物象。由于大脑中的"物象"只是一种信息组合，因此它就和信息的来源（即感觉器官）以及信息的传输系统（即神经系统）息息相关。例如，蛇类和人类的感官大不一样，其脑中的"物象"就会和人脑中的大相径庭。同样是人类，一个色盲者和一个正常人在大脑中的某些"物象"是不同的；同一个人，在清醒时和在醉酒时对同一物体所形成的"物象"也不会相同；甚至同一人在心情不同时对同一物体所形成的"物象"也不相同。因为人类大脑中"物象"和客观物象具有本质区别，并且依赖于人类感官状态以及传输系统质量，所以它具有很大程度的"主观性"，我们一般称之为"意象"。①

　　在现实生活中，对某一物体的"识别机制"是我们将观察到的"意象"和记忆中的"意象库"进行比较鉴别的过程——我们并不能"直接识别"客观事物。例如我们看到并且"识别"一枝玫瑰的过程，其实是我们将观察所得到的"玫瑰意象"在大脑中将它记忆库中的"玫瑰意象"进行比较后

①　正因为"意象思维"中并不存在某种具有整体性质的不可分割的形象，因此笔者一般不使用"形象思维"概念。

"识别"的。失忆的人因为失去了记忆库,因此连自己的亲人也认不出来了。当人类在第一次见到某物体时,大脑所做的工作不是"识别",而是将其意象存入记忆库,这样,在该物体下次重复出现时,我们就能识别它了。小孩子对于世界充满好奇,在他们对很多东西看看、摸摸、闻闻的过程中,其实也就将这些物质的意象存入到了自己的"意象库"。了解思维的这一过程,对于我们培养思维能力具有重要的指导意义。①

在语言产生之后,人们在将意象存入意象库的同时还进行了一种"命名"工作,这是人类抽象思维的基础和起源。人脑中意象的有限性决定了命名的有限性——而这一有限性,赋予了语言以"体系"的特征。索绪尔认为:"概念是纯粹表示差别的",不能根据其内容从正面确定它们,只能根据它们与系统中其他成员的关系从反面确定它们。"它们的最确切的特征是:它们不是别的东西。"②换言之,为了确定概念 A,我们必须指出它不是"B、C、D、E……Z"。也就是说,只有在"B、C、D、E……Z"是一组有限的概念时,我们才能确定"A"。客观事物是无限的,任何体系都不能涵盖无限。而人脑中的"意象"却是有限的,这决定了语言概念的有限性,并使我们得以确定"A"。从思维的高度来研究语言问题,我们才能充分阐释索绪尔等人发现的语言的"结构性"特征。

人们一般认为,抽象思维是一种语言思维。不过,考虑到抽象思维中还包含语言之外的各种符号,我们可以将抽象思维更为准确地称为符号思维。语言符号的产生,源于我们对大脑中各种意象的编码处理,即对各种不同意象的命名过程。人类使用了多种方法对意象进行编码,例如,根据"物象"的外观进行编码,根据"物象"的性质进行单一编码和分类编码……对已有编码进行综合处理并进行二次、三次编码等。皮亚杰认为认识活动是"一种继续不断的建构"③,而这种编码过程就是我们认识活动的基本构建过程。人类的语言符号编码体系的规模界定了人类思维的边

---

① 当今中国在中学、小学乃至延伸到幼儿园的应试教育是严重违背思维规律的。在成长期,孩子和自然、社会的充分接触对他们的智力发展具有重大的基础性意义,只有在此基础上,学生才能充分理解书面知识;相反,没有这一基础,书本上的间接知识就是无源之水、无本之木。

② 索绪尔:《普通语言学教程》,高名凯译,商务印书馆 1999 年版,第 163 页。

③ 皮亚杰:《发生认识论原理》,王宪钿等译,商务印书馆 1981 年版,第 19—20 页。

界,维特根斯坦说"我的语言的界限意味着我的世界的界限"①,其学理基础就在于此。不过,语言世界和客观世界并不是对等的关系。一方面,客观世界是无限的,而语言编码是有限的,语言编码所形成的"语言世界"永远小于客观世界;另一方面;人们可以运用语言创造客观世界并不存在的意象,语言世界又大于客观世界。可见,语言世界和客观世界并不是重合、对等的关系。

人类的语言体系并非一蹴而就的,例如,随着人类对于各种意象编码体系的深入,就需要进行不断地重新编码、重新调整。可以说,人类现有的语言符号体系是人类经过千万年的不断丰富、反复优化而形成的。而且,这一过程还将继续下去,可见,语言体系具有渐进性的特点。从共时的角度来看,语言符号又具有一定的稳定性,这是人们得以运用语言顺利交流沟通的基础。人类的所有语言体系都具有渐进性和稳定性的双重特征。

人类个体所获得的意象依赖于人体的人生经验,具有鲜明的个体性特征。而人类的语言体系一经形成,就具有鲜明的社会性特征。我们往往会碰到这样两种情况:1. 在生活世界中获得某种意象而不知道其语言符号编码(我们将这种意象称为"个体悬置意象");2. 通过语言学习获得某种语言符号编码之时,还没有获得相应的意象(我们将这种编码称为"个体悬置编码")。人类个体借助语言学习的过程,在很大程度上就是"匹配意象和编码"的过程,即为"个体悬置意象"匹配相关"编码"或者"个体悬置编码"匹配相关"意象"的过程。在现代教育体系之中,后者更为常见:例如,在我们没有见到某物体之前,我们通过语言明确该物体的存在(对于个人而言,即获得了某种"悬置编码"),并认识该物体的基本特性,为我们日后认识该物体打下了良好的基础。语言还可以帮助我们"发现"在日常生活中"视而不见"或者"听而不闻"的现象——因为那些"悬疑编码"会促使我们进行"有意观察",从而发现我们常常忽略的东西。

人类的语言符号编码体系是一切思维规律的基础,其本身就蕴涵了人类思维的一些最基本规律。例如,"同一律"是形式逻辑中的基础定律,

---

① 维特根斯坦:《逻辑哲学论》,贺绍甲译,商务印书馆 1996 年版,第 85 页。

通常被表述为：A＝A。"同一律"是逻辑理性思维的基本前提，而"同一律"的学理基础，在于我们给"物象"编码时所遵循的"一一对应"的原则，即编码（A）与"物象"或者"物象类别"（A）"一一对应"的原则。语言符号编码体系不断发展的内在动因，也是如此：即在"一一对应"的原则下，使得编码与"物象"之间的关系不断清晰化。中国传统学术的语言符号编码和"物象"之间的关系往往并不明晰，例如，"道"、"象"、"气"等核心术语（编码）往往具有多种不同的内涵、对应多种不同的"物象类别"。因此，当代中国学术界的基本任务之一就是通过研究、增设编码，为诸多不同的概念内涵确定特定的学术术语。以不清晰的概念为基础，往往会导致学术推导过程产生混乱——而这又会促使我们回过头来审视各种概念，最终提出新的、更明晰的概念取代旧的概念。因此，在人文社科领域的重大成就，往往都体现为系列新概念的提出。

又例如，亚里士多的德所提出的"三段论"，其学理基础在于：部分语言符号产生于人类根据"物象"性质进行分类编码的过程。这种分类标准可以简单地表述为：如果 $a_1$、$a_2$、$a_3$、$a_4$、$a_5$、$a_6$……具有共同的性质（x），那么就可以把他们统称为 A。只有在此基础上，亚里士多德的三段论才成立，即如果 A 具有性质（x），而且 $a_n$ 包含于 A，那么 $a_n$ 也具有性质（x）。与其说"三段论"是思维的规律，还不如说它是我们在进行语言符号分类编码时所必须遵循的原则。在小孩学习语言的过程中，由于其所掌握的语言编码体系尚不完善，因此会在使用语言时出现很多非逻辑的现象。社会生活中的很多非逻辑现象，往往源自语言符号分类编码工作的非逻辑性。

## 三、信息链接与思维规律

在意象编码的过程中，我们获得了语言基本概念，在此基础之上，我们就可以进行语言思维过程了。

肉体思维的过程本质上是"信息链接"过程。意象和符号本质上也是信息，意象思维和抽象思维中的分析、推理、判断等思维过程在本质上也是一种信息链接过程，人类的思维、知识即寓于这种种信息链接之中。人类肉体思维中的信息链接源于遗传,是天生具有的,意象思维和抽象思维中的信息链接则是后天的。人类思维中最基本的物象链接源于客观事物之间的关系,例如树叶、树枝、树干、树根之间的关系等,我们将这种源于客观事物之间的意象链接称为"自然链接",它所形成的则是一种自然(意象)思维。这种思维的"自然链接"是人类个体通过观察获得的,这一认识程序可以图示为:客体关系——物象关系——信息链接——知识。[①] 人们还可以通过语言获得意象思维链接,这一程序可以图示为:语言符号——意象激活——语言符号链接——激活的意象之间的链接——知识,我们可以将这种思维称为语言意象思维。例如,我们在阅读文学作品时所获得的意象思维,大多就是这种思维。

抽象思维的本质也是"信息链接",不过它和意象思维的"信息链接"具有明显不同的特点:意象思维是以"意象"为单位的链接,而抽象思维则是以"概念"为单位的链接。尽管概念是建立在意象基础之上的,但是,人类可以通过多视角、多层次的编码对"物象"进行无限切分,从而得到十分精确的术语和概念("编码符号"),以此获得比意象思维更为精细、准确的抽象思维。每一个"意象"都带有"意象"自身所包含的全方位的信息,因此"意象思维"是一种"全息思维"。也正因为如此,读者往往可以对一部文学作品进行多方位的不同解读。而抽象思维讲究概念精确,不允许产生歧义。正因为如此,抽象思维还逐步发展出一套逻辑体系,以规范其思维过程。以概念为基础、逻辑为规范的思维就是理性思维,也称逻辑理性思维。这种思维强调论述过程的严谨,论述结果的"真",是一种"求真"思维。

传统中国学术强调道法自然,常常在论述中以象喻道,因此在其表述模式中存在很多自然思维的成分。这样的论述尽管也不乏深刻的道理,然而却不够严谨,容易产生歧义。而传统西方哲学从古希腊开始就注重概念辨析、强调逻辑,因此其哲学论述往往十分严谨,不容易产生歧义。正因为抽象思维的这一优势,西方理性主义者才会大力弘扬理性思维,同时不遗余力地贬斥意象思维。不过,这种厚此薄彼的做法也是不正确的。

––––––––––––––

① 中国传统知识体系中的大量知识具有明显的自然思维特征。西方认知语言学基于人类思维的这一特点,才创造了所谓"图式(schema)理论"。

爱因斯坦指出:"想象力比知识更重要,因为知识是有限的,而想象力概括着世界上的一切,推动着进步,并且是知识进化的源泉。严格地说,想象力是科学研究中的实在因素。"①所谓想象力,其实就是意象思维的产物,由于意象思维是一种"全息思维",因此想象力就能够"概括着世界上的一切"。如果说意象思维是大海,那么逻辑理性思维就是一条沟渠——后者具有路径正确的优势,前者却也有信息量方面的优势。钱学森也说:"形象思维比抽象(逻辑)思维更广泛,逻辑思维只是解决科学问题,形象思维是把还没有形成科学的前科学知识都利用起来。"②科学是有限的,而世界是无限的;逻辑思维只能在理性(科学)领域具有合法性,而意象思维却能在整个生活世界适用。逻辑思维和意象思维各有优势,可以相辅相成,两者并用才能最大限度地推动人类思维的发展。

人类知识在本质上就是一种"信息链接"。在自然科学领域,科学家们注重"实证",即注重检验某种"信息链接"是否符合某种"客体关系"。因为客体关系具有客观性,所以与其有关的知识("信息链接")就具有"真"和"假"区别,我们将这种信息链接称为"真假链接"。石里克说:"一个命题只有在下列条件下才能说明其意义:它通过一种试验可以鉴别或断定它是真的还是假的……否则它是空洞无意义的。"③石里克的这一判断固然有道理,不过却只适用于以自然科学为代表的相关领域。在人文社会科学领域中的知识("信息链接")往往不具备真假性质,例如,西方"人人生而平等"的命题,就难以用"真假"来进行评判,中国"父慈子孝"的命题,也无所谓"真假",它们在本质上是一种文化信仰,与真假无关。人文社会科学领域是以"人"作为出发点的,其信息链接的根本性质是"善恶",而非"真假",我们可以将这种信息链接称为"善恶链接"。如果说自然科学领域是"求真"的领域,而人文社会科学领域是"求善"的领域,其根本性质是不同的。现代西方知识论领域的社会构建主义流派显然认识到了西方传统知识论一味强调"真假"的弊端,因此"从本质主义转向建构主义,强调知识的建构性;从个体主义转向群体主义,强调知识建构的社会

---

① 爱因斯坦:《爱因斯坦文集》第 1 卷,许良英等译,商务印书馆 1976 年版,第 284 页。
② 钱学森:《关于思维科学》,上海人民出版社 1986 年版,第 21 页。
③ 洪谦:《西方现代资产阶级哲学论著选辑》,商务印书馆 1964 年版,第 268 页。

性;从决定论转向互动论,强调知识'共建'的辩证性。"①事实上,人文社会科学领域的很多知识都是社会群体通过互动方式"构建"而成的,它们在本质上体现为一种"共识"。

人类思维最为珍贵的品质体现在其创造性上。在意象思维领域,这种创造性体现为意象创新和"意象链接"的创新。人脑中的意象本身是由众多信息点所构成的,对这些意象信息点进行分解与重组就可以进行意象创新了,例如中国的龙、麒麟等等都是这种创新的产物。在抽象思维领域,这种创造性体现为概念的创新和"概念链接"的创新。在很多创新活动之中,人类需要综合利用意象思维和抽象思维——例如人们可以运用意象思维想象出一条直线(我们在客观世界根本找不到一条"绝对直"的物体),并运用抽象思维将之概念化,然后在此基础上进行各种逻辑理性的分析、推理、判断活动。正是通过各种思维创新活动,人类才能够进行各种改造世界的活动,创造一种"人工自然"。马克思说:"通过实践创造对象世界,即改造无机界,证明了人是有意识的类存在物"。②思维的创新是创新实践的前提,没有思维的创新,很难有创新实践,更难有"改造无机界"的有效活动。

理解了人类思维的本质特征,才能有效地培养我们的思维能力。首先,我们需要通过各种有效的锻炼,确保肉体具有良好的感知能力和信息输送能力,即确保人类具有良好的"肉体思维"能力。可以说,在其他条件相同的前提下,身体健康的人一定具有更高的思维能力。其次,应该通过大量地生活实践,使得我们的大脑得以存储足够的"物象"。具体来说,在幼年、童年时期应该大量接触客观世界,成人后应大量阅读文学艺术作品,欣赏各种音乐、绘画艺术、雕刻艺术、电影艺术等等。意象是意象思维的基础,只有拥有了一个丰富的意象库,我们才能自如地进行意象思维。意象思维是抽象思维的基础,培养逻辑思辨能力必须首先培养意象思维,许多一流的科学家往往也是艺术爱好者,其中的道理就在于此。最后,培养逻辑思维能力的核心在于培养概念辨析能力和概念链接能力。所有抽

---

① 安维复:《社会建构主义:后现代知识论的"终结"》,《哲学研究》2005 年第 9 期。
② 马克思:《1844 年经济学哲学手稿》,参见《马克思恩格斯全集》第 42 卷,人民出版社 2002 年版,第 273 页。

象思维中的概念和概念链接归根到底源自生活本身,因此,培养逻辑思辨能力应该立足于生活,在生活之中培养自己的思辨能力。生活本身能够最为有效地促进意象链接的生成与创造。同时,纯粹思辨形式的学习非常重要,它是前人的思辨成果的结晶。

人类思维的三种形式体现了人类生命体在进化过程中的三次飞跃。我们可以假设人类最初的生命体对于外界刺激无法作出任何反应,这样的生命体对客观世界的适应能力、其自身的生存能力可想而知。当人类生命体形成细胞,能够对外界刺激作出某种本能反应之时,人类也就拥有了"肉体思维"了。我们将生命细胞的这种本能反应称为人类生命的第一反应,相对应地,我们也可以将人类的"肉体思维"称为人类的第一思维能力,而人类的第一反应(第一思维能力)则标志着人类思维的产生,堪称人类思维能力的第一次飞跃。随着人类生命体的发展进化,人类细胞逐渐发展出专门处理各种复杂信息的器官,即大脑。这样,人类生命体就可以将各种第一思维能力所难以处理的复杂信息上传到大脑进行有效地处理,我们可以将它称为人类生命体的第二反应,这也标志着人类思维能力的第二次飞跃。在语言出现之后,人类开始运用语言工具来处理各种外界的刺激,从而推进了语言思维的产生、发展、完善。人类借助语言所作出的各种反应可谓人类的第三反应,这也标志着人类思维发展的第三次飞跃。

人类的三种思维尽管复杂程度有所不同,但在重要性方面也难分高下。在现实生活之中,我们往往需要协调地同时运用好这三种思维,才能最好的生活。

思维问题是一切学术研究的最根本问题。然而,囿于西方理性主义哲学有关思维的种种阐释,中西学界一般将思维视为人类"大脑"所特有的功能,并将思维等同于逻辑理性思维。在理性主义所限定的视阈之内,我们只能够有效地研究逻辑理性思维的各种规律,而无法从整体上把握人类思维的各种规律。在突破理性主义所设定的思维研究域之后,我们才能发现思维的本质其实只是一种人体内的"信息过程",才能发现人类肉体其实也具有"思维能力"。在此基础上,我们才能发现人类思维进化的完整过程,人类思维相互配合的整体机制,以及人类思维的各种基本规律。

# 第四章
## 遗传与信度:思维的肉身特性阐释

笛卡尔在"我思故我在"的著名论断中将主体"我"和"思"等同起来。他还说:"如此,这个我,即灵魂,是我之所以为我的理由。他和肉体完全不同,也比肉体更易认识,而且,假使肉体不存在了,仍然不停止他本来的存在。"①可见,在笛卡尔看来,人类的"思"(即"灵魂")是独立于人类肉体而存在的。

事实并非如此,人类思维是以人类肉身为基础的,而且是人类肉身综合能力的体现。

### 一、遗传:人类思维的"先天说"阐释

西方学界自古就认为人类"思维"具有某种脱离人类肉体的特殊"独立性"。柏拉图以古希腊时期盛行的"灵魂说"为基础,提出知识的"先天说",认为人类学习只不过是"回忆"而已。②柏拉图的"先天说"是建立在其"理念世界"基础上的,对于西方思想史产生了深远的影响。后来,康德在柏拉图"先天说"的基础上提出"先天综合判断"概念,并将它视为形而上学成败的关键——康德认为人类通过先天综合判断获得的纯粹知识独立于经验,甚至独立于一切感官印象。20世纪,乔姆斯基也基于先天说提出了所谓"普遍语法"理论,认为人脑有一种先天的特定结构或属性,即语言习得机制,并认为它是人类能够学会使用语言的内因。诸如此类的

①　笛卡尔:《笛卡尔思辨哲学》,尚新建等译,九州出版社2004年版,第33页。
②　参见余纪元:《论柏拉图的回忆说》,《中国人民大学学报》1988年第1期。

"先天"学说以往一直笼罩着一种神秘的色彩,难以捉摸,因此也引起了诸多实证主义哲学家的质疑。例如,罗素就说:"说婴儿生下来便具有成人所知道的、并且不能从经验中所推论出来的对于种种事物的知识,而且在这种意义上假定有的内在原则,那必然是荒谬可笑的。"①从实证的角度来说,罗素的质疑是不无道理的。

后来,荣格提出"原型理论",认为"原型"是人类的一种遗传性能力,他说:"在我看来,认为新生儿在心理上是没有任何东西的白板一块的说法是极为错误的…… 因此,并不是说遗传的是'意念'本身,而是遗传了一种使'意念'产生之为可能的东西(inherited possibilities of ideas)。"②所谓"inherited possibilities of ideas"即我们一般所说的所谓"认知机制"。其实,康德的"先天"概念是一种"形式",和荣格的"inherited possibilities of ideas"在本质上是相同的,也是一种"认知机制"。张任之认为:"总的来说,在康德那里,'先天'与'后天'的区分是认识论上的区分,基本被等同于'形式'与'质料'的区分。所谓'先天的',首先意味着一种逻辑的在先,而从否定性角度看就是指不依赖于一切经验或后天质料,从肯定性角度来看则意味着必然的和严格的普遍性。"③柏拉图的"先天说"和乔姆斯基的"普遍语法"理论根本所指也是一种"认知机制"。不过,和柏拉图、康德或者乔姆斯基所提出的纯粹理论假设有本质的不同,荣格的"原型理论"有大量的例证支撑,不再仅仅是一种理论假设。柏拉图的"先天说"、康德提出"先天综合判断"以及乔姆斯基提出"普遍语法",其实是荣格所指出的人类的大脑结构所赋予的一种思维潜能。

人类独特的先天"认知机制"取决于人类大脑的天然结构。如果人类之外的其他动物具有这种大脑结构,那么,它们也将具有和人类一样的语言潜能和思维潜能,换句话说,我们就能够通过教育,使它们拥有使用语言符号的能力和思考能力。人类的这种"认知机制",只可能是人类的"肉

---

① 罗素:《哲学问题》,何兆武译,商务印书馆 1999 年版,第 60 页。

② C. G. Jung, *The Archetypes and The Collective Unconcious*, Tr. by R. F. C. Hull, China Social Sciences Publishing House & Chengcheng Books Ltd. Reprinted from the English Edition by Routledge & Kegan Paul, Ltd. 1980, pp. 66—67.

③ 张任之:《形式先天,或质料先天——论舍勒对康德"先天"概念的批评》,《现代哲学》2008 年第 1 期。

体智慧"（即遗传机制）的选择结果：人类在进化的过程中不断获取、积累知识，这些知识的共同特征促使人类拥有了一种"认知机能"；由于知识本身的信息量过于庞大，人类遗传体（精子和卵子）不可能全部携带，因此人类的遗传机制就选择遗传了这种"认知机能"（由十分有限的信息量携带），在新个体那里表现出来就是一种"认知机制"。现代科学已经充分证明，人类整个生命体（当然包括大脑）的生长、发育，都是由最初的染色体（精子和卵子）里面所携带的信息所决定的，人类大脑的天然结构及其所蕴涵的先天"认知机制"必然也是由染色体之中的遗传信息所决定的。当今科学对于人类母体选择、构建染色体遗传信息的机制尚缺乏深入研究，不过，从人类进化的事实我们可以看出，人类母体必定是以自身生理、精神结构为基础，选取并复制最为重要的信息作为遗传信息的。

人类通过遗传所获得的天然"认知机制"源于遗传母体，包含一些人类知识最为基本的规律与原则，因此就在一定程度上具有康德所说的"必然的和严格的普遍性"的特征。不过，仅仅只有"认知机能"还不能满足人类的求生需求，因此，人类还通过遗传获取了一些"质料"，表现为一些最为基本的"呼吸、吸奶"等本能性的肉体思维，以此作为新生个体启动生命历程的必要手段。①康德否定人类具有某种先天的"质料"是错误的，例如"本能"性的知识即是一种先天的"质料"——没有这种先天"质料"所蕴涵的"思维判断"，婴儿出生后就不会"本能地吃奶"了。李海峰说："儿童出生后，主要依赖无条件反射使内部器官和外部环境相适应。无条件反射是遗传下来本能的固定神经联系，适应性很低。"②不管这种遗传本能的"适应性"有多低，其重要性却一点也"不低"。人类在千百万年的进化过程之中，通过遗传机能不断总结、发展并保存了一些人类最为基本的求生能力：其一是"认知机制"，即记忆储存物质以及这些物质之间的联系神经。其二是某些肉体思维中的的固定信息链接，即本能。可见，如果从人类生命的视角出发，就比较容易理解各种形形色色的"先天说"了。

---

① 有人声称记得"前世"的事情，以往人们一般将它视为"迷信"而不加以研究。其实这种现象也有可能真的存在，而原因可能是"遗传机制"偶尔出错，将一些具体的信息遗传给新的个体，因此使新的个体"记得"祖先曾经经历过的一些事情。应该知道：科学的进步，往往体现为对于以往觉得不可能的事情的"可能性"把握。

② 李海峰：《科学认识主体和科学认识客体的发生》，《科学技术与辩证法》2002年第4期。

人类生命体的不断进化的根本动力在于求生,也就是不断地被动或者主动地适应客观环境。马克思曾说:"不仅五官感觉,而且所谓精神感觉、实践感觉(意志、爱等),一句话,人的感觉、感觉的人性,都只是由于它的对象的存在,由于人化的自然界,才产生出来。五官感觉的形成是以往全部世界历史的产物。"①从宏观上来看,马克思的这一论断是正确的:人类的形态、能力都是为了最好的适应客观世界,以求得生存。为了更好地求得生存,人类不断进化。而人类的进化途径则在于遗传信息的更新,即人类遗传母体对于遗传信息的不断重新选择、编码与构建。

人类遗传基因的遗传信息体系具有稳定和渐进的特点。其稳定性体现为人类和其他物种的物种差别,其渐进性则体现为人类的不断进化。人类遗传信息体系的渐进性主要源于人类肉体和客观世界的互动——人类遗传母体总是按照有利于人类适应客观世界的目标来进行遗传基因的选择、编码与构建。由此可以断定:长期处于不同生活环境的不同种族、群体之间应该存在一定的诸如物理、心理、智力结构之类的遗传差别。又由于人类在地球上的生存环境(例如所承受的地球重力、所食用的食物链等)根本上是相同的,因此,不同种族、群体之间的差别是十分微弱的"程度"意义上的差别,而不是"类别"意义上的差别。假设有一个人类群体在月球上单独生存,我们可以推断,在若干年之后他们将和地球人类具有十分明显的差别。

## 二、肉体对思维的"信度"分析

人类主体的根本特性在于其"自主性",人类的自主性体现为不盲从于各种思维链接,换言之,人类的自主性体现为对各种思维链接的可信度评判、自主选择以及随后的行为伴随。从总体上来看,人类最为信赖的是肉体思维,其次是意象思维,最后才是以逻辑理性思维为主的抽象思维。

肉体思维(包括本能)是人类在千百万年的进化过程中形成的固定思维模式,也是人类身体最为信任的思维模式。李海峰所说的儿童天然具

---

① 马克思:《1844年经济学哲学手稿》,《马克思恩格斯全集》第42卷,人民出版社2002年版,第305页。

有的"无条件反射"就是一种"肉体思维"。一旦有刺激物刺激人体,触发人类的肉体思维模式,它就会自动引导人类身体完成反应过程。由此可见人类身体对肉体思维的信任程度。不过,在个别极端情况下,人体的肉体思维也可能会给人类自身带来伤害,这时人类大脑可以通过"意志介入"抑制肉体思维的自动执行模式。例如,我们一般在眼中进入异物后会本能地眨眼,不过,在某种特定情况下——例如在医院让医生为我们从眼里取出异物时,我们可以通过"意志介入",有效地控制自己完成"瞪大眼睛"的动作。又例如,在某些情况下,大脑会发出指令,要求感觉器官提交尽可能详细的信息,这时我们就会注意到一株小草的脉络,还会感到拂面的微风、感到空气中的微弱气味等等一些我们平时可能"视而不见"的现象。不过,"意志介入"只是个别情况,这并不影响人类肉体思维对人类生存发展的基础性作用,也不影响人类肉体对其信任程度。

与逻辑理性思维相比,人类更为信任意象思维。人类对意象思维和逻辑思维的"信度"差别主要体现"情感伴随"方面:人类的意象思维具有丰富的情感伴随,而逻辑思维则基本没有。情感是人类各种生理反应的主要推动力,是人类除肉体思维之外对外界作出反应的必由之路。因此,意象思维可以通过情感伴随更为直接地促使人类作出相关反应。在现实生活之中,艺术作品的号召力远远胜于理性的说教,其中的道理就在于此。事实上,人类个体拥有的所有意象或者意象链接都具有某种"情感链接"(即情感伴随)。艾略特曾提出过所谓"客观对应物"理论,他说:"通过艺术形式表现情感的唯一办法,就是找到'客观对应物'。所谓客观对应物,即指能够触发某种特定情感的、直达感官经验的一系列实物、某种场景、一连串事件。一旦客观对应物出现,人们的情感立即被激发起来。"①人类可以赋予所有的意象一定的情感内涵,这意味着人类可以运用有限的情感对千差万别的意象进行"分类标识"——这有利于人类对各种意象刺激迅速作出反应,是一种高明的简化程序的"意象—情感—行为"反应机制。②从意象思维内部来看,人类在"纯粹意象思维"和"语言意象思维"

---

① Eliot, T. S., "Hamlet and His Problems", in *The Sacred Wood*: *Essays on Poetry and Criticism*, London: Methuen, 1967, p. 100.

② 黎志敏:《诗学构建:形式与意象》,人民出版社 2008 年版,第 15—27 页。

第四章 遗传与信度:思维的肉身特性阐释

中更信任前者,因为前者是人类在生活实践中通过感觉器官直接积累的意象思维,中国"眼见为实"的古训所表明的就是这种信任。

严格的逻辑理性思维绝对排斥情感因素的影响,换言之,严格的逻辑理性思维并不包含任何情感因素。不过,很多抽象思维中的概念一旦进入生活世界之中,就往往会被赋予某种情感伴随,我们可以把这种现象称为"学术概念的情感化"。例如,很多抽象概念名词诸如民主、法制、公平之类的学术概念,在当今中国就被赋予十分强烈的正面情感。学术概念的情感根本源于相关意象的情感伴随,而且是由后者"移植"而来的。例如,人们当今对于"民主"的正面情感其实来自以美国为代表的民主国家所包含的诸多意象:例如一栋栋具体的高楼大厦、商店内琳琅满目的各式各样的商品等等。假如人们在民主国家只看到各种暴动的流血现象、或者满目疮痍的街景等负面景象,那么人们对"民主"所移植的情感也会是负面情感。

意象思维根植于人类的各种感官,是人类各种感知能力的综合体现。意象思维已经能够帮助人类较好地适应客观世界,较好地生存、繁衍、发展。不过,意象思维还有其局限性:它体现的是客观世界的表面现象,难以帮助我们深刻认识客观世界的本质规律。也正因为如此,西方传统理性主义哲学历来漠视人类的意象思维,同时大力弘扬人类的逻辑理性。不可否认,逻辑理性在一些时候的确能够纠正我们直观感觉的一些错误,不过,这并不能够动摇人们在日常生活中对意象思维的偏爱。逻辑理性固然为现代人类的发展作出了不可低估的重大贡献,然而,认为逻辑理性完美无缺的观点也是不正确的。

意象思维是逻辑思维的基础,可是从绝对意义上来看,人类语言中的任何意象编码体系都不可能从所有角度、所有层次"穷尽"客观世界的所有"物象",更不可能和它们形成绝对的"一一对应"关系。这是意象思维的天然缺陷,自然也是根植于意象思维的逻辑思维的天然缺陷。而且,逻辑思维的基本元素是概念,而概念本身还具有自己的天然缺陷:概念产生于人类根据物象性质对物象进行的分类编码活动,而这就必然使得所有概念在外延上逻辑地包含了许多我们并不把握的事物个体,例如"水果"这个概念的定义就逻辑地包含了许多我们并不认识的水果品种和个体。

我们对于"水果"的一般定义是：可以吃的含水分较多的植物果实的统称，如梨、桃、苹果等。① 可是，稍有常识的人都知道，世上还有很多不常见的"水果"，虽然能"吃"，却很不好吃，有的多吃甚至会中毒，这就使得"水果"概念具有了很大的不确定性。其实，任何概念都具有某种程度的不确定性。这种不确定性在一般情况下不会造成不良后果，不过在逻辑推理过程之中被无限放大之后就会造成推论结果的严重错误。

我们在对事物进行分类时依据的一般是其中的某些重要性质，可是，任何事物的性质都是多方面的，同一概念下的不同事物往往在次要方面具有许多不同的特性。而我们在进行逻辑理性思维过程的时候，常常是在将某一概念内的所有外延视为"同等"的前提下进行的，这就难免会造成诸多失误。可见，逻辑思维的概念本身就是不完美的，我们将这种现象称为"概念的天然谬误性"（Concept's Inborn Fallacy）。也正因为如此，我们在进行逻辑推理的过程中要时刻保持警惕，尤其要注意对"反例"的搜寻与归纳。

逻辑理性思维所依赖的逻辑本身也有缺陷。其一，逻辑不能自设起点。逻辑的发明人亚里士多德并没有使用"逻辑"一词，他说的是"推理"，他说："推理是一种论证，在论证中，有些东西被规定下来，另外一些东西则从中必然地得出。"② 苏珊—哈克认为："逻辑的核心问题是区分有效论证和无效论证。"③ 王路则将逻辑简洁地归纳为"必然地得出"。④ 逻辑能够在一定程度上保证推理过程的正确性，但是，我们却不能依靠逻辑来设定作为推论起点的元命题。换句话说，逻辑是一种思维过程所应遵循的规则，我们无法依据它来提出作为思维过程起点的元命题。人们只能依赖生活实践、依赖意象思维来为逻辑推论过程设置元命题。其二，人类的逻辑体系并不完美。孙培福说："总之，逻辑发展史表明，人们陆续地开掘出一个个思维形式，并非事先有一个宏观的整体开掘规划，而是各自凭着

---

① 中国社会科学院语言研究所词典编辑室：《现代汉语词典》，商务印书馆 1998 年版，第 1182 页。

② Aristotle：*The Works of Aristotle*，Tr. by W. D. Ross, Chicago：Encyclopaedia Britannica, Inc., 1987, Vol. 1, p. 143.

③ Susan Haack：*Philosophy of Logics*. Cambridge：Cambridge University Press, 1978，p. 11.

④ 王路：《论"必然地得出"》，《哲学研究》1999 年第 10 期。

第四章　遗传与信度：思维的肉身特性阐释

自己的特殊条件个体经营,在一种无序的状态下随意开掘。"①换言之,还有许多逻辑规律没有被总结出来。如果我们总是按照逻辑(当然只能是已经被发明的逻辑)进行思维,我们就不能正确地思考生活中的很多事情。而且,"真正的合理性是一个未完成的、开放的合理性,它要求一种未完成的开放的逻辑。我们应该培养出新一代的理性系统,这些理性系统必将是开放的和复杂的。"②我们无法确定新一代的理性系统是否可能,但至少我们可以确定当前的逻辑理性体系并不完美。其三,即便是已经发现的逻辑,也是有缺陷的。"本来,亚里士多德的古典逻辑的同一律、不矛盾律和排中律是限制在同一时间和统一关系中的……哥德尔在数学逻辑中打开了一个缺口,从而造成了逻辑至高无上并且可以自足这一神话的崩溃。"③既然如此,人类对于理性的保留态度也就不难理解了。例如,科学知识一般被认为最有逻辑、最为理性,不过西方以爱丁堡学派为代表学者认为:"①科学知识是人工制造的产物……②科学知识是科学家互动与磋商的结果。③科学知识不是对客观实在的反映,而是对科学团体内部各种意志相互作用的产物,是对科学团体中占主导地位的学者或学派信任的产物。"④可见,爱丁堡学派从根本上就不承认科学知识的"逻辑理性"特性,而他们也并非没有道理。

抽象思维中的概念和逻辑本身不是自足的,也不是完美的,因此理性思维也绝非"真理"。事实上,人类社会的大量理性思维成果错综复杂,其中存在着大量各种互相矛盾的命题。理性思维的基本原则是"质疑",不是"信任"。而人类的自主性则恰恰体现于在诸多矛盾的命题中进行自由选择、自主践行——即"自主信任"。人类对于各种思维的信任的判断基准是生命体本身。人类的根本追求是生存与发展,而不是所谓"真理"。人类对于某些"真理"的信任,并非因为其标榜了自己是"真理",而是因为它们可以服务于人类的生存与发展,并且经得起实践检验。换言之,抽象

---

① 孙培福:《方圆论:思维与逻辑关系几何析》,《山东师范大学学报》(人文社会科学版)2003 年第 2 期。

② 莫兰:《方法:思想观念》,秦海鹰译,北京大学出版社 2002 年版,第 232 页。

③ 谢光前、袁振辉:《自组织形态的复杂性演化与主体的发生发展》,《哲学研究》2008 年第 6 期。

④ 王云霞、李建珊:《科学认识的主体性问题新探》,《科学技术与辩证法》2007 年第 4 期。

思维只有通过生活本身，即通过意象思维才能赢得人们的信任。例如，人们信任飞机并愿意乘坐，绝不是因为人们相信"空气动力学理论"，而是看到飞机快捷、安全等因素。从反面来看，许多宗教信仰被认为是违反逻辑理性的，可是因为宗教信仰十分有益于人类生活，所以还是有很多人十分虔诚。①

　　人类的意象思维的反应模式是：意象思维——情感反应——动作反应。而理性思维的反应模式是：理性判断……生活实践……意象思维——情感反应——动作反应。可见，中国学界一直强调"实践"，是有坚实的学理基础的。对于缺乏生活基础（和意象思维）的纯粹理性思维判断，人们可以将它视为一种工作去做，却一般不会真的去信任它。人们选择信任某种抽象理论，往往并非通过理性判断，而是通过意象思维来完成的。例如，一般人对于某种学说的信任，往往是源于对该学说的宣传者的信任，这是学界存在学术权威的根本原因——它是社会大众的一种需要。大众最为相信的自然还是自己的生活实践：无论他多么信仰某种理论，只要这种理论导致其生活实践的失败，他就会强烈质疑这一理论，并进而否定宣扬这一理论的权威。任何权威一旦被否定，就很难再次获得信任。这是学术权威们必须谨言慎行的原因所在。

　　从总体上来看，人类的肉体思维、意象思维和理性思维对于人类的生存、发展都具有重要意义。比较而言，肉体思维的重要性大于意象思维，意象思维的重要性又大于逻辑理性思维。三种思维具有不同的规律，肉体思维是一种固定思维链接，意象思维具有情感伴随，而逻辑理性思维讲究概念准确、逻辑严谨、情感中立。人类的三种思维适合于不同的领域。在许多情况紧急时，如果我们以理性思维代替肉体思维，可能就会因为反应速度过慢而受到伤害；将逻辑思维中的理性概念情感化，会导致理性思维的迷失——现代西方将民主、自由等概念进行价值化处理，赋予其浓烈的情感内涵，是十分危险的。西方哲学界强调人类逻辑理性思维的自足

---

　　① 宗教所应用的意象思维往往源于活生生的生活实践，与人们的日常生活息息相关，因此十分容易赢得人们的信任。另一个例子：中国古代的德育强调在生活实践之中践行，而现代的德育讲究"抽象教育"，孰优孰劣，一目了然。德育教育一定要在行为中培养，即便通过"虚拟环境"培养也比抽象理论教育要好。

性、真理性，是缺乏学理依据的。尤其在强调理性时贬斥人类肉体的重要性，更是本末倒置。相比之下，中国传统学术界重视生命，重视践行，从宏观策略上来说反而更为可行，更为有效。

# 第五章
## 人类思维的"动源主体"辨析

　　西方现代主体哲学的开创者笛卡尔是从个体视角来研究主体问题的。他说:"我是一实体,而他的全部本质或本性,只是思想而已,其存在,不需要有什么地域,也不需要有什么物质为其凭借。因此,这个我,即灵魂,是我之所以为我的理由。他与肉体完全不同,也比身体更容易认识,而且,假使肉体不存在了,仍然不停止他本来的存在。"①可见,笛卡尔将"我"等同于"思"。而所谓"思",又可以细化为三个视角,即作为名词的"思"(thought,即思维的结果),作为"思"的工具(即语言形式),作为动词的"思"(thinking,即思维的动作)。中西学界有关人类认识主体的假设,都源于这三个视角。

### 一、有关"主体"的哲学预设

　　作为思维结果的"思",既有社会性的成分,也有基于个体经验的、非社会性的成分,例如,某些纯粹基于个人经验的纯粹意象思维,就是非社会性的;而凡是与语言有关的思维,不管是语言意象思维或者抽象思维,都具有鲜明的社会性。马克思十分重视社会问题的研究,强调人的社会性。他说:"人的本质并不是单个人所固有的抽象物,实际上,它是一切社会关系的总和。"②基于这一有关"人"的社会本质的经典论述,中国学者

---

① 笛卡尔:《笛卡尔思辨哲学》,尚新建等译,九州出版社 2004 年版,第 32、33 页。
② 马克思:《关于费尔巴哈的提纲》,参见《马克思恩格斯选集》第 3 卷,人民出版社 1995 年版,第 56 页。

一般倾向于从社会视角来论述人的主体问题，认为人的主体是社会性的主体。例如在一次国内有关主体研究的专题会议上，对于"主体的规定性上，大家的意见比较一致，认为马克思主义认识论所讲的主体是指能够从事实践和认识活动的现实的人，是具有自我意识、有认识能力的人。作为主体的人的本质规定是从他的社会本质、社会联系中获得的……"①类似的观点在苏联哲学界也占主流的地位。②有学者在此基础上进一步阐发，认为"人类主体是主体作为类的存在形态，即类主体。人类主体既是最高层次的群体主体，也是主体社会化的最高表现……个体、群体、社会和人类是主体存在的四种基本形态。"③中国学界的这一研究思路，体现了与西方传统哲学十分不同的研究旨趣，大大加深了我们对"认识"问题的研究。

现代西方有学者将社会整体作为认识主体，创造了"社会认识论"。戈德曼认为："认识论可以分为两个分支：一个是个体认识论（individual epistemology），一个是社会认识论，也称做'社会认识学'（social epistemics）。个体认识论主要研究认识的起源、感知觉的形成、信念的证明、个体认知的心理分析等等。社会认识论研究认识的交流、科学认识活动的经济模型等等。"④所谓"个体认识论"，其实就是传统西方哲学的认识论，即将个人作为认识主体的认识论。社会认识论的研究旨趣与传统的"个体认识论"迥然不同，其所提出的研究问题对于推动社会整体认识水平的提高具有重大意义，对当代"知识型"社会的建设尤其如此。正因为如此，"自 1952 年图书馆学家玛格丽特－伊根和杰西－谢拉首次提出'社会认识论'（social epistemology）的概念以来，作为信息科学的社会认识论获得了长足发展。"⑤

现代西方哲学界还十分注重从"思"的工具，即语言视角来研究人的主体问题。维特根斯坦甚至公开宣称："全部哲学就是一种'语言批

---

① 张浩、黄小冲:《主体和客体问题讨论会在大连召开》,《哲学研究》1983 年第 10 期。
② 赵国复:《苏联哲学界研究主体和客体问题情况概述》,《哲学研究》1983 年第 7 期。
③ 李景源、韩铁城:《简论主体和客体概念》,《哲学研究》1990 年第 5 期。
④ 郑祥福:《当代西方"认识论的社会化"趋向评述》,《国外社会科学》2006 年第 4 期。
⑤ 同上。

判'"。①穆南珂说："对唯我论说来，一个意识主体是必不可少的，存在的一切都是这个意识主体的内容。维特根斯坦对唯我论的修正就是取消了这个意识主体，它不在世界中，又不与世界中的任何东西相联系。唯我论者主张的一切内容即被排除，只剩下一个语言主体。"②福柯正是采取这种研究思路，从语言的"陈述"（Statement）出发来研究解构"主体"的。"在《知识考古学》中，福柯通过把'话语事件'作为他的考古学描述的对象，把'主体'视为话语所提供的一种位置，实现了对中心化的主体的解构；把'历史'分解为话语的多种系列和层面，实现了对连续性的历史的解构。"③如此一来，福柯就实现了对笛卡尔以来的主体哲学的双重解构：其一，人类认识主体对于人类认识所形成的思想成果无足轻重，这样就解构了人类主体在知识体系中的中心地位；其二，人类认识所形成的思想成果（即人类理性的寓所）是断裂的、随意的，其本身并不符合逻辑理性的规律，这样就解构了主体论哲学的预设前提中有关人类"理性"的预设。

从作为动词的"思"的视角来研究主体问题最具有挑战性——其关键问题不在于"思"本身，而是作为"思"的来源的"我"的问题。为了论述的方便，我们可以将"'思'的来源的'我'"命名为"动源本体"。从这一问题出发，刘森林认为："脱离了这种思想背景，譬如在古希腊和传统中国哲学中，说主体是人、是经验状态下的人，严格而论是不能成立的。说主体是人，只是在从经验主体立场上反思纯粹（先验）主体的抽象性及其不能在社会层面上真正实现这样的意义上，才有批判性价值。"④刘森林的论述无疑是有道理的。不过，我们在思辨过程中没有必要以此正确而否定彼的正确性——也就是说，将主体定义为"经验状态下的人"未必也不能形成自己的研究问题和研究价值，例如颇有研究价值的"社会认识论"的提出其实就是以"经验状态下的人"作为认识主体的。当然，我们也不可否认，主体哲学研究的最基本问题，其实是有关"纯粹（先验）主体"的问题，即"动源本体"的问题。

---

① 维特根斯坦：《逻辑哲学论》，贺绍甲译，商务印书馆 1996 年版，第 42 页。

② 穆南珂：《主体的消解与复归——论〈逻辑哲学论〉的主体问题》，《哲学研究》1997 年第 2 期。

③ 文兵：《主体的非中心化与历史的非连续性——福柯〈知识考古学〉的主旨》，《哲学研究》2002 年第 1 期。

④ 刘森林：《对话：内化与空间拓展——以"主体性问题为例"》，《哲学研究》2005 年第 10 期。

笛卡尔将"我"直接等同于"思",对"思"的动作来源的"我"并无专门论述。他所说的"灵魂"可以视为某种程度上的"动源本体",不过,由于"灵魂"本身难以实证,因此笛卡尔的"灵魂说"也很难为人们真正所接受。维特根斯坦就不认同"灵魂"的说法,他提出了"哲学的我"的概念,并认为:"哲学的我不是人,不是人的肉体或具有心理学属性的人的灵魂,而是形而上学的主体,世界的界限(而非世界的一个部分)。"①维特根斯坦又说:"我的语言的界限意味着我的世界的界限。"②这表明,维特根斯坦所谓"哲学的我"的实质就是语言,因此,维特根斯坦所关注的并非"动源本体"的问题,而是"思"的工具,即语言的问题。

自称在哲学认识领域掀起了"哥白尼革命"的康德批判性地继承、发展了由笛卡尔所开创的"主体论"。"康德进一步把笛卡尔未加区分的'我'、'思'区分开来,把'自身'(selbst)与'自我'(Ich)区分开来,认为前者是思维的起源,而后者则是思维的产物……就是说,纯粹主体是没有客体对应的主体,作为最终预设,也无法证明和追问它的如此存在是怎样的。而这种前概念、前反思或前谓词地意识到自身的'自我',比通过反思自觉地意识到自身的'自我'更纯粹、更根本……康德所谓的纯粹主体不是指有自觉意识的主体,而恰恰相反,是指没有自觉意识的主体。虽然这样的原始主体概念也面临着自身的麻烦和问题,并实际上无法彻底切断与上帝的关联——至少在实践哲学的意义上是如此。"③可见,康德已经意识到了作为名词的"思"(thought)和作为动词的"思"(thinking)的区别,并将"动源本体"命名为"纯粹主体"。不过,康德并没有详细论证"纯粹主体"的性质,因此,我们只是将它视为一种哲学理论预设。

胡塞尔认为"纯粹自身"是某种"意识之流的统调者",他"经过纯粹返观自照的方式发现的'我'不是一个物质实体的自我,也不是一个精神实体的自我,宁愿说,它是意识的一种功能,是意识活动的'执行者'或'承担者'……现象学意义上的'我'是指先验的自我或纯粹的自我,即排除一切有关外在事物存在的经验的设定,在内在的意识现象的范围内完全通过

---

① Ludwig Wittgenstein, *Notebooks* (*1914—1916*), Oxford: Blackwell, 1961, p. 82.

② 维特根斯坦:《逻辑哲学论》,贺绍甲译,商务印书馆 1996 年版,第 85 页。

③ 刘森林:《对话:内化与空间拓展——以"主体性问题为例"》,《哲学研究》2005 年第 10 期。

内知觉的自明性所把握的自我。"①胡塞尔自己解释说:"纯粹自身看来是某种本质上必然的东西,而且是作为在体验的每一实际或可能的变化中某种绝对同一的东西,它在任何意义上都不可能被看做是体验本身的实有部分或环节。"②胡塞尔所描述的"纯粹自身"正是"动源本体"。胡塞尔对于"动源本体"进行了准确地"定位",不过他也没有对"动源本体"本身进行描述。因此,胡塞尔的"纯粹自我"也只是一种哲学理论预设。

笛卡尔的"灵魂主体"、康德的"纯粹主体"、胡塞尔的"纯粹自身"都指向"动源本体",表明他们对"动源本体"问题的研究价值充分认识,也表明他们对作为人类认识思维活动的"最初动因"问题的极大兴趣。可惜的是,从物质实证的角度来看,他们的论述都缺乏物质基础,令人难以完全信服。不过,从思辨哲学的角度来看,我们也必须承认他们的说法不仅合理,而且具有重大的理论意义。其一,作为一种理论预设,笛卡尔等提出的概念可以作为主体问题研究的起始点。没有这一起始点,人们的逻辑思辨过程根本没法开始。其二,在人类认识能力尚不能完全解释人类自身奥秘的时候,我们尤其需要某种假设前提。哲学假设前提往往是抽象的、不具体的——它一方面抽象得让人难以把握,另一方面,也正因为它抽象,所以一般不包含错误的观点。因此,哲学假设前提在提供思辨前提的同时一般不会产生误导。其三,哲学预设前提将会在其后的思辨过程之中不断获得具体内涵,从而不断清晰化——正如后人对笛卡尔的主体哲学不断进行阐释一样。如果哲学前提中包含一定的错误成分,那么这些错误成分也会被证伪——而这种证伪活动本身将促进哲学的巨大进步,例如福柯对笛卡尔主体问题的理性主义前提的证伪就是一例。因此,哲学预设前提的重大意义不在于其正确与否,而在于其存在本身。笛卡尔将"灵魂"、康德将"纯粹主体"都置于上帝的光环之中,其合理性正在于此。不过,当人们能够从物质层面有效地阐述某种问题时,相应的哲学预设前提存在的合法性及其意义就不复存在了。

---

① 张庆熊:《胡塞尔论自我与主体际性》,《哲学研究》1998 年第 8 期。

② 胡塞尔:《纯粹现象学通论》,张幼蕊译,商务印书馆 1992 年版,第 15 页。该引文经张庆熊修订。

## 二、思维的"动源主体"探索

从根本上来看,思维的本质是"信息链接"。思维的载体是人类的肉身物质,思维的内容是肉身所形成的信息,换言之,人类思维活动有赖于人体的物质结构。因此,笛卡尔将"思"等同于某种可以脱离肉体而存在的某种独立实体的观点,显然是错误的。作为思维成果的思想可以脱离某个具体个体而存在(笛卡尔的"灵魂说"的合理性正在于此),但是,它不能脱离整个人类而存在(可见,笛卡尔的"灵魂说"的"合理域"或者"有效域"是十分有限的);思维的形式"语言"也是如此。而作为动作的"思"则与人类肉体须臾不离。

人类通过遗传获得思维的物质基础,具体包括:1.信息的接受体,即各种感觉器官;2.信息的通道,即各种神经系统;3.信息的储存器官,即各种记忆细胞。人类通过遗传还获得了某种先天能力,具体体现为各种思维物质基础的形态和相互间的物理链接。柏拉图的"先天说"、康德提出"先天综合判断"以及乔姆斯基提出"普遍语法",其实都是人类的这种物质基础所赋予的思维潜能。有些人类个体因为遗传缺陷而出现身体的物质缺陷,就会影响到其思维能力的实现。此外,人类通过遗传还获得多种本能思维能力,即多种具体的思维链接,例如各种"无条件反射"等。除本能之外的绝大部分思维链接都是后天形成的。

人类思维由两部分构成:其一是由思维的物质载体及其机构所形成的思维潜能,具体表现为记忆潜能以及信息链接形成的潜能;其二是具体的信息处理过程,包括信息的获得、信息的传输以及信息的处理(即信息链接的形成、更新、调整过程)。在具体的思维过程之中,只有具体的"思",即一个一个具体的思维信息链接,而没有"抽象"的"思"——"抽象思维"也是具体的思维信息链接所构成的。大量同类的信息链接必然体现出某种"链接模式",人类大脑对这些"链接模式"进行识别之后即可以形成各种"思维程式",并将它应用到后来的认识活动之中,以求快速、准确地进行信息处理。格式塔心理学认为:"在可能的前提下,心理总是以

'最好'的结构存在……具有规则性、均衡性、简洁性等特征。"[1]具体的信息处理十分复杂,耗时耗力,而人脑中存在的成千上万的大大小小的思维程式大大改善了人类信息处理的质量和速度。

思维程式对于人类认识活动的意义极其重大,尽管它们本身原始、简单,但却是人类所有思维规律的基础。中国古代的公孙龙曾提出著名的"坚白论",认为"坚"、"白"二者不可能同时存在于"石"中。的确,如果人类没有具备思维程式的能力,那么人类对"坚白石"就难以"认识"。人类对"坚白石"的认识过程是多种思维程式的形成结果,这一过程十分复杂,至少包含以下三个阶段:首先,人类需要对大量的视觉颜色信息进行感知、分类,然后形成第一级思维程式,即总结出"白"的信息概念;然后依据同样原理根据大量触觉信息总结出"坚"的信息概念;在此基础之上,人类进一步通过大量感知经验,并通过"意象链接"形成第二级思维程式,即"坚+白"的思维链接;最后,人类还得借助语言形式,才能最终形成第三级思维程式,即"坚+白=石"的思维程式。实际的思维过程远比这三步还复杂得多。可以说,正是人类思维程式的存在,才使得人类的"统觉"成为可能。

人类在大量思维程式的基础上自发地形成的规律,和人类通过逻辑理性活动总结出来的思维规律并不完全相同,两者既有联系,又有区别:前者是思维的"自生规律",是在人类思维信息物质体的活动之中所形成的。例如"信息 A"和"信息 B"因为信息物质体的相互作用而形成"信息 AB"。现代学界一般认为人类思维信息的物质体是某种生物电子,那么这些生物电子因其物理性质而发生相互作用所形成的思维信息的规律,就是人类思维的"自生规律"。人类的"灵感思维"、"通感"、"错觉"等现象,都是人类"自生规律"的具体体现。举一个具体的例子,根据"毒蛇[信息 A]"以及"有毒的东西不能吃[信息 B]",人类就会自然得出"毒蛇不能吃"的结论(在此基础上,人类还会形成"吃蛇—恶心—呕吐"等行为反应现象)。这一推论过程体现的就是一种思维的"自生规律"——这一思维的过程,其实就是人类思维对于各种思维信息标记直接进行处理的过程。

人类通过逻辑理性活动总结出来的规律是人类在生活之中通过反复

————
① Reuven Tsur, *Poetic Rhythm*; *Structure and Performance*; *An Empirical Study in Cognitive Poetics*, Berne: Peter Lang AG, 1998, pp. 55—56.

实践、认真推理而总结出来的，是人类思维自身无法生成的，我们可以称之为"推导规律"。例如，人类思维的"自生规律"可以预见物体往下掉，却无法形成万有引力定律。总体来看，思维的"自生规律"和"推导规律"的主要区别在于：其一，自生规律的思维程式是建立在质料基础之上的。在思维的自生规律领域，没有质料就没有形式；而推导规律（例如"逻辑"）常常可以脱离质料存在，成为某种纯粹数学符号表达。[①]其二，自生规律是建立在个人思维信息物质体的基础上的，而推导规律是建立在客观世界基础上的；换言之，两者的皈依不一样，一者是个体自身，一者是客观世界。也正因为如此，理性主义者和科学家们往往倾向于怀疑自身的直觉经验。其三，自生规律是建立在有限个人经验上的，因此是有限的，而推导规律力求无限。换言之，前者是有限的，后者是无限的。其四，自生规律往往具有感情伴随，而推导规律力求摒弃情感的影响。其五，自生规律寓居于特定的个体之中，而推导规律可以借助语言，脱离特定个体而存在。当今中西学界并没有仔细区分人类的自生规律和推导规律的差别——而了解思维的自生规律和推导规律的不同性质，将有助于我们对人类思维规律进行有效研究与总结。

西方理性主义者强调思维规律的"真理"性质，不过，事实并非完全如此。思维规律归根到底是思维过程的规律，它只能规范思维过程，而不能引导思维方向。例如，在评价一个历史人物时，人们可以在不违反任何"逻辑"规律的前提下，根据自己的好恶塑造出完全不同的（或伟大或卑劣）的人物形象来——因为人们会根据自己的好恶，将着力点集中于其好的或者坏的方面——决定思维导向的往往是人们的情感、兴趣等与逻辑无关的因素。而这些因素，取决于人们的需求。亚伯拉罕·马斯洛在《人类动机的理论》中提出"基本需求层次理论"（Maslow's Hierarchy of needs），将人类的基本需求从低到高划分为生理需求、安全需求、社交需求、尊重需求、自我实现需求五类。马斯洛承认人类的最根本需求是"生

---

[①] 童天湘说："为什么机器能模拟逻辑思维而又不能思维呢？现在对思维的模拟还局限于思维形式方面，只有思维形式可以符号化，才能利用概念形式之间的关系，进行形式推理。这种形式推理，可以撇开思维的具体内容，也不管前提的真假。然而，真实的思维活动，形式是不能脱离内容的，也离不开生动而丰富的语言。"（童天湘：《智能机器与认识主体——是否存在"人工认识主体"》，《哲学研究》1981年第4期）

理需求",即保障人类"生存"的最基本的需求。①事实也是如此,决定人们思维导向的根本动力是人类的"生存需求"。

人类的生存需求所形成的情感、兴趣等并不实质介入理性判断,却诱导理性思维朝着某一确定方面进行。如果我们对某人某事有好感,那么这一好感就会"照亮"该人该事的好的方面,引导理性思维从好的方面来考量该人该事。如果没有情感的"照亮"引导,理性思维就会因为没有方向而陷入混沌。通俗地说,如果对某事缺乏兴趣,我们根本就不会开始理性思维过程。其实,在绝大多数情况下,我们也并不需要对认识对象作出全面客观的评价,而只需要找到我们感兴趣的方面——情感恰好可以帮助我们的思维迅速完成这一目的。②存在主义者认为"存在就是关注"(da-sein is care),而"关注"其实就是一种"照亮"机制。许多传统哲学家认为哲学就是"反思","现代批判性思维之父"杜威认为"批判性思维即反省"(reflective thinking),③笛卡尔、胡塞尔等一大批哲学家也正是利用这种"反思"或者"反省"的方式来思考主体问题的。问题在于,这种"反思"的路径其实只是哲学家本人的兴趣所形成的思维"照亮"机制做界定的,换言之,哲学家的"反思"并无任何"必然"的性质——也正因为如此,不同的哲学家对于同一问题才会可能产生不同的思路。从这一点出发,我们可以从根本上否定任何哲学思想的自立自足性和真理性。尽管人们反思时只会注意到某一运思过程,然而这并不意味着人们就没有同时进行其他思考(只不过是这些思考没有被"照亮"而已)。在"非照亮"模式下的思考,就是人类的潜意识思考。范晓认为"灵感思维是在潜意识状态下进行的思维。"④这一见解显然是有道理的。人们的许多灵感思维成果其实并非空穴来风,而是长期进行潜意识思考的结果。⑤

---

① A. H. Maslow, A Theory of Human Motivation, *Psychological Review* 50(4)(1943), pp.370—396. 在马斯洛这一理论中,"生理需求"没有文化局限性,是所有人类的共同需求,而"自我实现需求"则有很大的文化局限性,在比较初级的文化体内,人们恐怕没有这种需求——这种需求本身是在特定文化理念的感召下产生的。

② 黎志敏:《诗学构建:形式与意象》,人民出版社 2008 年版,第 18 页。

③ John Dewey, *Experience and Education*, New York: Coller, 1938, p.9.

④ 范晓:《关于语言与思维的关系及其相关问题》,《语言科学》2003 年第 6 期。

⑤ 这一点具有重要教育意义:只有培养学生的兴趣,学生才会调动潜意识专注某一问题的研究。这是单纯的功利性学习和研究做不到的。

  叔本华将人类主体定义为"生命意志",而生命意志其实是人类生存需求所激发的一种"求生意志"。叔本华说:"哲学最应关注的是意志,意志是人的真正的存在。人们超越现象范畴达到自在之物,这个世界不是主体中的某种表现,而是真正存在的东西本身。这个世界就是意志。作为意志的主体就不再像其他对象那样是一个对象。作为主体的意志,其基本特征就是求生存,因此这个主体就是'生存意志'或'生活意志'。一旦我们作为意志主体存在,就从表象的世界中解脱出来,超越了痛苦。"①维特根斯坦在生活世界领域讨论人类主体时也颇为认同这种说法,他认为主体将善与恶带进世界,认为"这个主体是意志主体"。②和笛卡尔的"灵魂主体"、康德的"纯粹主体"、胡塞尔的"纯粹自身"诸概念一样,"生命意志"也是一种"动源本体"。不同之处在于,叔本华对其"生命意志"做了更为详细的论述。

  著名心理学家伯纳德·哈特在其专著《精神失常的心理现象》中曾对作为某种意象思维模式的"综合物"(complex)做了这样的阐述:"complexes 是决定意识表现的原因。鉴于 complexes 对意识产生的影响,我们可以把它看做是精神领域的'物理力量'。当然,这种'力量'只有在一定前提之下才能被激活。其前提就是出现'刺激物':在外界的刺激下、或者由于思维内部的原因,complex 所包含的某个或者某些意念(ideas)将被激活……一旦这种必要的刺激出现,complex 立即向意识产生作用。通常的结果是:属于 complex 的一些意念(ideas)、情感(emotions)和行动信息(strains of activity)就被反映到意识中来。"③哈特在这里将"思维模式"视为思维的"动源",而且指出,这种动源的力量是由外界刺激物诱发的。不过,这种思维模式里面的"力"是从哪里来的呢?答案只有一个:人体细胞。

  细胞是人类生命体中具有生命力的最小单位,也是最小的思维主体单位。如果我们承认人类是从低级生物进化而来的,就必须承认人类的

---

  ① 穆南珂:《主体的消解与复归——论〈逻辑哲学论〉的主体问题》,《哲学研究》1997 年第 2 期。

  ② Ludwig Wittgenstein: *Notebooks*(*1914—1916*),Oxford:Blackwell,1961,p. 87.

  ③ Bernard Hart, *The Psychology of Insanity*,Cambridge:Cambridge University Press,1912. pp. 62—63.

思维也是从低级从高级逐渐演变而来的。也就是说，我们必须承认人类在单细胞时代就具有了简单的思维功能，例如简单的记忆功能，简单的刺激反应功能，简单地遗传功能等。人类复杂的思维功能都是在这些简单的思维功能上进化而来的，而且和这些简单的思维在本质上是一致的，即信息链接。单细胞一旦死亡，其思维动态过程也就随即终止。单细胞的思维源动力是细胞体的生命力——人类也是如此。所有生命都具有生命力，都具有一种求生需求；而生命力是实现求生需求的根本保证。

单细胞内部的信息过程是最低级的思维形式。在多细胞阶段，细胞通过互相合作使新的生命体的思维功能呈现几何数量的倍增。人类的某些肉体思维（例如眨眼睛的本能）就是人体某区域内的大量细胞通过合作而完成的，人类的高级思维过程则是由全身的所有细胞合作完成的——事实上，人类的很多思维都是整个身体合作完成的，其思维的质量，也受到整个身体状况的影响。传统上将人类的思维活动仅仅局限于大脑的范围，是极其错误的。例如，人类的各种思维信息是通过各种感觉器官获得的，如果一个人天生失明，那么他就没有视觉意象思维。罗跃嘉认为，人之所以具有理性精神、意识、思维，从生理基础来说，是由于有大脑和以大脑为中心并包括各种感觉器官的高级神经系统以及大脑高级功能的整合。[①]胡塞尔将人类主体定义为"意识之流的统调者"，实质上指的就是这种功能整合。

从绝对意义上来说，人类只要活着，就永远在进行思考，而且是在进行着"全身思考"。只要一个人活着，那么他的细胞就处于活性状态，就会不断地进行各种信息处理活动——这实质上就是一种思考过程，而且因为全身所有细胞都有参与，因此是一种"全身思考"。事实上，人类并不是在任何时候都需要对人类的"全身思考"进行功能整合——在绝大部分时候，我们不需要进行这种全身整合，只是在需要完成特定任务的时候，我们才会进行这种整合。而且在部分时候，我们还要"分散注意"，同时完成几项任务，例如一边洗澡一边唱歌，一边走路一边思考问题等。可见，胡塞尔将人类主体定义为"意识之流的统调者"是不准确的。

---

① 罗跃嘉：《大脑高级功能的时空整合》，科学出版社 2005 年版，第 553—559 页

　　过去由于人们一直将人类思维局限于大脑之内,因此难以准确地把握人类认识主体问题。只有在充分认识到人类思维的"全身性"性质之后,我们才能够清晰地认识到,人类的认识主体其实就是人类个体的整个生命体,由一个个具有生命力和思维功能的细胞所构成的生命整体。其实,已有哲学家直觉地认识到了这一点,例如费尔巴哈认为,主体既不是先验的"自我",也不是客观精神,而是"实在的完整的人"①。刘小枫也认为:"真实的认识主体是感性个体的整体存在。"②人类思维的源动力,则是人类的生命力,由一个一个细胞所集中表现出来的生命力。

　　从广义上来说,凡有信息传递的地方,就有思维;换言之,客观世界也有自己的"思维形式",我们可以将这种思维称为"客体思维"。事实上,客体思维和人体思维在"具有物质基础"这一点上是完全一致的,不同之处只在于前者的物质基础是无生命的客观物质,而人类思维的载体是具有生命力的人体细胞;从根本上来看,人体的生命细胞是客观物质的一种特殊形态。生命体的特殊性在于其具有自主特性"生命力",而这正是人类认识主体的"思维动源"。生命力是生命体的固有特征。人类的生命力源于肉体物质,并且由人类的肉体传承。

　　从发生学的角度来看,思维的发生和发展源于人类肉身的求生需求。正是人的求生需求,才促使人类进化出各种适应地球生存环境的感觉器官,从而促成了人类思维本身的发展。西方哲学界一般认同哲学就是"反思"的观点,在这种观点影响下,笛卡尔直接将"我"等同于"思"。其实,哲学反思只是一种概念链接思维,即逻辑理性思维。笛卡尔将"我"等同于"思"其实就是将"我"等同于"理性",归根到底,笛卡尔的主体论只是西方传统哲学界将"人"定义为"理性的动物"的翻版,并没有真正涉及人类主体的问题。福柯的研究已经表明,在理性主义的视阈之内根本无法回答人类的认识主体问题。

　　思维并非局限于大脑之内,思维是通过完整的生命个体完成的,思维主体就是人类个体的生命整体,人类思维的动源是蕴涵于生命体内部的生命力。叔本华曾将主体定义为"生命意志",更准确地说,"生命意志"就

---

① 费尔巴哈:《费尔巴哈哲学著作选集》上卷,荣震华等译,三联书店1959年版,第180页。
② 刘小枫:《诗化哲学》,华东师范大学出版社2007年版,第149页。

是生命力,是人类思维的动力所在,按照各种生命产生的理论,人类的生命力是源于客观世界的。恩斯特·海克尔认为"物质和力是唯一的终极实在"①,按照这一说法,人类主体的本体也是"物质和力"。如果将力看成物质的属性,就可以得出世界统一于物质的结论;如果物质和能量还能够相互转化,则还可以说宇宙统一于能量。人类的认识主体是一种能量。

① 伊安·巴伯:《当科学遇到宗教》,苏贤贵译,三联书店 2004 年版,第 4 页。

# 第六章
## 认识与科学的身体皈依

古人下意识地假设人类可以"想当然地"认识宇宙万物。正因为如此，西方自苏格拉底以来的许多哲学家才将"追求真理"视为哲学的最终追求目标。西方哲学家还专门设立"本体论"以探讨世界的本原，不过至今人们也无法确定世界的本原究竟是什么。

康德在深入研究了人类认识的"起源、范围及客观的效力"①之后，坦率地承认了人类认识的局限性。在《纯粹理性批判》之中，康德发动了所谓的"哥白尼式的革命"，指出"纯粹理性批判不只是驳斥独断论与怀疑论的缺失而已，它还提供了一个全新的主体与客体的关系：知识不再由对象所决定，而是对象由我们的认识能力所决定。"②康德认为人的认识局限于现象界，不可能达到本体界去认识"物自体"。

### 一、认识基础与认识域

人类肉身是一切认识活动的基础，除此之外，别无他途。具体来说，人类认识世界所依赖的是人类的各种感觉器官，即视觉、听觉、嗅觉、触觉、味觉。人类感官所形成的感官意象是人类一切认识活动的成果（即知识）的源泉。

---

① 康德：《纯粹理性批判》，蓝公武译，商务印书馆1960年版，第76页。可参见林默彪：《认识论问题域的现代转向》，《哲学研究》2005年第8期。

② 朱高正：《康德批判哲学的启蒙意义——谈文化主体意识的重建》，《哲学研究》1999年第7期。

罗素认为:"从某种意义上说,必须承认,我们永远都不能证明在我们自身之外和我们经验之外的那些事物的存在。"①在认识领域的"经验",实质上是由人类的感官意象所构成的。强调经验在人类认识活动中的基础性作用是正确的,不过也不能将认识活动仅仅等同于人类的直接感官经验。事实上,人类的大量认识活动,都是在感官"经验"的基础上、对经验之外的各种规律的总结。例如人类对"万有引力"的认识,就是在视觉经验的基础上通过推理而得出的。夏基松说:"从培根以来的一切优秀的思想家都一再指出,除了以观察到的事实为依据的知识以外,没有任何真实的知识。"②这一说法比罗素的说法更为精确。也就是说,人类可以"认识"直接经验之外的事物,尽管这种认识也是以人类的感官作为基础的。

人类认识能力不断发展的历史,归根到底是人类通过各种手段不断扩展人类"自然感知能力"的历史。在人类进化的过程之中,"直立行走"是一个关键点——其之所以关键,在于"直立行走"大大提高了人类的视觉和听觉能力,从而大大提高了人类的认识能力。在工具的使用上,过去人们一直强调其提高劳动效率、创造物质财富的功能,恩格斯在《劳动在从猿到人转变过程中的作用》中指出工具对人类劳动的重要意义,并认为劳动"是整个人类生活的第一个基本条件,而且达到这样的程度,以致我们在某种意义上不得不说:劳动创造了人本身"。③其实,工具还具有帮助人类"认识"自然的功能——人类正是通过创造各种工具来提高自身的自然感知能力的,例如通过使用木棍、石块等初级工具拓展触觉范围就是一例。工具帮助人类提高劳动效率的功能固然重要,不过,既然人类永远只有在"认识"自然的前提下才能有效地改造自然,那么,工具的认识功能相比之下就更为基础。近现代以来,人类越来越意识到了"认识"世界的基础性,并将"科学发现"置于非常突出地位,同时人们也制造出了越来越多的精密仪器,从不同的方面、层次提升人类的自然感知能力。

如果将使用工具拓展感知范围称为人类认识史上的第一次飞跃,那

---

① 罗素:《哲学问题》,何兆武译,商务印书馆2004年版,第15页。

② 夏基松:《现代西方哲学教程》,高等教育出版社1998年版,第13页。

③ 恩格斯:《劳动在从猿到人转变过程中的作用》,《马克思恩格斯选集》第3卷,人民出版社1995年版,第556页。

么,人类在感官经验的基础上,通过推理进行认识活动则是第二次飞跃,例如牛顿通过观察苹果掉到地上的直接经验,推理出万有引力定律就是一例。在这种推理性的认识活动之中,人类往往可以得出多种"可能性"的结论,如何对这这些"可能性"进行有效甄别,也就成为重中之重——世界各地的许多迷信活动,往往也是源于人们对于某种事故的推理性认识。实证主义的出现,为人们甄别各种推理结论提供了有效的方法体系。

在通过实证检验之前,推理性的认识结论只是作为一种假说存在的。爱因斯坦提出相对论之后也曾广受怀疑,不过,在他所提出的三个试验即引力红移、光线偏折、水星近日点进动得到验证之后,人们就普遍接受了相对论。实证是现代科学的鲜明特征。不过,实证手段终究还是以人类的感觉器官作为基础的。现代科学家提出了不少"粒子"的假说——不过,在没有被人们通过直接或者间接的方式"观测"到其存在之前,它们永远也只能是假说。人们有时也通过逻辑对某种结论进行证明,不过,逻辑证明只是一种理性的"虚拟证明",最终的"完全证明"必然是直接基于人类感官的、通过某种可观测的方式所实现的证明。可见,人类的"推理"认识活动始于人类感官,而且也归于人类感官,也就是说,人类身体是人类一切认识活动的皈依。

人类身体的感觉器官规定了人类的认识域。人类的感觉器官分为视觉、听觉、嗅觉、触觉、味觉,其所规定的相应的认识域是视觉域、听觉域、嗅觉域、触觉域、味觉域——这些认识域不但包括直接感觉经验,也包括在感觉经验上的推理性认识。在各种认识活动之中,人类一般会运用各种不同的感官对于同一事物进行"认识",例如从视觉、嗅觉、触觉、味觉等不同角度来认识一个"苹果"。尤其值得注意的是:不同的认识视角所获得的认识结果在性质上是截然不同的,例如任何事物的视觉特征和听觉特征都是截然不同的——也正因为各种感觉认识特征的独特性,才确立了其不可替代的存在价值。

现代科技可以增强人类各种感官的"度",但是却无法拓宽人类感官的"域"。例如天文望远镜增强了人类视觉感官的"度",却并没有拓宽视觉感觉的"域"——人类通过天文望远镜所得到的影像终究也只是一种视角意象。人类的认识能力始终受限于人类感官的"域",假如有一种生物具有某种人类所没有的"第四维空间感知能力"而且不主动告知人类,那么人类就永远也无法知晓这种能力的存在,更无法窥探这种能力所赋予的感觉经验和认识成果。人类科技的任何发现也超越不了人类几种基本感官(视觉、听觉、嗅觉、味觉、触觉)所规定的领域。人类科技的发展只能增强人类认识的"度",并不能开辟新的认识域。事实上,对于超过了人类感官域的经验,人类根本找不到语言来对它进行有效的描述,也没有办法进行"认识"。在宇宙万物之中是否存在超越"人类认识域"的客体?对于这一问题,无论人类科技多么发达,都将无法作出任何肯定或者否定的回答。人类对于自然的认识是有限的。

根据人类感觉域的局限,我们可以从认识的视角将世界分为三类,即已知世界、未知世界和不可知世界;其中已知世界和未知世界合称为可知世界,与不可知世界对应。人类可知世界的领域,就是人类所有感官域的总和。超出人类感官域的部分,是人类无法认识的,是不可知世界。对于人类而言,已知世界和未知世界的边界是不断变化的,人们会拥有越来越多的已知世界,越来越少的未知世界。不过,可知世界和不可知世界的边界却是固定的,而且是一条人类无法逾越的边界。

从纵向来看,即使在可知世界的领域,人类的认识能力也只局限于一定的深度。康德说:"我们认识的是事物的现象,至于事物本身究竟是什么样子则完全超出了我们的认识范围。"[①]也就是说,即便在人类的可知世界里,也有一条人类认识无法逾越的"现象"与"物自体"之间的界限。人类对于任何现象的本体,都是无法认识的。郑文先认为,实证主义在拒斥形而上学时是至少合理地指出"作为本体论的哲学不是一种知识性的理论体系。我们没有充分根据在本真意义上讨论本体。"[②]正因为如此,将世界本原作为自己探索目标的西方传统本体论哲学在近现代受到了广泛的质疑。

现代科学强调所谓"客观知识",而这种客观知识充其量只是人类可知领域的现象层面意义上的"客观知识"。现代科学赋予"客观知识"以"真理"一般的地位是偏颇的。

---

① A. B. 古雷加:《费希特耶拿时期的知识学》,《世界哲学》1992 年第 6 期。
② 郑文先:《略论本体论的当代意义》,《武汉大学学报》(哲学社会科学版)1998 年第 1 期。

## 二、人类认识内外的客观世界

现代科学最根本的假说是：宇宙万物是由客观物质所构成的，而现代科学是有关宇宙客观物质的"客观知识"体系。现代科学是以"实证"作为基线的，在人们尚未有效地证明"宇宙万物是由客观物质所构成的"之前，这一假说永远也只能是假说。既然是假说，就不一定正确。好在哲学并不受"实证"基线的局限，因此，我们可以在哲学领域充分探讨这一假说，而且，在哲学领域对这一假说进行充分讨论，也有利于科学的健康发展。

西方不少人认为纯粹知识独立于经验，甚至独立于一切感官印象，并将数学作为所谓"纯粹知识"的代表。休谟曾经"提出了'两种知识'的理论。除了关于数和量的数学知识之外，唯一可靠的是感觉经验所提供的知识，而这种知识还具有或然性。"[①]人类所发明的数学知识是在感官经验的基础上经过不断抽象并形成体系的，例如人们将一粒糖果和另外一粒糖果放在一起，得到了两粒糖果；又发现一个苹果和另外一个苹果放在一起构成了两个苹果……因此慢慢地抽象出"$1+1=2$"的抽象思维模式，即数学公式。事实上，无论多么复杂的数学公式，都是在最为基本的感官经验基础上逐渐演进而生成的。假设在某种微观世界，一个粒子和另外一个粒子相遇时，会生成在性质方面与前两者完全一样的另外"一个"粒子（在量子领域就有类似现象），那么人类的数学知识在这一微观世界就会完全失效。因此，人类所发明的数学知识也绝非所谓宇宙性的纯粹客观知识，它仅仅是"人类知识"而已。以人类的有限认识能力，不可能发明具有无限性质的任何纯粹客观的知识。

波普极力主张无主体的客观知识论，他断言："客观意义上的知识是没有认识者的知识：它是没有主体的知识。"[②]不过，"客观知识"这一概念本身就是不成立的——所谓知识，必定就是主体对客体的某种认识，任何知识都不可能脱离"主体"而存在。波普想说的大概是某种"客观现象"，

---

① 俞吾金：《知识论哲学的谱系及其对马克思主义哲学研究的影响》，《马克思主义与现实》1997年第2期。

② 波普尔：《客观知识》，上海译文出版社1987年版，第117页。

即不依赖人类而存在的客观世界的运动和变化现象,这也是很多科学家一般接受的传统观点。不过,在量子力学领域,这一传统观点也已经受到了有力的挑战:"量子力学理论则表明,在微观高速领域,认识主体与认识客体之间的关系是如此紧密和复杂,以致在一定程度上是难分你我的。"①玻尔因此"用现象一词代表在特定环境下得到的观测结果,这种特定环境包括整个实验装置的说明在内。"②玻尔指出:"当所涉及的现象在原则上不属于经典物理学的范围时,任何实验结果都不能被解释为提供了客体的独立性质有关的知识,任何实验结果都是和某种特定情况有着内在联系的,在这种特定的情况的描述中,必不可少的会涉及和客体相互作用着的测量仪器。"③如果说观察结果必然和试验环境和试验主体相关,那么,这种结果也就不能被认定为"客观知识"。固然,科学家们可以假设:在试验装置进一步精确化之后,这一状况会得到改变。不过,我们也可以同样假设:在量子领域,本来就有与科学的另一假设前提(即"客观物质具有规律性")不符合的现象存在。我们还可以合理地假设,量子领域已经趋近人类可知世界的边界了。

皮亚杰认为:"认识既不是起因于一个有自我意识的主体,也不是起因于业已形成的(从主体的角度看)、会把自己烙印在主体之上的客体;认识起因于主客体之间的相互关系,这种作用发生在主体和客体之间的中途,因而同时既包含着主体又包含着客体……"④皮亚杰的论述颇为饶舌,不过他至少承认了人类身体在认识中的作用。另外,西方哲学家库恩"突出了科学知识中的主体性",其思想也颇具有参考价值。⑤

人们一般还以为,时间和空间是客观世界存在的前提,因此,在描述客观世界时,人们常常都会借助时间和空间的概念。不过,"时间"和"空间"本身其实也只是人类的一种概念,而不是一种客观存在。世界上并不存在所谓的客观时间。从时间计量单位来看,中国古人以时辰为主要计

---

① 张西立:《不变的主题:认识你自己——对西方传统知识论的反思》,《学术探索》2001 年第 6 期。

② 尼尔斯·玻尔:《玻尔哲学文选》,商务印书馆 1999 年版,第 207 页。

③ 同上,第 129 页。

④ 皮亚杰:《发生认识论原理》,王宪钿等译,商务印书馆 1981 年版,第 21 页。

⑤ 王思隽:《科学知识中的主体性和客观性》,《哲学研究》1989 年第 8 期。

时单位,而现代人采用秒、分钟、小时等概念,可见不同时代的人使用时间的计量单位是不一样的,也就是说,时间的计量工具是人为的,不是客观的。假设一个人乘坐飞机从西向东,按照 24 小时绕地球一周的速度飞行,那么,他的手表所指的时刻应该永远不变;或者,如果一个人待在北极点或者南极点,那么他的时间就应该是静止的——可是,这并不能阻止人们一天天变老。可见,地球时间本身就是人为的,不是客观的。

人们感觉到时间存在的根本原因,其实在于变化——换言之,真正对人类具有实质意义的,不是时间,而是物质的变化,时间只是人类发明出来的一种用以度量变化的概念(就像"液体"的计量概念或者"距离"的计量概念一样),并不是一种客观存在。因此,即便一个人永远围绕地球飞行或者永远待在北极点或者南极点,只要他的身体在生长,他也会和其他人一样会慢慢变老。时间概念本身并不是独立于其他事物存在的,它只是人们衡量变化的一种计量方法,是物质变化的伴随物,也就是说,只有物质的"客观"变化,而没有什么"客观"时间。如果哪一天整个宇宙突然停止所有的运动变化,那么时间概念也就会完全失去意义。而且,既然现代科学不能否定物质可以"完美回复",那么我们就可以假设这种状况发生:假设现在的世界突然"完美回复"到公元 1000 年(就像电影里的反放镜头一样),那么,我们就会感觉时间"倒流"了——不过,这种现象的实质也并不是所谓"时间倒流",而是物质的一种特殊变化而已。

时间并不是客观的,它实质上只是人类的一种心理现象。人类的"时间感"源于大脑的认识机能,即人类大脑通过生物电的节律运动所进行的认识活动。卡尤顿说:"节奏是人类最为基本的认知能力之一……认知最为基本的任务是处理信息,认知理论实质上也就是处理信息的理论。"[①]人类的节奏认知能力源于人类大脑生物电的节律特性,"人脑本身是以生物电的某种规律性释放来感知物质世界的。大脑生物电释放的规律性是人类认知世界的基础。"[②]人类感官所获得的信息是以一定频率的生物电的形式被传入大脑的,而大脑认识机能则能以某种频率的生物电对传入

---

① Richard D. Cureton, *Rhythmic Phrasing in English Verse*, London: Longman, 1992, p. xiii.

② 黎志敏:《诗学构建:形式与意象》,人民出版社 2008 年版,第 60 页。

信息通过"频率比对"进行"识别"。频率本身是一种节奏,因此人类在认知过程中会产生很强的节奏感,反过来,在有节奏的氛围之中,人们的认知效率也能提高。在大脑生物电和感官信息生物电的节律对比中,各种不同的结果所形成的变化,就造成了人们的"时间感"。也正因为人们的时间感和认识活动息息相关,所以人们在不同环境下的"时间感"会迥然不同——尽管如此,每个人都会有时间感,而所有个人的"时间感"是时间概念的社会性基础。人类社会所谓的"客观时间",只不过是社会群体在个体时间感的基础上所达成的一种共识——即共同认定的、按照某种节律程序进行的计数方式。

和时间一样,空间也不是独立于其他事物存在的。人们一般认为,物质的存在不可能没有空间,如果没有空间,也就没有物质,因此,空间是物质存在的前提。不过,换一个角度来看,我们也难以想象没有物质的空间。空间的功能,根本是用于衡量物质的大小、物质之间的距离等状态的。归根到底,空间只是物质的一种状态,是物质的一种伴随性概念,换言之,如果没有物质,也就无所谓空间。"空间"概念,是人类对诸多物质形态进行抽象之后所得出来的。空间概念和人类的"视觉"息息相关,如果没有视觉器官,人类也就没有空间概念。而且,人类的空间感也是不断变化的,随着科技的发展,现代人类的空间感已经发生了巨大的变化,同时,空间对于人类的意义也发生了巨大变化。空间概念、空间感、空间的意义,归根到底是与人类身体息息相关的。

科学家们常常会讨论到宇宙的边际问题,可是,这个问题本身就是一个伪问题,其谬误的根源在于我们是以日常生活经验的逻辑来推测未知事物的。在日常生活经验的基础上,我们认定空间先于物质产生,因此以为空间是无条件地先行存在的。其实并非如此,空间只是物质的一种属性而已,没有物质也就没有空间,换言之,物质宇宙之外没有空间。既然如此,也就不存在所谓宇宙的边际问题,科学家们所讨论的宇宙边际问题,其实应该是物质的存在状态问题。

时间和空间都只是人类创造出来的概念,都源于人类的生活经验,而不是所谓的"客观存在"。科学家常犯的错误在于以生活经验中的逻辑来推导宇宙逻辑。其实,人类不能当然地以已知世界的逻辑来推导不可知世界的逻辑,即便在从已知世界向未知世界领域探索的时候,我们也往往需要突破许多根深蒂固的偏见才能取得一定的成绩。毫无疑问,时间、空间的概念确实为人类的生活提供了无穷的便利,不过,它们同时也牢牢地束缚了人们的想象力,使人们难以超越时空概念去考察物质的变化规律——例如,物质世界是否具有超越时空的现象发生呢?"量子纠缠现象"其实已经强烈地暗示了超越时空的物质变化的可能性。[①]

科学的根本假设是"世界是物质的"。不过,既然我们无法证明所有宇宙万物都是物质的,那么这一假设就只能作为假说存在。换一种说法更为正确:人类只能认识物质世界,而且只能在一定领域、在某种程度上认识物质世界。人类知识是以人类身体为基础,并且局限于人类身体的。

### 三、认识意义的身体皈依

所谓"认识"毕竟是人类的认识,所谓"科学"也毕竟是人类的科学,"认识"和"科学"都不可能超越人类本身的局限。人类是人类一切活动(当然也包括人类科学)的中心和服务目标——可是,人类却不是宇宙万物的中心。人类感觉器官不仅限定了人类的认识范围,而且也规定了人类认识的目的。人类认识世界的根本目的为人类自身的生存发展服务——任何其他选项要么不是最为根本的,要么是虚妄的。可见,"认识"的本质价值还是在于其实用价值,人类认知以生命为出发点,并且最终落实于生命。

人类的认识和科学活动从认识开始,以应用结束,构成了一条完整的价值链条。人们所真正关注的,是各种认识活动的有关环节是否得以构成这种价值链条,而不是所谓客观知识。例如,人们认识到"光"的很多性质,并且将它应用到各种服务于人类的行业之中,这样就构成了"认识—应用"的完整价值链条。至于"光"的"物自体"究竟是什么,其实已经不再重要。在很多时候,科学家们并不完全明白某种物质究竟"是什么",但是

---

① 广为报道的亲人间的心灵感应现象难道真的就是一种"迷信"吗?——科学家最宝贵的品质是想象力:可否假设人类遗传之中具有"量子纠缠"现象,而亲人间的心灵感应只是一种量子纠缠现象的体现呢?

只要他们知道"怎么样"利用这种物质的某些特性服务于人类,就已经实现了认识的价值了。所谓实证科学,归根到底是检验这一链条是否成立,而不是刨根问底追究"是什么"的问题。事实上,人类至今都不知道任何物质的"物自体"究竟是什么,从本体论的视角来看,人类至今并未掌握任何知识。

所有的人类知识都不是绝对真理,都只是在某种程度上能够帮助人类生存的有效知识。古希腊哲学家就认为:"知识乃是属于变化着的东西,而不是实有的东西。"①这一论断也明确地否定了绝对真理。任何知识都不是真理,都有其"有效域",换言之,任何"真"都有"域"的局限,即任何知识只在一定的"域"之内才可能确定其"真"。例如牛顿力学理论只在低速运动的范围才是有效的。亚里士多德说:"凡以不是为是、是为不是者这就是假的,凡以是为是、以假为假者,这就是真的。"②亚里士多德这里所谓的"真"、"假"是纯粹逻辑意义上的,而且,在物质世界之中,我们根本就无法通过认识得到绝对的"是"或者"不是",因此也就无所谓"真假"了。人类思维本身是有局限性的,也正因为如此,也才谈得上人类思维的规律性。没有局限,也就没有规律性。也正因为人类思维的局限性、规律性,人类也才能在一定程度上认识客观世界的规律——如果人类思维没有规律性,我们也就无从认识客观世界的规律性。而且,人类思维也只能认识"有规律"的客观物质,假设有一种不可观察到的物质,毫无规律地时而表现出 A 的特性,时而表现出 B 的特性……而且其表现具有不重复性,那么,我们就无法认识它。可见,人类的"认识"的存在本身就决定了其不可能"认识"具有无限意义的客观真理。

在日常生活之中,所谓"认识"就是我们通常所说的"理解",它是以人类的实践为皈依的。中国具有深厚的实用主义传统,成中英在对中国的认识论传统进行总结之后说:"同西方现代知识论不同,中国知识论从未脱离过实在论和实践论。"③马克思主义在经历了中国的本土化过程之

---

① 罗素:《西方哲学史》上卷,商务印书馆 1963 年版,第 197 页。
② 亚里士多德:《形而上学》,商务印书馆 1981 年版,第 79 页。
③ 成中英:《中国哲学中的知识论》(上),《安徽师范大学学报》(人文社会科学版)2001 年第
1 期。

第六章　认识与科学的身体皈依

后,也被赋予了浓厚的实用主义色彩。学界一般认为,马克思主义学说的核心就是"实践论",例如俞吾金就说:"马克思的本体论贯通了现象、本质两大领域,因而唯有把它称之为'实践—社会生产关系本体论',才能充分地展示出这一本体论理论的全幅内容和深刻内涵。"①实践精神是中国人宝贵的精神财富,而所有实践活动,又是以身体作为皈依的。

人类之所以能够相互理解,根本在于人类的"生理同构"特性。人类的生理同构,使得人类具有相同的需求、相同的认识基础、相同的实践能力,这些都是人类互相理解不可或缺的基础。人类之间也有差异,不过差异是居于次要层面的。人类的生理结构,是知识的"真"的基础;又因为人类的生理同构性,人们才得以对"真"的知识形成共识。西方社会知识论流派主张知识就是共识,其学理基础就在这里。人类的生理结构,直接规定了知识的有效域,即能够有效服务于人类的知识的领域。人类的生理需求具有一定的弹性,例如我们多吃或者少吃一点饭,并不构成任何问题;多锻炼一点或者少锻炼一点,也不会带来严重后果。人类需求的弹性,使得人类在"无法追求"绝对的客观知识的同时,也"没有必要"追求绝对的客观知识。人类需求的弹性,造就了人类千差万别的个性差异。

从个人角度来看,每个人的理解都有其局限性。一个人总是基于自己的直接或者间接经验来理解某一事件的。严格地来说,知识都是个人的,所谓人类总体上的知识只是一种静态的描述,真正面对生活实践的知识都是活生生的个人所掌握的动态的知识。当一个人的经验大大小于另外一个人的时候,前者对后者理解的程度也不可能达到深刻的程度——很多时候,即便前者以为自己理解了,但其实并非真正理解了。从绝对意义上来看,由于每一个人的生活经验都是不同的,每个人对同一事件的理解和认识也不可能完全相同——不过,由于人类需求的弹性特征,不同人理解之间的细小差异并不构成任何问题。为了帮助别人理解自己,信息传达者往往可以通过经验再现、情感激活等方法,这就是文学家们乐于运用意象、比兴、象征等手法再现经验的原因。某个人的理解能力,归根到底是由其直接经验和间接经验决定的,从这层意义上来看,人生就是经

---

① 俞吾金:《马克思对物质本体论的扬弃》,《哲学研究》2008 年第 3 期。

验、经历。中国古人强调读万卷书，走万里路，具有高度的合理性——比中国现行教育一味强调间接知识更具有合理性。

完整的认识过程是一种反应模式，包括"感知—思维—实践"三大部分；人类的认识以人类肉身作为皈依——其每一个部分也是如此。认识反应模式所追求的是适当反应，并以此促进该反应模式的每一部分不断发展进步。

近现代以来，随着科学技术的快速发展，不少人在大自然面前表现得过于自信起来。他们相信人类可以完整地认识自然，并且相信可以按照自己的设想、借助科学改造自然。不过，这两种自信都是虚妄的。人类不可能完整地认识自然，更不可能按照自己的意愿改造自然。人类只能在很小的范围内认识自然规律，并且只能在一定程度上利用这些自然规律为自己的生存服务。人类无法改变自然规律，也根本谈不上"改造"自然。人类永远只能在服从自然规律的大前提下进行所谓科学活动，换言之，自然界总是第一性的，科学总是第二性的。人类如果过于自信、相信科学万能，那么就有可能造成一种不可挽回的灾难性后果。在大自然面前，人类应该永远秉持谦卑的态度。科学的最根本伦理在于服务于人类，而人类本身就是自然的一个部分，因此科学也应该以尊重自然为其基本规范，因此成熟的科学技术的最基本评判标志就是"无污染"，即不破坏自然。任何科技在没有"污染自理"的能力之前，都不应该被应用推广。现代科技的确能够帮助人类更好地生活，不过，如果科技的泛滥威胁到人类的"生存"本身，人类无疑应该放弃"更好"而取"生存"本身，即要对科技进行有效限制。

在认识问题上，我们应该秉持一种双重的策略：在战略上承认世界具有不可知的成分，在战术上则秉持可知论。现代实证方法只能证明已知，却不能证伪未知，这也是现代科学的局限性之所在。既然我们不可能完全认识宇宙，也就不可能证伪各种宗教信仰中有关超自然力量的存在。即便有关灵魂存在的各种说法，至少作为一种假说也是可以存在的——我们应该为各种可能预留空间。在具体生活实践之中，我们则应该秉持实证的精神，以切实地保证自己的利益。在公元 4 世纪，奥古斯丁就指出："当已被证明的知识与《圣经》的字面理解显得有冲突的时候，就应对

《圣经》作隐喻式的解释。"①科学并不需要否定灵魂论,更好的方法是悬置灵魂论,然后从唯物实证的视角进行研究。完全相信各种未经证实的神迹异事是迷信,完全相信科学,也是一种迷信。

知识的根本特性在于服务于人类自身。只有对于人类具有现实价值或者潜在价值的认识,才是有意义的认识。事实上,正是"意义"本身引导人们对于各种客观现象进行探索;对于没有意义的现象,人们的认识就没有动力,对它们的各种认识活动也根本不会开始。人类的各种假设,正是在能力尚未达到某种程度时由"意义"推动所产生的结果,而现代科学最大的假设就是所谓"客观知识"。

当今知识界的最大谬误,在于过于崇拜所谓"客观知识",并且以此为标准将知识界生硬地划分为自然科学和人文科学两大领域。其实,所有知识都是"为人"的知识,具有相同的价值体系,即知识伦理。知识伦理不是客观知识,它以人类利益为服务核心,以人类生命意志为关怀对象,在知识体系中具有自立自足的性质,在其领域之内为"真"。构建知识伦理体系,引导各种知识的良性发展,是当今知识界的迫切任务。

科学归根到底只是一种实用工具而已。从科学的视角来看,人们可以做出以下推论:人类生命本身只不过是一种"物质信息系统"而已,而且宇宙本身也拥有自己的物质信息系统,因此,人类存在本身并没有任何价值——我们当然不能认同这种逻辑,更不能承认科学本身的价值自立自足性。我们应该确定:人类存在的价值是人类的终极信仰,它属于科学领域之外的文化领域——而这正是知识伦理的出发点所在。

---

① 伊安巴伯:《当科学遇到宗教》,苏贤贵译,三联书店 2004 年版,第 2 页。

# 第七章
## 知识的"德"与"真"

金岳霖认为,中国传统上并无"知识论"。[①]为了弥补这一空白,他几十年如一日,完成了洋洋洒洒几十万言的《知识论》,塑成了中国知识论史上的一块丰碑。胡军认为,金岳霖的《知识论》真正填补了中国现代哲学中"知识论"领域的空白。[②]

"知识论"作为明确的学术研究问题,是由西方在古希腊时期首先提出来的。不过,如果我们不能否认中国古人创造了"知识"(这一点恐怕谁也否认不了),也就不能否认中国古人也有创造、认定"知识"的相关方法——尽管这些方法可能是隐性的,没有被明确地当做学术研究问题。我们将这些隐性的方法称为"知识观",以区别于西方的"知识论"。"知识观"和"知识论"的区别不是有无的区别,而在于学术意义上成熟程度的差别。

金岳霖的"知识论"概念是西方传统意义上的,金岳霖运思的基本范式也是如此。陈志伟说:他(指金岳霖——笔者注)所著《知识论》一书就是完全运用西方哲学的概念体系,在西方认识论的框架之内建构起来的。[③]西方传统"知识论"的核心问题是"求真",金岳霖在他的《知识论》之中也说:"本书的作者对知识论的兴趣是对真假的兴趣。就这一点说,本

---

① 金岳霖:《中国哲学》(1943),《金岳霖学术论文选》,中国社会科学出版社 1990 年版,第 252—253 页。在该文中,金岳霖明确指出:"中国哲学的特点之一,是那种可以称为逻辑和认识论的意识不发达……中国哲学家没有一种发达的认识论意识和逻辑意识,所以在表达思想时显得芜杂不连贯……"

② 胡军:《中国现代哲学中的知识论研究》,《哲学研究》2004 年第 2 期。

③ 陈志伟:《先秦初期儒家认识论初探——以〈论语〉、〈大学〉和〈中庸〉为中心》,《内蒙古社会科学》(汉文版)2007 年第 4 期。

书整个就是论真假的书。"①众所周知,西方传统哲学以追求客观真理为己任,而西方"知识论"正是这一哲学思想指导下的产物。不过随着哲学的发展,这种追求绝对真理的客观主义已经受到严重质疑。俞吾金认为,在西方现代哲学之中,"支配西方文化传统达二十多个世纪之久的知识论哲学的颓势已经无可挽回地来临了。"②例如,叔本华和尼采都秉持人生哲学的基本立场,强调人的意志是世界的本质,彻底颠覆了西方传统哲学中主观与客观的相对意义,否定了西方传统哲学中"知识"的意义自足性。叔本华说:"意志是第一性的,最原始的;认识只是后来附加的,是作为意志现象的工具而隶属于意志现象的。因此,每一个人都是由于他的意志而是他,而他的性格也是最原始的,因为欲求是他的本质的基地。""照例认识总是服服帖帖为意志服务的,认识也是为这种服务而产生的;认识是为意志而生长出来的,有如头部是为躯干而长出来的一样。"③西方传统哲学强调客观真理,西方现代哲学强调价值。"谈到未来哲人必须承担的责任的沉重(格言 203),尼采将他们的全部任务命名为'价值的重估'"。④西方现代哲学的人生哲学转向至少提示我们:在引进西方知识论时必须采取更为慎重的策略,而不能满足于"照搬"。

现代中国自然不能满足于传统的知识观,需要进行现代"知识论"建设。不过,在进行中国现代知识论建设之前,还需要进行认真辨析,根据我们的"生命意志"创建适合于自己、有益于自己的成熟的知识论。

## 一、"对接"问题

按照康德的表述,西方"知识论"的研究问题是其"起源、范围及客观的效力。"⑤现代西方"知识论"研究领域产生了多种流派:诸如基础主义、一致主义、内在主义、外在主义、自然知识论等等,有力地推动西方"知识

---

① 金岳霖:《知识论》,商务印书馆 1983 年版,第 74 页。

② 俞吾金:《超越知识论——论西方哲学主导精神的根本转向》,《复旦学报》(社会科学版) 1989 年第 4 期。

③ 叔本华:《作为意志和表象的世界》,石冲白译,商务印书馆 1982 年版,第 401 页,第 248 页。

④ 朗佩特:《斯特劳斯与尼采》,田立年、贺志刚等译,上海三联书店 2005 年版,第 90 页。

⑤ 康德:《纯粹理性批判》,蓝公武译,商务印书馆 1960 年版,第 76 页。

论"的进展。① 1963 年葛梯尔发表《得到确证的真信念是知识吗》一文②，挑战西方传统的"知识"概念，从而引发近年来中西学界的热议，使得知识论的焦点集中于"知识确证"的问题上。

毋庸置疑，西方学界在"知识论"研究领域已经取得了长足的进步。不过对于中国学界而言，比以上问题更为重要、更为基础的研究问题则是：发源于西方的"知识论"是否适合于中国？——西方没有这一问题，我们必须独立自主地作出判断。事实上，在引进西方的任何学说之前，"是否适合于中国"都是我们必须首先研究的、最为基础的问题——我们将这一基础问题称为"对接"问题。

概念辨析是学术研究的基础。"知识论"研究也不例外。在进行中西学术"对接"问题研究时，首先必须研究概念的"对接"问题。西方语言学家索绪尔指出："概念是纯粹表示差别的"，不能根据其内容从正面确定它们，只能根据它们与系统中其他成员的关系从反面确定它们。"它们的最确切的特征是：它们不是别的东西。"③也就是说，任何概念是在其所在的语言系统中、在和其他概念相区别时获得定义的。既然中西语言体系不同，我们就不可能企望中西学术概念在"对接"时做到"无缝对接"——也就是说，中国的相关概念不可能和西方相应概念具有绝对相同的内涵和外延。有人可能认为在自然科学领域也许可以做到"无缝对接"。答案是否定的。例如英语中的"physics"在汉语中被翻译为"物理"，这似乎实现了概念的"无缝对接"。其实不然，从认知语言学的"范式"（schema）视角不难看出：西方人接触"physics"时容易自然联想到"metaphysics"（形而上学）等相关概念，而且还会因为"physics"对基督教信仰的重大冲击而对"physics"产生复杂的情感体验……而中国人对于"物理"概念则不会产生相应的联想和情感体验的。④因此，在引进西方的学术概念时，我们

---

① 参见陈嘉明：《西方的知识论研究概况》，《哲学动态》1997 年第 6 期。陈嘉明：《西方的知识论研究概况》（续），《哲学动态》1997 年第 7 期。

② 原文见：Edmund L. Gettier, "Is Justified True Belief Knowledge?" *Analysis* 23（1963）：pp. 121—123.

③ 索绪尔：《普通语言学教程》，高名凯译，商务印书馆 1980 年版，第 163 页。

④ 有关概念转换中的概念问题研究，亦可参见区鉷：《英汉语际转换中概念的时空意蕴》，《中国翻译》1996 年第 6 期。

只能期望得到"大体相当"的相关概念,即实现"大体对接"。

概念是理论的基础,既然中西学术概念不能完全一致,那么我们也不能指望"无缝对接"地引进西方的理论。因此,我们也不能像西方人相信他们构建的理论一样相信我们所引进的相应理论。要想拥有自己完全信赖的理论体系,唯一的出路就是在自己本土文化的基础上审视、考察、并且改造相关引进的理论,使之能够最好的服务于自己——在人文社会科学领域尤其如此。如果能够做到这一点,我们能否"无缝对接"地引进西方的理论也就不那么重要了。可见,在任何跨文化的研究之中,"对接"问题的研究最为基础。不过,在这种研究中我们没有西方资源可资参照,必须独立自主地进行。甘阳说:"我们现在使用的所有概念所有理论几乎都来自西方,中国人必须通过自己的研究去清理这些概念和理论"。①而且,在这种研究中,必须具备一定的文化自信信念和学术自信基础。②

## 二、西方"知识论"概念辨析

黄颂杰、宋宽锋撰文指出,西方认识论中的核心术语"epistemology"的概念并不明晰,因为有的哲学家在"认识论"的意义上使用该概念,有的哲学家则在"知识论"的意义上使用该概念。黄颂杰、宋宽锋说:"我们认为,如果立足于西方哲学术语使用的历史和现状,那么,我们区分'认识论'和'知识论'的理由至少是不充分的。"③黄颂杰、宋宽锋认为在中文语境中应该区分"认识论"和"知识论"这两个概念,并且区别道:"总的来说,'认识论'着重于从活动的角度来考察认识和知识的相关问题,而'知识论'则侧重于从认识的成果形态,即科学知识的方面来讨论认识和知识的相关问题。"④学术的进步往往表现为概念的有效划分。在中文语境中将

---

① 甘阳:《古今中西之争》,三联书店 2006 年版,第 21 页。

② 与所谓资料积累等学术"干货"相比,研究者的文化自信更为重要,因为文化自信决定研究者的运思取向。如果研究者缺乏独立精神,迷信西方学术观念,在运思之初就会偏离正确方向,因此也就不可能取得任何真正具有学术价值的创见了。

③ 黄颂杰、宋宽锋:《再论知识论的精神实质及其出路》,《哲学研究》1999 年第 2 期。

④ 黄颂杰、宋宽锋:《对知识的追求和辩护——西方认识论和知识论的历史反思》,《复旦学报》(社会科学版)1997 年第 4 期。

"epistemology"有效地区分为"认识论"和"知识论"无疑是一项重要学术成就——一项建立在汉语语言优势本身上的学术成就。这使得中国学者在"知识论"研究中拥有更为精确的核心概念。①

下面我们进一步考察"epistemology"概念和"知识论"概念的对接问题。"epistemology"的词根"episteme"概念源于古希腊哲学,其核心意义是"科学知识"的意思——这一核心意义在西方哲学中一直没有变化。斯东说:"在苏格拉底看来,如果你不能用始终不变的全面完整方式来为某一件事物下定义,你就并不真正知道它是什么。凡是够不上绝对定义的东西,他都叫做 doxa,即仅仅是意思(也有人翻译为'意见'——笔者注)而已,有别于真正的知识,这他叫做 episteme。后者常常译为'科学'或'科学的知识'。"②在苏格拉底的基础上,亚里士多德进一步将"知识"分为三类:(1)episteme(理论知识或科学知识);(2)phronesis(实践智慧、明智、审慎);(3)techne(技艺、技巧或生产的知识、制作的知识)。③可见,"epistemology"的正确译法应该是"科学知识论"。苏格拉底和亚里士多德所追求的是"始终不变"的绝对知识,也就是"真理",因此也可以将"epistemology"翻译为"真理论"。事实上,西方传统哲学所关注的始终是"真理论",而不是整体意义上的"知识论"。黑格尔说:"哲学是关于真理的客观科学,是对于真理之必然性的科学,是概念式的认识;它不是意见,也不是意见的产物。"④

在汉语语言之中,"科学知识论"或者"真理论"只是"知识论"的一个下位概念。汉语中传统"知识"的基本义项是:A. 相识见知的人。B. 指人对事物的认识。(《辞源》,商务印书馆 2002 年版(下册),第 2228 页)现代"知识"的基本义项是 a. 人们在改造世界的实践中所获得的认识和经验的总和。b. 指有关学术文化的。(《现代汉语词典》,商务印书馆

---

① 中国将知识论作为明确的学术研究对象无疑是在西方影响下开展的,但这并不表明中国学界就不能在某些环节(甚至某些关键环节)中后来居上。冯契也认为应该区分"认识论"和"知识论"。在一般的英文文献中,epistemology 和 theory of knowledge 通常被用做同义词,冯契却常以 epistemology 对应"认识论",以 theory of knowledge 对应"知识论"——冯先生的这种区分如果被西方学界接受,则是对于西方"知识学"研究的一大贡献。

② 斯东:《苏格拉底的审判》,董乐山译,三联书店 1998 年版,第 80 页。

③ 晋荣东:《现代逻辑的理性观及其知识论根源》,《南京社会科学》2008 年第 4 期。参见 Aristotle:*Nicomachean Ethics*,Tr. by W. D. Ross,Kitchener:Batoche Books,1999. pp. 91—95。

④ 黑格尔:《哲学史讲演录》第 1 卷,贺麟、王太庆译,商务印书馆 1960 年版,第 17—18 页。

1994 年版,第 1612 页)在汉语语境之中能够和"知识"相区别的同位概念是"无知"、"实践"等,而 episteme 是在和 doxa,和 phronesis、techne 的区别之中获得定义的——不难看出"知识"和 episteme 的内涵和外延明显不同。在汉语语境之中,只有"科学知识"或者"真理"的内涵和外延和 episteme 大致相当。在"知识"以 a、B 义项使用时,现代英语中的"knowledge"和"知识"的意义相当。不过,正如黄颂杰、宋宽锋指出的那样,西方学界普遍将"theory of knowledge"和"epistemology"是作为同义词使用的。①也就是说在西方"知识论"之中,"knowledge"在"theory of knowledge"中的意义并不同于其日常生活中的意义,而是作为"episteme"的同义词使用的。西方学界在"theory of knowledge"的研究之中也是以苏格拉底等古希腊哲学家对"episteme"的定义作为基础的。否则,近来西方"theory of knowledge"学界也不会出现对"确证"问题的热议。

## 三、"科学知识论"和伦理道德(宗教)的关系

那么,中国学界究竟应该如何"对接"西方的"科学知识论"呢? 换一句话说,是应该追随西方学界将"科学知识论"作为自己的研究问题,还是应该自主创建自己的"知识论"呢?②我们必须从中西文化的宏观视角来回答这一问题。

"科学知识论"是西方传统哲学的核心,是西方传统哲学家赖以追求"真理"的手段。俞吾金说,哲学界"有一种流行的见解认为,哲学就是认识论,哲学史就是认识史",俞吾金认为西方现代哲学发生了"人生哲学"转向,更加注重"价值"研究,不过,他也承认西方传统哲学的实质其实是一种"知识论哲学"。③

---

① 黄颂杰、宋宽锋:《再论知识论的精神实质及其出路》,《哲学研究》1999 年第 2 期。

② 行文至此必须说明的是:在进行概念辨析之前,笔者一般以带引号的"知识论"表示西方的科学知识论(即真理论)。在后面的行文之中,则正式启用"科学知识论(即真理论)"的概念来指示西方的"theory of knowledge"和"epistemology"。但在引文中如果出现"知识论"——即便其所指其实应该是"科学知识论(即真理论)",也不做处理,而留给读者辨明。

③ 俞吾金:《超越知识论——论西方哲学主导精神的根本转向》,《复旦学报》(社会科学版)1989 年第 4 期。

值得注意的是：自古希腊起，人们就意识到科学知识论可能对社会产生巨大危害。著名哲学家苏格拉底本人无疑也意识到了这一点，当时，"苏格拉底已经提议，禁止公开搞哲学，尤其禁止对年轻人讲授哲学。"①可是，苏格拉底还是在公元前 399 年左右被以"亵渎神灵罪"判处死刑。后世哲学家一直对苏格拉底之死耿耿于怀，不过，学界也承认苏格拉底并非死于个人恩怨或者政治阴谋，他被判处死刑经过了民主程序的。这无疑表明，苏格拉底追求"绝对"真理的哲学学说真正严重危害了当时社会群体的利益，即古希腊社会赖以存在的宗教信仰。古希腊社会的伦理道德都是以宗教信仰为基础的，危害宗教信仰，也就危及了希腊社会的立国之本。

柏拉图显然吸取了苏格拉底的教训。有人认为："柏拉图政治哲学传统是一个隐微论传统，这一传统部分是因为，一些真理很可能会造成伤害，哲学的社会责任要求将哲学与社会隔离开来，不受这些有害真理的危害……"②后世西方哲学家在进行"科学知识论"研究的过程中，一直小心翼翼地将科学知识和信仰区分开来。康德研究科学知识论的目的就是"悬置知识，以便给信仰腾出位置。"③俞吾金说："康德限制了知识论哲学的界限，以干净利落的方式斩断了知识和道德之间的纽带。"④西方另一位哲学泰斗维特根斯坦认为"宗教信仰是不需要证据的。在《文化与价值》中他提到：基督教不是建立在历史事实上，而是在故事的基础上要求它的信徒相信。对待基督教的叙事，人们不能采用理解其他史实的方法来接受。宗教有自己独特的位置。维根斯坦（即维特根斯坦，引文中译者将 Wittgenstein 译为维根斯坦——笔者注）否决宗教需要证明的论点……维根斯坦认为信仰上帝是一个根本的、确定的、不需证明的信念。"⑤可见，西方哲学家在研究"科学知识论"时小心翼翼地保护了宗教

---

① 朗佩特：《斯特劳斯与尼采》，田立年、贺志刚等译，上海三联书店 2005 年版，第 164 页。

② 同上，第 39 页。

③ 康德：《纯粹理性批判》第二版序，邓晓芒译，人民出版社 2004 年版，第 22 页。

④ 俞吾金：《超越知识论——论西方哲学主导精神的根本转向》，《复旦学报》（社会科学版）1989 年第 4 期。

⑤ 凯利·克拉克：《无须证明 不用论证——改良派知识论的辩护》，陈嘉明译，《东方论坛》2003年第 4 期。

信仰不受科学知识的冲击。众所周知,西方人的伦理道德主要是在宗教信仰之中得以实现的,西方哲学家保护宗教信仰实质上是为了保护西方的伦理道德。

中国的伦理道德体系和西方的大不一样。中国文化的基础是儒家文化。与基督教和其他各种宗教不同,儒家主要不是通过讲故事,而是通过"说理"元命题来规范人们的伦理道德。例如孔子的"仁"的概念就是通过提出许多元命题来实现的,孟子的"恻隐之心"等概念也是这样提出来的。孟子曰:"人皆有不忍人之心。无恻隐之心,非人也;无羞恶之心,非人也;无辞让之心,非人也;无是非之心,非人也。恻隐之心,人之端也;羞恶之心,义之端也;辞让之心,礼之端也;是非之心,智之端也。人之有是四端也,尤其有四体也。"(《孟子》)中国社会不是通过宗教信仰来确立伦理道德的,而往往是通过对于某一学说进行"神圣化"的方式来明确伦理道德的共识。后来将孔子、孟子等尊为"圣人",将他们的学说"神圣化",有效地确保了整个社会的伦理道德水准。

伦理道德重在"道德行为",伦理学说本身并不复杂。基督教伦理的关键在于强调一个"信"字,如果不"信"上帝,那么基督教伦理就难以产生任何效果。中国传统社会运用各种手段将儒家学说"神圣化",目的也是为了确保人们对之产生绝对的"信仰"。从这一点上来说,儒家和基督教具有异曲同工之处。其次,伦理道德的重点不在于其伦理"元命题"的科学程度如何,而在于形成一种"社会共识"。现代科学证明了很多《圣经》故事的虚妄,可是,这种"科学行为"反而导致了西方伦理道德的堕落。卢梭说:"我们的灵魂是随着我们的科学和我们的艺术之臻于完善而越发腐败。"[1] 20 世纪初叶,中国向西方科学敞开大门,导致了社会整体伦理道德的大幅滑坡。在科学主义如日中天的今天,许多人的"道德底线"也已经开始崩溃。其根本原因,在于中国学界在科学的巨大光芒照耀之下,并没有意识到科学对伦理道德的巨大破坏力,更没有对社会伦理道德采取任何保护措施,而是任由科学主义解构了许多中国传统伦理道德及其赖以生存的土壤。普特南说:"科学的成功把哲学家们催眠到如此程度,以

---

[1] 卢梭:《论科学与艺术》,何兆武译,商务印书馆 1959 年版,第 7 页。

致认为,在我们愿意称之为科学的东西之外,根本无法设想知识和理性的可能性。"①在西方尚且如此,在中国更是有过之而无不及。在科学主义的关照之下,中国许多传统伦理道德被当做封建迷信扫进了"历史的垃圾堆",其中以文化大革命时期最具代表性。

西方传统哲学主张工具理性的最高地位,追求绝对"真理"。不过,已经有很多现代哲学家明确否认了这一目标实现之可能性。例如色诺芬就认为,对于绝对真理和客观真理:"我们绝不可能达到它,就是达到了也不知道它就是真的。"②也许西方科学知识论无法达到自己设定的目标,不过,它的思维工具——逻辑理性却是一种思维利器,可以轻易解构社会伦理道德学说。如果以这种利器来解剖基督教,则基督教的大厦立即就会摇摇欲坠。在1925年田纳西州著名的"猴子审判"之中,达罗律师仅以"您认为太阳是在第四天被创造的吗?""那么,没有太阳会有日夜吗?""您认为,会有四个时期没有太阳的日夜吗?"寥寥几个逻辑问题就给《圣经》的"可信性"打上了一个大大的问号。正因为基督教在科学知识论面前如此软弱无力,康德、维特根斯坦等西方著名哲学家才要小心翼翼地将宗教信仰和科学知识论隔离开来,以确保宗教信仰的自立自足性。

更为重要的原因是:科学知识论本身并不能提供可靠的信仰。刘小枫指出:"哲人生活在本质上是密契性的……因为,哲学不过是一只翻飞的蝴蝶……因为,哲学基于一个最终的大'密':绝对完满的善本身最终是没法彻底搞清楚的。"③如果西方科学知识论搞不清楚"绝对完满的善",也就不可能提供一种可靠的信仰。从西方哲学史的视角来看,许许多多前人的观点都不断地为后来者所推翻、更改。罗素指出古希腊哲学家就认为:"知识乃是属于变化着的东西,而不是属于实有的东西的。"④如果我们以不断变化的东西作为自己的伦理信念,就会陷入道德相对主义,而道德相对主义无疑会导致道德的沉沦。维特根斯坦则更是尖锐地指出:"关于哲学问题所写的大多数命题和问题,不是假的而是无意义的。因此

① 普特南:《理性、真理和历史》,童世骏等译,上海译文出版社1997年版,第196页。
② 参见波普:《猜想与反驳》,傅季重等译,上海译文出版社1986年版,第328页。
③ 刘小枫:《儒教与民族国家》,华夏出版社2007年版,第279页。
④ 罗素:《西方哲学史》上卷,何兆武、李约瑟译,商务印书馆1963年版,第197页。

我们根本不能回答这类问题,而只能确定它们的无意义性。哲学家们的大多数命题和问题,都是因为我们不懂得我们语言的逻辑而产生的。"①维特根斯坦以此彻底否定了西方哲学为我们提供伦理信念的可能性。因此我们也不难理解他为什么要在科学知识论和基督教信仰之间划上一条明确的界限。

## 四、中国的伦理道德背景

伦理道德的基本精神在于"信",而西方哲学的基本精神在于"怀疑",它们两者的基本精神本来就是迥异的,这也导致两大领域的学者的运思方式大相径庭。例如传统中国后来的大儒即便和孔孟有不同的见解,也一般是以"阐释"的方式引出新意,即以不损害人们对于孔孟之道的坚定信仰为基本前提。西方基督教信徒对于《圣经》的阐释方法也如出一辙。相反,西方哲学大家则一般以质疑、推翻前人学说的方式来推动学术研究的发展。亚里士多德的名言"吾爱吾师,吾更爱真理"反映的就是哲学家们的基本学术准则。应该说,这是一种颇值得尊敬的科学态度。不过在伦理道德领域,这句话则似乎应该改为:吾爱真理,吾亦爱吾师。

中国伦理学说和基督教的构建范式并不相同,因此我们不能用维特根斯坦为基督教信仰辩护的"故事说"托词来有效地保护中国的伦理道德。儒家伦理是以说理的方法、以命题的形式提出来的。在中国文化语境之中,它们也属于"知识"的范畴。至今许多人在日常生活之中仍以"有知识"来夸奖一个人"有道德"——人们已经习惯性地认为:一个人有知识必然就有道德,例如中国大中小学里的"三好学生"、"优秀学生"的颁发标准往往主要是智育成绩。儒家学说经过了春秋战国时期"百家争鸣"以及后来各种辩论的历练,在学理基础上应该比《圣经》高出一筹。但是,在科学知识论面前,它却和《圣经》一样软弱无力。例如,如果用严格的概念辨析方法对儒家核心理念"仁"进行逻辑考量,就会发现其漏洞百出,根本够不上苏格拉底所说的"绝对定义的东西",不配称为"真理",也当然"逻辑

---

① 维特根斯坦:《逻辑哲学论》,贺绍甲译,商务印书馆 1996 年版,第 41 页。

地"不值得让人们相信——这无疑将大大动摇人们对于儒家伦理的信仰。可见,如果以科学知识论来观照儒家伦理,就会在很大程度上取消儒家伦理。20世纪中国伦理道德的沉沦,其根本原因正在于此。

五四时期,中国学界高举"民主、科学"的旗帜,完全向西方思想敞开大门。五四之前,陈独秀就撰写了《吾人最后之觉悟》一文,说"吾敢断言曰,伦理的觉悟,为吾人最后觉悟之最后觉悟。"①五四文化运动主将鲁迅更是发表《狂人日记》,将中国传统仁义道德一概斥为"吃人的礼教"。五四学人不但没有在引进西方科学之前为中国伦理道德设立保护网,反而直接将西方科学主义引向中国传统伦理道德领域,其结果可想而知。如果鲁迅生活在今天,他又将如何面对一个连最基本的传统道德——诚信也将不保的社会呢? 应该说,五四学界引进西方学术无疑具有重大的进步意义。不过,正如甘阳所说:"现代化的进程并不只是一套正面价值的胜利实现,而且同时还伴随着巨大的负面价值。而最大的困惑更在于:至少在西方,这些正面价值和负面价值并不是可以一刀切开的两个东西,而恰恰是有着极为深刻的内在关联的。"②引进西方科学对于饱受西方坚船利炮欺凌的中国无疑具有重大意义,不过,我们也不能任由西方科学主义扰乱中国的立国之本——即伦理道德基础。传统中国号称礼仪之邦,如果将来连基本的伦理道德也不存在,又何谈礼仪?

伦理道德是生命情感和价值美感的需要,人们在伦理光辉的照耀之下自觉自愿地付出,在实现情感需要和价值美感的同时促进社会的和谐发展。例如孝道的实现在实现情感愉悦的同时,也促进了家庭的和谐进步。伦理道德的力量是无限的,它甚至可以让一个人愉悦地付出生命的代价。中国历史上忠君爱国的仁人义士比比皆是,在中国妇孺皆知的苏武牧羊就是一例——苏武若在今天,是否也会绞尽脑汁地去申请绿卡呢? 历史上,正是苏武等人以自己的道德实践,捍卫了汉王朝的声誉。

人类的基本需求可以简单地分为物质与精神两种,而伦理道德则是人类最为基本的精神需求。伦理道德的本质是一种情感需求,和科学知识论的理性本质具有不同的特点,本来就应该属于不同的领域。在卢梭

---

① 陈独秀:《吾人最后之觉悟》,1916年2月15日《青年杂志》第1卷第6号。

② 甘阳:《古今中西之争》,三联书店2006年版,第5页。

看来,"人的伦理和宗教方面的教养,不属于理性的事情,而是属于情感教育。人的教养不在于有知识、有智慧,而在于有道德良心,这种良心本质上就是感情。"①将伦理和科学分开不仅有利于伦理的构建和发展,也有利于科学的进步。人类的伦理道德需求是一种刚性需求,如果不设计专门的渠道让其得以实现,它就会任意寻找自我实现的地方。在科学解构中国伦理的时候,中国伦理也潜入到科学的领域,严重阻滞了科学的发展,具体表现在是:人们不以科学理性,而是以"伦理关系"来处理科学领域中的很多议题。这正是中国当前学术严重腐败的根本原因之所在。

由前文可知:因为《圣经》是以故事的形式表述的,和"科学知识论"的命题表述截然不同,所以哲学家们容易在基督教信仰和"科学知识论"之间划出清晰的界线。但是,中国伦理本身就是以命题的形式表述的,在引进西方的"科学知识论"之后,我们不可能以同样的方法在儒家伦理学说和真理论之间划出界限。也就是说,中国伦理学说和西方"真理论"在运思模式上的共通之处,导致两者质地相容,一旦接触就自然相融,难以简单地进行区分。而可能的结果只有一个:儒家伦理学说将在整体上被西方科学知识论哲学所解构、所遮蔽,最终导致社会整体道德水平强烈下降。事实已经无情地证明了这一点。

既然如此,我们似乎根本就应该抵制西方科学知识论哲学的传入。不过,稍懂一点中国近现代史的人都会明白:这是不可能的。在西方坚船利炮的打击之下,中国被迫以夷为师开展洋务运动,学习西方的"奇技淫巧"。西方技术的母体是西方科学,引进西方技术必然带进西方科学。而西方科学的母体则是西方科学知识论哲学,引进西方科学又必然带进西方哲学(以及科学知识论)。罗素指出,关于天体的研究过去归于哲学,而现在属于天文学;关于人类心理的学问,也刚刚脱离哲学变成心理学,"任何一门科学,只要关于它的知识一旦可能确定,这门科学便不再称为哲学,而变成为一门独立的科学了。"②换一句话说,西方科学中的大部分学科是脱胎于西方科学知识论哲学的。西方科学的逻辑理性精神也来自西方哲学。

---

① 刘小枫:《诗化哲学》,华东师范大学出版社 2007 年版,第 9 页。
② 罗素:《哲学问题》,何兆武译,商务印书馆 1999 年版,第 129 页。

我们既不能拒绝西方科学知识论,又不能追随西方、以西方的运思模式进行"科学知识论"的研究,那么,我们如何对接西方"科学知识论",在引进其精华的同时,避免其负面影响呢?在"知识论"研究领域,这才应该是中国学界最为基础的研究问题。

我们只能立足于中国文化,根据中国文化的结构模式进行自主创建。可能的途径之一是创建一种整体意义上的"知识论"。在"整体知识论"之中,我们可以将中国伦理学说和西方科学知识论纳入同一体系,有效地规范它们的研究领域和互动关系。在设计"整体知识论"的格局时,我们必须为伦理道德学说保留科学知识论无法干预的空间,例如规定伦理元命题的自立自足性等。这样有利于我们一方面可以吸纳西方哲学及其衍生的科学技术成果,另一方面从容地恢复、创建自己的伦理道德体系。如果能够成功,与西方基督教不同的中国伦理学说的表述形式反而会成为一种优势——因为这种表述形式更利于中国伦理道德学说根据科学的发展进行调适,从而避免西方科学和宗教在历史上出现的那种势如水火的严重对立局面。

同时必须明确的是:整体知识论的目的不是排斥西方科学知识论,而是涵盖、容纳西方科学知识论,以规范其有效应用域,合理规划中国文化中的知识结构,以促进中国文化的健康发展。西方知识论或许永远不会发现终极真理(作为伦理道德的基石),但是却能发现大量的相对真理(作为实用技术的基础)。任何以伦理道德为理由而排斥科学的做法都是不明智的。

有关"整体知识论"的构想细节,则在下一章具体论述。

# 第八章
## "整体知识论"的理论框架建构

西方"知识论"中"知识"概念的基本定义是:"确证的真信念"。①可以将这个定义表述为:"P 知道 S 的充分必要条件是:1. P 为真;2. S 相信 P;3. S 相信 P 是经过确证了的。"②针对西方的各种实证主义以及盖特尔对于这一定义的挑战,胡军通过认真辨析认为他们其实还"未对传统'知识'定义构成威胁",换言之,"知识"就是"就是证实了的真的信念。"③这一定义的核心是"真","真"是保证西方"知识论"之科学性的关键所在,西方的"知识论"实质上是一种"科学知识论",也即"真理论"。

### 一、"是"与"应该"

求真精神也是西方传统哲学的立身之本。求真精神固然可贵,不过也有局限性。休谟在阅读伦理著作时有过一次惊人的发现:

> (我)大吃一惊地发现,我所遇到的不再是命题中通常的"是"

---

① 不少学者认为这一定义来自柏拉图在《泰阿泰德篇》的相关论述。参见 Plato: *The Collected Dialogues*, New Jersey, Princeton University Press, 1961, p. 853. 倪梁康通过文本细读认为,这种理解其实有些偏颇。他认为柏拉图并没有提出这个定义,"如果说古希腊思想家中有人主张与'知识就是被证明为真的信念'相近的知识定义,那么这个人更应当是亚里士多德。"参见倪梁康:《柏拉图的知识定义?》,《中国学术城网站》2003 年 2 月 19 日。不过,不管是谁提出这个定义的,这个定义是公认的西方传统的"知识"定义倒是事实。

② 在葛梯尔的文章之中,他提出了三种不同的表述方式。这三种表述方式有些细节差别,不过基本精神是相同的。参见 Edmund L. Gettier, "*Is Justified True Belief Knowledge?*" *Analysis* 23 (1963): pp. 121—123.

③ 胡军:《关于知识定义的分析》,《华中科技大学学报》(社会科学版)2008 年第 4 期。

与"不是"等联系词,而是没有一个命题不是由一个"应该"或一个"不应该"联系起来的。这个变化虽是不知不觉的,却是有极其重大的关系的。因为这个应该与不应该既然表示一种新的关系或肯定,所以就必须加以论述和说明;同时对于这种似乎完全不可思议的事情,即这个新关系如何能由完全不同的另外一些关系推出来的,也应该指出理由加以说明。不过作者们通常既然不是这样谨慎从事,所以我倒想向读者们建议要留神提防;而且我相信,这样一点点的注意就会推翻一切通俗的道德学体系。①

这就是著名的"休谟(伦理)难题"。赫德森也说:"道德哲学的中心问题,乃是那著名的是——应该问题。"②不少学者尝试回答这一难题,麦金太尔就是一例。杨泽波说:"在解决休谟伦理难题方面,麦金太尔无疑处于当今世界学术界的最前沿。"可是,"麦金太尔为自己提出的解决休谟伦理难题的任务并没有最终完成。"③休谟难题至今还是一个悬而未决的难题。

休谟难题的关键在于如何从"是"推出"应该"。"是"的问题是西方传统哲学的核心问题,"真"的问题就是以"是"的问题作为基础的。而"应该"则是一个伦理道德问题。休谟问题之所以成为一个问题,是因为有些西方哲学家认为在西方传统哲学体系里面,"是"和"应该"之间是应该可以互相推导的。然而,以为西方传统哲学无所不包、无所不能的这种假设前提本身就是不成立的。西方传统哲学将"求真"视为立身之本,注重的只是客观意义上的真假问题,将人类的主观意愿排除在研究视野之外。正因为如此,尼采才认定传统的先验理性主义哲学是一种死亡哲学,他说:"当人们凭空捏造了一个理想世界的时候,也就相应地剥夺了现实性的价值、意义和真实性。"④而"应该"问题的本质是价值问题——是以人的需求和主观意愿为"价值标杆"的价值问题。只有以"人"为根本出发

---

① 休谟:《人性论》下册,关文运译,商务印书馆 2005 年版,第 509—510 页。

② W. D. Hudson, *The Is—Ought Question: A Collection of Papers on the Central Problem in Moral Philosophy*, New York: ST. Martin's Press, 1969, p.11.

③ 杨泽波:《麦金太尔解决休谟伦理难题的贡献与困惑》,《现代哲学》2002 年第 2 期。

④ 尼采:《权利意志——重估一切价值的尝试》,商务印书馆 1991 年版,第 5 页。

点,才能研究"应该"的问题——而这是西方传统哲学无力为之的。从这一点上来看,列于西方传统哲学之下的所谓"道德哲学"(即休谟所说的"一切通俗的道德学体系")的合法性的确十分可疑。因此,与其说休谟提出了一道"休谟难题",不如说休谟发现了西方传统哲学的局限性,也就是说:西方传统哲学只能言说"是",而无法言说"应该"。康德无疑认识到了这一点,因此才"以干净利落的方式斩断了知识和道德之间的纽带"①。西方现代哲学向人生哲学转向,重视价值和意义问题的研究,也印证了休谟这一发现的正确性。

西方传统哲学也就是科学知识论哲学,它以"真"为核心,其局限性是显而易见的。知识只是一种服务于人类生存的工具,其本身并不是自立自足的,也就是说,知识的价值决定于其为人类的"服务功能"。如果某种知识对于人类没有任何显性或者隐性价值,那么这种知识就毫无意义。难怪维特根斯坦要说:"关于哲学问题所写的大多数命题和问题,不是假的而是无意义的。"②休谟则说:"你可以尽量爱好科学,但是你必须让你的科学成为人的科学"。③更准确地说,"成为人的科学"应该改为"成为为人类服务的科学"。西方现代哲学家叔本华和尼采都认为人的认识是为人的意志服务的,这其实也就是说人的知识是为人的生存服务的——因为知识是认识的结果,而且人的最根本的意志是求生意志。

既然西方科学知识论本身具有明显的局限性,中国学界就应该创建自己的知识论。根据中文语境中"知识"的基本义项,我们不难看出它其实包含苏格拉底称为"doxa"(即"意见"),④也包括亚里士多德称为"phro-nesis"(即"实践智慧")和"techne"(即"技艺")⑤的成分。汉语中传统"知识"的基本义项是"人对事物的认识"(《辞源》,商务印书馆 2002 年版(下册),第 2228 页),现代"知识"的基本义项是"人们在改造世界的实践中

---

① 俞吾金:《超越知识论——论西方哲学主导精神的根本转向》,《复旦学报》(社会科学版)1989 年第 4 期。

② 维特根斯坦:《逻辑哲学论》,贺绍甲译,商务印书馆 1996 年版,第 41 页。

③ 休谟:《人类理解研究》,商务印书馆 1997 年版,第 12 页。

④ 斯东:《苏格拉底的审判》,董乐山译,三联书店 1998 年版,第 80 页。

⑤ 参见 Aristotle:*Nicomachean Ethics*,Tr. by W. D. Ross,Kitchener:Batoche Books,1999. pp.91—95。

所获得的认识和经验的总和"(《现代汉语词典》,商务印书馆 1994 年版,第 1612 页),可见中文"知识"概念基本涵盖知识的整体,我们可以将以之为基础的知识论称为"整体知识论",以区别于西方的"科学知识论"。

## 二、整体知识论的规范与原则

在整体知识论之中,首先必须确定"知识为人类服务"的最根本原则,我们可以将它称为知识的"人性规范"。这一原则的核心在于根据知识的工具本质,合理地悬置其"道德自明"性质,同时将它纳入人类的文化价值体系,为它提供一种"意义场"。只有在这一"意义场"之中,知识才有意义;也只有在这一"意义场"之中,知识才能够找到价值评价的价值标杆,即"能否服务于人类的生活"。有了这一价值标杆,我们就能够在整体知识论中很好地规范知识的方方面面。西方哲学家以"悬置知识,以便给信仰腾出位置"[①] 等为科学知识划界的方法保护社会伦理道德,我们则选择使用另外一种方法:以伦理道德驾驭科学知识,这样,科学知识自然不能对伦理道德构成威胁了。休谟说:"一切科学对于人性总是或多或少地有些关系,任何学科不论似乎与人性离得多远,它们总是会通过这样或那样的途径回到人性"[②]可见,知识的人性规范在西方学术体系内也具有高度的合理性。

整体知识论也重视真假问题,不过其根本问题却是"是否有益于人类"的问题。西方科学知识论有一种潜在的逻辑:假的东西自然是没有价值的东西。从这一逻辑出发,我们可以得出如下结论:既然《圣经》上面的错误多多,那么《圣经》就应该是没有价值的东西。不过,如果从人类利益的视角出发,我们发现:尽管《圣经》有诸多错误,然而它却能够服务社会,因此,它是有价值的。也就是说,错误的知识并不一定是没有价值的知识。西方科学知识论排除错误的知识,整体知识论却重视所有于人类有益、有价值的知识。在社会生活之中,许多本身"无所谓正确与否"、乃至"完全错误"的东西也能够发挥巨大的社会功能,例如人们在欣赏文学艺

---

① 康德:《纯粹理性批判》第二版序,邓晓芒译,人民出版社 2004 年版,第 22 页。
② 休谟:《人性论》上册,关文运译,商务印书馆 2005 年版,第 6 页。

术作品时当然不会深究故事情节是否为"真",又例如人们在祭奠亲人故友时常常会和亡灵聊一会天——不管亡灵是否可以"真"地听见,人们的情感在聊天中都可以得到巨大的慰藉。此外,很多错误的知识还能开辟一个思维问题域或者创建一种思维模式——其错误与其贡献相比简直微不足道,例如柏拉图的"理念世界"是以古希腊"灵魂说"为基础的,尽管现代知识体系并不承认人类"灵魂"的存在,但"理念世界"学说却为西方传统哲学切切实实地开辟了一个全新的"思维域"。皮尔士曾指出,我们"正是通过形成错误意见并使它们受到经验的检验,我们才逼近真理。"①在阅读任何版本的《西方哲学史》的过程中,我们都不难看到后来的哲学家不断地发现、纠正前面的哲学家的种种错误——我们承认这些错误,却不能否定许多错误哲学学说的重大哲学价值,因为如果没有这些错误所提出的"问题",后来的哲学家可能根本不能发现这些问题所隐含的"思维域"。事实上,人类过去、现在一直都和错误知识生活在一起,将来也必将如此。和西方科学知识论不同,整体知识论将坦然地容纳、研究这些"错误"知识。

对于"真理"持一种开放的态度有利于科学的发展。既然我们承认科学的发展是永无止境,那么我们就必须永远承认"当前科学"的局限性,因此,我们也必须对于"当前真理"永远持一种开放的态度。既然科学作为一个整体目前还有很大的缺陷,那么科学作为一个整体就并不是"真"的,明白了这一点,我们就不会那么自信地以现在所掌握的科学知识随意断定某一知识体系为"假"。中医在中国几千年的实践中已经经过了检验,可是目前还是被不少人贴上"非科学"、"伪科学"的标签,排除在科学的门槛之外,从而严重阻滞了中医以及相关知识的发展——这是西方科学知识论对中国所带来的巨大负面影响之一。事实上,这种对于中医性质的判断本身存在一种本末倒置的逻辑错误:中医已经经过了实践的反复检验,其"科学"性质已被证明,如果说现代科学发现不了其中的科学性,那么只能证明现代科学的局限性。

在科学知识论之中只有科学、非科学的概念,而在整体知识论之中还

---

① 参见潘磊:《皮尔士认识论的内在统一性》,《华中科技大学学报》(社会科学版)2008 年第 2 期。

包容大量存在于"科学"与"非科学"之间的大量成熟程度不同的知识概念。在整体知识论看来，中医是一种"含真"知识——即其中包含着科学知识，也包含着错误知识。虽然中医还包含很多现代科学难以判断真假的信念，但这不妨碍我们称之为"知识"，并将它和其他知识（包括现有的科学知识）置于平等的地位。既然现代科学不能很好地解释中医，那么我们就可以"科学地假设"中医的很多思维范式超出了现代科学的思维域——而且这些思维范式应该具有重大的科学潜力。波普认为："我们总是按照一种预想的理论去看待一切事物。"①贝弗利奇也说："几乎在所有的问题上，大脑都有根据自己的经验、知识和偏见，而不是根据面前的佐证去作判断的强烈倾向。"②由此可见，如果我们用现代科学的预想理论观察中医，那么，得出中医是"伪科学"的结论也不足为奇。问题只是在于，这种观察方法本身就是有问题的。

思维模式的突破是最为困难的，一种思维模式的创立往往意味着一个学科体系的创立。库恩认为，规范之类的某种东西是认识本身的一个先决条件，"一个人所看到的不仅依赖于他在看什么，而且也依赖于他以前的视觉概念的经验已经教会他去看什么。"如果旧规范改变了，那么，科学家用他们"熟悉的工具观察他们以前已经观察过的领域时，看到了新的不同东西。"③例如，中国的火药、罗盘、印刷术等实用技术的出现本身就包含着一种"新的规范"（例如，罗盘所包含的"利用地球磁场标记方向"的规范），这些新规范让西方人看到一些全新的领域，换言之，它们的出现具有开辟学科领域的基础性意义。我们可以合理地假设，中医体系之中也包含许多类似的新规范，只是人们现在还囿于其"经验、知识和偏见"，难以发现而已。

可是，在西方科学传入中国之后，梁启超、胡适、鲁迅等"科学至上主义者"纷纷将矛头对准中医，使得中医一度被封为"旧医"乃至"巫医"，几乎遭受"废止"的命运。④2002年《读书》杂志召开"中医药的传统和出路"

① 波普：《常规科学及其危险》，《自然科学哲学问题丛刊》1980年第3期。
② 贝弗里奇：《科学研究的艺术》，陈捷译，科学出版社1979年版，第112页。
③ 库恩：《科学革命的结构》，李宝恒、纪树立译，上海科技出版社1980年版，第93页、第91页。
④ 参见张鸣：《旧医还是中医？——七十年前的废止中医风波》，《读书》2002年第6期。

的讨论,陆广莘等人从各个方面阐述了中医的价值,还举出不少中医优于西医的具体临床实例。朱清时谈到,针灸在很长一段时间内得不到西方的承认,主要在于没有使用现代科学的方法论进行研究。2005年,英国科学家通过实证研究针灸的治疗,终于承认针灸具有临床的实际效果。①这再次证明,即便在西方现代科学知识论看来,中医知识也至少堪称一种"含真"知识。未来医学科学的重大任务之一,则是将里面的"科学性"或者"新规范"开发出来。而中医一方面可以借助现代医学手段发展自己;另一方面还可以径直遵循自己的知识模式,以实践效果为评判标杆,不断地创新发展。

反过来看,即便有绝对"真"的知识,它也不一定是有益的知识。施特劳斯说:"真理并不吸引人,并不可爱,并不有益于生命,而是致命的。"②施特劳斯的话不免有些片面,不过他对于"真理"的负面影响的强调还是值得我们深思的。苏格拉底追求"真",却因为对当时社会造成危害而被判处死刑。施特劳斯因此说:"苏格拉底以后的西方哲学家都深以苏格拉底之死为戒,那就是千方百计隐藏起哲学的'牛虻'本性,不要弄得使人都觉得不自在,而要先给众生说一大套柏拉图所谓'高贵的谎言'(noble lies),让大家觉得哲学是救人的不是伤人的。"③施特劳斯的重大发现之一是所谓的"隐微艺术",他发现许多伟大人物著作的真义不在文字之中,而隐藏于文字之后。④可见,前人对于"真"的东西也持十分慎重的态度。但是,即便"真"的知识或者其他任何知识表现出某种危害性,我们也不主张彻底消灭(例如杀害知识创造者)的处理方式,因为在某个时期有害的知识可能在另外一个时期发挥巨大的正面效果。任何知识都具有潜在的价值,消灭知识就是消灭价值,是不可取的。在处理某些可能具有危害性的知识时,"隐微艺术"不失为一种可取的方法,而最极端的方法就是像对待天花病毒一样对其进行"冰冻"处理。对于绝大多数可能对社会产生危害的"知识",则只要严格地规范其传播范围、使用对象就可以了。例如,

---

① 参见陆广莘等:《中医学的传统与出路》,《读书》2005年第9期。
② 朗佩特:《斯特劳斯与尼采》,田立年、贺志刚等译,上海三联书店2005年版,第39页。
③ 甘阳:《将错就错》第二版,三联书店2007年版,第4页。
④ 参见朗佩特:《斯特劳斯与尼采》,田立年、贺志刚等译,上海三联书店2005年版,第20页。

我们对于"性"的知识，一般只要限制未成年人过多接触就行了（对未成年人也要进行基本的性知识教育），而不必像文化大革命时期那样将它列为"黄色知识"，一烧了之。

知识只有在使用之中才具有正面或者负面的价值，整体知识论强调使用知识时严格遵从道德原则，并以此规范知识的使用。中国历来强调知识的道德规范。《大学》开篇即说："大学之道，在明明德，在亲民，在止于至善"。这是《大学》的基本纲领，也体现了儒家知识论的基本思想。"大学之道，在明明德，在亲民"突出知识的"民本"（和现代的"人本"相当）理念，和知识的"人性规范"有异曲同工之妙；同时强调知识是为"明德"服务的，也即强调了知识的道德原则。"止于至善"其实说明的是知识使用的"智慧"原则：知识使用者需要根据实际情况，不多不少地使用知识才能达到最佳效果。《大学》开篇言简意赅，其实已经道出中国知识论的最核心理念。可见，整体知识论是扎根于中国文化传统的知识论。

文化的实质是价值体系，文化价值体系是整体知识学的价值基础。从本质上来看，整体知识论是一种价值知识学体系，也即一种文化知识学体系。《大学》的核心理念也真实地反映了中国人对于知识的基本态度，例如，传统各行各业的师傅们在招收徒弟之前都十分重视徒弟的思想品德；武术大师们在传授搏击技艺之前总是告诫徒弟们切忌乱用。反观西方，则似乎并无相似的深厚传统。李约瑟在介绍了中国有关知识使用的道德规范之后告诫西方读者说："如果人类不学好这一课，那么人类生命在地球上的完全毁灭就不可避免。"①李约瑟并非危言耸听，目前人类自己发明的许多科学技术成果已经严重威胁到人类作为一个整体的生存。

知识是一种工具，既能造福于人类，也能危害人类——关键在于"使用"。整体知识论将知识的"道德原则"确立为知识使用的基本原则。学界一般认为，中国传统非常重视实用知识的开发。成中英在对中国的认识论传统进行总结之后说："同西方现代知识论不同，中国知识论从未脱离过实

---

① Joseph Needham, "Science, Technology, Progress and the Break—through: China as a Case Study in Human History", Tord Ganelins, ed., *Progress in Science and its Social Conditions*, Nobel Symposium 58, held at Lidingö. Sweden, 15—19 August 1983 (Oxford, Published for the Nobel foundation by Pergamon, 1986), p. 21.

在论和实践论。正是在这个意义上,我们可以提及有关中国知识论的三个主题:实体与功能的统一,经验与悟性的统一,以及理论与行为的统一。第一个统一实际上是作为实体的实在与作为功能的知识的统一。这并不是说中国哲学没有知识论,而是说中国知识论只有循此脉络才能被理解、被说明并且被欣赏。"①成中英指出中国传统对于实用知识的重视是正确的,但是说"只有循此脉络才能被理解、被说明并且被欣赏"则失之公允。中国传统"名家"的"离坚白之辩"、"白马非马之辩"至今仍颇受学界关注,而禅宗和道家的"玄思"也十分发达,并且他们还将善于玄思视为一种很高的有修养,不过这些并不妨碍中国古人对于实用知识的重视。在论及康德哲学时,林默彪说:"在康德那里,实践理性就高于理论理性,因为人的认识归根到底要服务于人的生活和道德实践。"②可见,追求知识的实用价值是中西文化的共同选择,并无不妥之处。同时,追求实用并不逻辑地构成对于理论的轻视,恰恰相反,两者是相辅相成的。不过,和知识理论相比,知识的实用性毕竟更为重要。仅仅停留在理论上的知识只能称为"打方括号"的知识,只有在实践之中经受过检验的知识才是"真知"。

中国历来强调对于知识的适度使用,要求能够"止于至善"。有关知识使用的知识,我们称为"智慧"。"智慧原则"是整体知识学的基本原则之一。知识的"智慧原则"强调对于知识——正确或者错误的知识——合理有效地使用,使之最大限度地服务于人类的利益。中国传统有关知识使用的智慧相当发达,例如,著名的三十六计中就有很多巧妙地使用知识、最终以少胜多、以弱胜强的例子。中国人使用知识的最高境界就是"不使用"知识,达到无为而治、不战而屈人之兵的目的。在这方面,道家可谓中国智慧的杰出代表,在《庄子》之中,我们可以找到有关知识使用的很多精辟论述,而中国人耳熟能详的"大智如愚"、"大巧若拙"等智慧在西方文化中则少之又少。"智慧原则"要求人们一方面巧妙地利用客观自然规律;另一方面准确地了解知识的使用对象。"樊迟问仁。子曰'爱人'。问知。子曰'知人'。"(《论语·颜渊》)孔子因材施教的思想也正是这一原则的具体体现。中国历来对只会夸夸其谈、不懂知识实际运用的

① 成中英:《中国哲学中的知识论》(上),《安徽师范大学学报》(人文社会科学版)2001 年第1 期。
② 林默彪:《认识论问题域的现代转向》,《哲学研究》2005 年第8 期。

纸上谈兵的赵括式人物充满警惕。

## 三、整体知识论的"域"

西方科学知识论以"真"为立身之本,而整体知识论则以知识的人性规范、道德和智慧原则为立身之本。整体知识论也重视"真"的科学知识,因为真的知识也有益于人类的利益。科学知识论求真的精神贵然可贵,不过如果我们承认人类的认知能力是不断发展的、在整体上是有限的,也就应该承认我们永远不可能达到完全的、绝对的"真"的知识。科学知识论的可贵之处不在于是否达到"真理"的结果,而在于其追求真理的精神。在这种精神的指引之下,科学发明了许多相对"真"的知识——尽管从逻辑上来讲,科学知识论无法接受相对的"真"的知识。在整体知识论看来,任何知识只要能够产生有益于人类的实效,均具有某种"真"的性质。

西方科学知识论认为"科学知识"是一种"信念"。整体知识论接受这一观点,同时认为在信念之外也存在知识。苏格拉底认为"技艺"不是科学知识,我们认为:既然技艺是帮助人类生存的一种宝贵的非物质财富,也应该承认它是一种知识。"信念"一般可用语言表述,而整体知识论将一些只可意会、不能言传的思维也划入知识的范围。挪威哲学家格里门认为,"就对知识的表达而言,行动是和语言同样基本的表达方式。"[①]例如庖丁解牛的很多知识,就是不能言传,而只能在实践之中掌握的;学习游泳的人,如果只学能够言传的知识,而不去水中实践摸索,最终也一定学不会游泳。可以言传的知识一般容易学习,而不可言传的知识却需要在大量的实践基础上才能掌握。如果我们因为不可言传的知识之"不可言传性"而将其踢出知识的范围,不去细心研究,恰恰是放弃了我们最有可能发现重大科学规律的领域——这当然不是科学的态度。庄子说:"得之于手而应于心,口不能言,有数存焉于其间"(《庄子·天道》),是对不能言传的知识的精彩描述。中国古代知识观历来在言传之外十分强调意会。刘仲林说:"所谓'意会',是一种置身其境的体验、领会或交流,它不借助语言但远比

---

① 参见郁振华:《扩展认识论的两种进路》,《华东师范大学学报》(哲学社会科学版)2007 年第 2 期。

语言表达的内容复杂、丰富……尤为重要的是，'意会'是人类创造认识活动中最重要、最基本的要素之一，它和人的直觉、灵感、顿悟、想象息息相关。"①20 世纪中期，匈裔英籍哲学家波兰尼将人类知识分为言传知识和意会知识两种，"前者是指可用书面文字、图表或数学公式表达出来的知识；后者是指不能用语言文字所阐述的知识。而意会知识是言传知识的基础，言传知识是意会知识的外显形态。"②随着对于很多不可言传的知识的研究的深入，如果我们不断探索，发现其中的奥秘，或许不可言传的知识慢慢地也变得可以言传了——这是知识进步的基本规律之一。

整体知识论还将"信念"之外的人类本能也划归知识的范畴。例如，一粒灰尘突然飞向我们的眼睛，眼皮在没有任何"信念"支配之下就作出了反应，这种支配人类作出反应的"反应模式"也是一种知识。人们一般将之称为本能，忽视从知识的视角对其进行认真研究。究其原因，乃是西方传统哲学重视理性，轻视人类身体的偏见所致。西方传统哲学认为思想是最高贵的，而肉身则毫无价值可言。古希腊时期的大哲学家们就认为人是"灵魂与恶（即肉体）"结合的产物。现代西方不少学者认同将人类定义为"会思想的动物"——言外之意，正是"思想"将人和动物区分开来——在他们看来，只有思想是高贵的，而人类肉身则和动物躯体一样低级污秽。这种人类理性中心主义的思想显然是十分愚昧的。尼采说："肉体是一个大理智……它不言'我'而实行我。"③事实上，人类的很多本能都是人类在千百万年的进化史中不断学习、总结的结果——而且只有那些最为正确的、最为有效的知识才转化为人类的本能——本能恰恰最能反应人类的知识成就。如果一概将现代科学不能解释的所有东西都排斥在知识之外，无疑是十分狭隘的。人们过去将"一见钟情"视为不理性的，可是仍然有不少人还是十分注重自己的"第六感觉"，并将它作为选择终身伴侣的重要依据。近来，科学家才发现，其实每个人都会发出某种化学气味，当人们相互靠近时，这种化学气味会互相作用，帮助人们作出"是否

---

① 刘仲林：《意之所在，不言而会——老庄意会认识论初探》，《中国哲学史》2003 年第 3 期。
② 陈洪澜：《论知识分类的十大方式》，《科学学研究》2007 年第 1 期。
③ 尼采：《查拉斯图特拉如是说》，尹溟译，文化艺术出版社 2003 年版，第 28—29 页。

匹配"的判断。<sup>①</sup>以科学的眼光来考察以往被很多人认为"不科学、非理性"的现象，往往能够促进科学本身产生巨大进步。人类在千百万年的进化过程之中，将一些关键性的知识积累转化为一种"本能"并且代代相传，如果没有这些知识本能的支撑，我们人类的进化过程是没有可能的。

柏拉图以古希腊时期盛行的"灵魂说"为基础，提出知识的"先天说"，认为人类学习只不过是"回忆"而已。<sup>②</sup> 这一学说建立在他的"理念世界"的基础上，对于西方思想产生了深远的影响。后来康德提出"先天综合判断"概念，把它视为形而上学成败的关键，并作为其重要代表作《纯粹理性批判》的基础性概念。康德认为人类通过先天综合判断获得的纯粹知识独立于经验，甚至独立于一切感官印象。20世纪，乔姆斯基提出"普遍语法"理论，认为人脑有一种先天的特定结构或属性，即语言习得机制，并认为它是人类能够学会使用语言的内因。诸如此类的"先天"学说以往一直笼罩着一种神秘的色彩，难以捉摸，因此也引起了诸多实证主义哲学家的质疑。例如，罗素就说："说婴儿生下来便具有成人所知道的、并且不能从经验中所推论出来的对于种种事物的知识，而且在这种意义上假定有的内在原则，那必然是荒谬可笑的。"<sup>③</sup>从实证的角度来说，罗素的质疑是不无道理的。

不过，如果从人类求生本能的视角出发，就比较容易理解各种形形色色的"先天说"了。人类在千百万年的进化过程之中，其实通过遗传机制不断总结并保存了一些最为基本的求生能力：其一是"认知机制"；其二是"本能知识"。荣格提出"原型理论"，并认为"原型"是人类的一种遗传性能力，他说："在我看来，认为新生儿在心理上是没有任何东西的白板一块的说法是极为错误的…… 因此，并不是说遗传的是'意念'本身，而是遗传了一种使'意念'产生之为可能的东西(inherited possibilities of ideas)。"<sup>④</sup>所谓的"认

① 薛颖杰：《用气味找到亲人和配偶》，《新世纪周刊》2008年第24期。

② 有关柏拉图"回忆说"的研究，参见余纪元：《论柏拉图的回忆说》，《中国人民大学学报》1988年第1期。

③ 罗素：《哲学问题》，何兆武译，商务印书馆1999年版，第60页。

④ C. G. Jung, *The Archetypes and The Collective Unconcious*, Tr. by R. F. C. Hull, China Social Sciences Publishing House & Chengcheng Books Ltd. Reprinted from the English Edition by Routledge & Kegan Paul, Ltd. 1980, pp. 66—67.

知机制"也即荣格的"inherited possibilities of ideas"。荣格的"原型理论"具有大量的例证支撑,并非一种凭空设想,具有相当程度的可信度。康德的"先天"概念和荣格的理论具有类似之处。张任之认为:"总的来说,在康德那里,'先天'与'后天'的区分是认识论上的区分,基本被等同于'形式'与'质料'的区分。所谓'先天的',首先意味着一种逻辑的在先,而从否定性角度看就是指不依赖于一切经验或后天质料,从肯定性角度来看则意味着必然的和严格的普遍性。"①康德的"先天"概念的确是一种"形式",它其实和荣格的"inherited possibilities of ideas"大同小异,也是一种"认知机制"。柏拉图的"先天说"和乔姆斯基的"普遍语法"理论也是如此。

那么,人类如何拥有这种"认知机制"呢?休谟说:"我们纵然尽可能把注意转移到我们的身外,把我们的想象推移到天际,或是一直到宇宙的尽处,我们实际上一步也超越不出自我之外。"②我们如果从人类生存需要的视角来进行解释,不难发现这种"认知机制"应该是人类的"肉体智慧",即遗传机制的选择结果:人类在进化的过程中不断获取、积累知识,而这些知识的共同特征促使人类拥有了一种认知机能;由于知识的信息量过于庞大,人类遗传体(精子和卵子)不可能全部携带,因此人类的遗传机制选择遗传了这种"认知机能",它在新个体那里表现出来就是一种"认知机制"。由于这种认知机制本身来自遗传母体对于人类已拥有的知识的规律性总结,因此它就在一定程度上具有康德所说的"必然的和严格的普遍性"的特征。康德认为先天综合判断是形而上学成败的关键,康德所主张的先天"形式"大体上和"认知机制"相当。不过,因为求生的需要,人类仅仅遗传一种"认知机能"还不够,所以人类还非常具有选择性地遗传了部分和求生息息相关的"本能知识",作为新生个体启动生命历程的必要手段。不过,康德否定人类具有某种先天的"质料"则是不可取得,"本能知识"即是一种先天的"质料"——没有这种先天"质料"所蕴涵的"判断",婴儿出生后就不会"本能地吃奶"了。

西方科学知识论的基本表达方式是"S knows P"(S 知道 P),表明他

---

① 张任之:《形式先天,或质料先天——论舍勒对康德"先天"概念的批评》,《现代哲学》2008 年第 1 期。

② 休谟:《人性论》上册,关文运译,商务印书馆 2005 年版,第 84 页。

们注重的是研究个体 S 的知识。问题在于，如果 S 不知道 P，而 S1、S2 知道 P，那么 P 是不是知识呢？整体知识论研究的是人类的知识，换句话说，只要 S、S1、S2、S3……之中的任何一个人知道 P，那么 P 就是知识。西方科学知识论着眼于个体，而整体知识论着眼于人类整体。尚未为人类认识，但有可能被人类所认识的知识，是人类的潜在知识，是人类开发的对象，因而也是整体知识论所关注的范围。而超越人类认识领域的知识，则不可能成为人类的知识。假设宇宙中有一种生命，给我们发送某种人类感官域之外的信息，我们自然无法认识，这种信息之中蕴涵的知识也不属于人类知识的范围。

正因为西方科学知识论研究的是个体知识，"确证"才成为 20 世纪西方哲学界研究的热点之一。所谓"确证"，其实是个体对于自己的信念的"确认"。西方研究个体知识的"确认"方法均值得我们学习，也是整体知识论的有机组成部分。不过，在整体知识论之中，我们对于知识确认的基本方法是"现象观察法"。如果人类的某些认识、本领、能力已经服务于人类，则我们可以认定里面一定具有知识的因素；另外一些具有潜在地服务于人类的能力，也是知识。在整体知识论之中，所有知识的"知识品格"都是平等的——尽管在具体研究领域有重要和次重要的程度差别，正如所有人的人格平等而社会地位却高低不等一样。

总结以上论述，我们可以将整体知识论的"知识"简单定义为"一种能够支配人类作出反应的信息链"。"整体知识"则是人类所有的知识的总和。"知识"的最基本单位是"知识元"，可以表达为：

信息点 A—信息链条—信息点 B

（判断）

信息链条的基本机制是一种判断机制，也就是说，知识的核心是一种"判断"机制。康德认为只有"判断"才称得上知识，整体知识论认同这一论断。在整体知识论看来：科学知识包含判断，是知识；错误知识也包含判断（尽管是错误判断），也是知识；中医包含判断，是知识，人类本能包含判断，也是知识……人类的一些十分简单的反应往往包含多个判断，即多个知识元。例如，微小异物突然飞向人的眼睛，导致人眨眼的本能动作就至少包含：1. 根据眼皮前突然出现的光（或者其他）的变化作出有危险的

"判断",并指令进行闭眼动作;2.根据眼睛的感觉变化初步"判断"眼睛受损情况;3.如强度达到一定的程度就会作出"引起大脑有意关注"的判断,如果强度较弱就会作出"不用引起大脑有意关注"的判断(人的眼睛"上报"的撞击事件极少,因为绝大多数的微粒粉尘的撞击都被判断"无害"而没有上报给大脑并引起"有意注意");4.根据眼睛的感觉变化"判断"撞击事件已经完成,指令睁开眼睛。

西方科学知识论是以命题作为基础的。亚里士多德说命题是"可以断定真假的那一部分语句"。[①] 在整体知识论看来,命题是一种知识,但是知识并不都是命题。"判断"可以有程度判断——如今人类社会中有很多概率判断,这在科学知识论看来不构成知识,而按照整体知识论来看,则显然是知识。科学知识论排斥了现代社会科学中的很多知识,不利于社会科学的发展。科学知识论一般适用于自然科学领域,而且,自然科学如果过度拘泥于科学知识论,其发展也会受到严重局限,例如在自然科学领域,也有不少概率事件。其实,人类知识的进化不仅仅包含"以真代假"的过程,而且还包含"以更优代优"的过程。整体知识论的判断的核心功能是选择,不但包括对于真假的选择,还包括对于次优、优和更优的选择——有时,如果"假"比"真"更有益,那么人们就会毫不犹豫地选择"假"。可见,"选择"在根本上并非基于真假判断,而是基于价值判断——尽管辨明真假往往利于价值判断。

整体知识论不承认知识的价值自足性,认为知识的本质是为人类生存服务的,并将知识的"人性规范"作为知识的根本规范,将知识的"道德原则"和"智慧原则"作为知识使用的基本原则。人类的伦理也是一种知识,其中也包含各种"判断机制"。不过伦理"判断"的依据不是真假,而是文化价值体系。知识的人性规范、道德原则和智慧原则将"伦理判断"定义为整体知识论的终极判断,也即将伦理学说置于整体知识论的最高地位,使之可以有效地规范科学知识的各种活动。在这样一种结构里面,伦理学说自然不会被科学知识遮蔽,同时,伦理学说还可以根据自己的发展需要,主动引进一些新的科学知识来充实自己。

---

① 亚里士多德:《工具论》,李匡武译,广东人民出版社 1984 年版,第 57—58 页。

# 第九章
## "善"与"真"：
## 中西传统精神的一种社会历史阐释

西方哲学和科学具有父子一样的密切关系，西方现代科学的许多学科其实就是从西方哲学中直接独立出来的。罗素多年前指出，关于天体的研究过去归于哲学，而现在属于天文学；关于人类心理的学问，也刚刚脱离哲学变成心理学。"任何一门科学，只要关于它的知识一旦可能确定，这门科学便不再称为哲学，而变成为一门独立的科学了。"①西方哲学和科学的精神实质是相同的，即将具有绝对意义的客观真理作为终极追求目标。西方"哲学—科学"的传统可以一直追溯到古希腊时期，而且，"哲学—科学"体系的基本理论雏形在古希腊时期已经基本确立，其代表性的奠基人是苏格拉底、柏拉图和亚里士多德三位古希腊著名哲学家。

### 一、绝对真理与实践理性

现代学界有关古希腊哲学的研究已经取得了丰硕的成果。一般认为，公元前 5 世纪，逻各斯（logos，即"理性"）在古希腊学界已经站稳脚跟，而公元前 4 世纪，古希腊在思想领域已经基本实现从神话（myth，代表一种情感思维）到逻各斯的转型。苏格拉底追求以"始终不变的全面完整方式来为某一件事物下定义"、追求"绝对定义的东西"，即 episteme，也

---

① 参见罗素：《哲学问题》，何兆武译，商务印书馆 1999 年版，第 129 页。

即"真理",是这一转型时期的重要事件。①苏格拉底的真理追求对西方学界具有开拓性的意义,西方"哲学—科学"体系正是这一追求的逻辑产物。古罗马哲学家西塞罗尊称苏格拉底为"哲学之父"。包利民、余友辉认为:西塞罗尊称苏格拉底为"哲学之父"的原因是因为西塞罗认定苏格拉底发现了哲学的本性,即"哲学只是关于政治和善的思考"。②苏格拉底的确堪称"哲学之父",不过其根本原因应该是他在继承古希腊理性传统的基础上,创造性地提出"真理"目标,并将追求"真理"的忘我精神传给了后人。"真理"追求的精神是西方"哲学—科学"的基本精神。

苏格拉底"像猎犬一样追寻真理"的精神无疑被柏拉图所继承。柏拉图以古希腊盛行的"灵魂说"为基础,创造性地提出"理念说",认为"理念世界"就是一个真理的世界,也即一个科学的世界。柏拉图的"理念说"在西方"哲学—科学"史上的意义怎么评价都不过分,怀特海称赞柏拉图说:"欧洲哲学最明显的特征是包含了一系列柏拉图哲学的脚注。"③"理念世界"为西方"哲学—科学"开辟了一个广阔的"问题域"、"思维域"、"研究域",堪称西方现代科学的蓝图,西方现代科学体系的科学域正是柏拉图的"理念世界"所构建的思想域。亚里士多德继承了师辈们追寻真理的志向,并从古希腊流行的修辞术和发达的数学之中发明了逻辑,这是他对于西方"哲学—科学"的最大贡献。有了逻辑,西方"哲学—科学"就具有了可以信赖的思维工具,柏拉图的理想蓝图也才有了实现的可能。至此,西方"哲学—科学"大厦——其实质是一种"求真的逻辑的体系"——的理论框架便宣告完成。到了中世纪,西方"现代科学之父"培根提出"实证科学方法",为古希腊哲学家的"哲学—科学"理论创建了一条和现实世界接壤的理想通道,至此,西方现代科学大厦的基本框架所需要的材料准备工作就准备就绪,只等待有机组合的时机到来了。

爱因斯坦认为:"西方科学的发展是以两个伟大的成就为基础的,那就是:希腊哲学家发明形式逻辑体系(在欧几里得几何学中),以及通过系

---

① 参见 H. G. Wolz, *Plato and Heidegger*, *In search of Selfhood*. London: Associated University Press, 1981, p. 49.

② 包利民、余友辉:《西塞罗论苏格拉底》,《浙江大学学报》(人文社会科学版)2007 年第 3 期。

③ Alfred North Whitehead: *Process and Reality: An Essay in Cosmology* (1929), edited by David Ray Griffin and Donald W. Sherburne. New York: Free Press, 1979, p. 39.

统的实验发现有可能找出因果关系（在文艺复兴时期）。"①爱因斯坦对于欧几里得几何学里面反应的比较完整的形式逻辑体系的热爱是可以理解的，不过学界一般认为"逻辑"的发明人其实是亚里士多德。逻辑后来成为西方"哲学—科学"所必须遵循的基本原则。逻辑的突出特点是在求"真"思维中对"情感因素"的排斥，情感是"善"的显著特征，逻辑对"情感"的排斥必然导致"哲学—科学"与"善"格格不入。如果说苏格拉底哲学之中还将"善"作为其目标之一的话，那么，在亚里士多德之后的哲学体系中，"善"就再也难以找到栖身之地了——后世哲学家例如笛卡尔、康德等人尽管承认作为"善"的化身的上帝的存在，但这却只是作为其哲学体系的假设前提而存在，并不实质地存在于其哲学体系之中。

李约瑟曾提出一个让中西学界颇感兴趣的问题："为什么现代科学只在欧洲文明中发展，而未在中国（或印度）文明中成长？"②其实，只要了解了西方哲学和科学的密切关系，这一问题也就迎刃而解了。西方科学的基本理论基础奠定于古希腊时期——没有西方古典哲学，也就没有西方现代科学，而中国古代没有产生"知识论哲学"，因此也就不可能产生西方意义上的现代科学。

那么，为什么中国古代没有产生与西方哲学相当的思想体系呢？中国学界已经从不同角度作出了十分精辟的分析，其中，达成了最广泛共识的是"实用说"。例如，李泽厚就举出许多具体实例，证明中国自古强调实践理性，尤其强调"兵、农、医、艺"，因为"中国实践理性主要与中国四大实用文化即兵、农、医、艺有密切联系……它们与天文、历数、制造、炼丹等还有所不同，兵、农、医、艺涉及极为广泛的社会民众性和生死攸关的严重实用性，并与中国民族的生存保持直接的关系。"③李泽厚的分析不无道理。任何社会都会在力所能及的范围内将影响自己生存的事情放在最重要的位置。

实践理性的确是中国文化的基本特征。但是，这并不构成中西社会的重大差别，实践理性是任何理性社会群体的基本特征——任何社会群

①　参见爱因斯坦：《爱因斯坦文集》第 1 卷，许良英等译，商务印书馆 1976 年版，第 574 页。

②　李约瑟：《东西方的科学与社会》，《自然杂志》1990 年第 12 期。

③　李泽厚：《中国思想史论》（上），安徽文艺出版社 1999 年版，第 308 页。

体之构成的根本目的都是为了"生存、繁衍"等实用目的,而非"审美"等其他目的。古希腊斯巴达的政治、经济、文化等社会制度的设计基本上都是为"增强军事力量"这一实用目的服务的。《荷马史诗》生动地描绘了整个古希腊社会浓厚的"战争意识"以及由此引发的"英雄崇拜"文化。"兵"乃国家社会之基石,由于当时严酷的外部环境,古希腊人对军事等实用领域十分重视,并以此决定了他们国家的根本社会政治制度,即"军事贵族制度"。可见,古希腊人也追求实用价值,并毫不犹豫地将它放在最重要的位置。中国实践理性的发达并不是现代科学没有在中国发生的原因。

中国的理性精神自古就十分发达。苏格拉底对于"理性精神"的基本理解是:"对他相信的东西和所作的事情能够'说出道理',有一个理性的判明"。①可见,苏格拉底的理性"核心"即"说出道理"。赵汀阳对于 logos 的解释是:"希腊人希望给各种事情找到 logos(确实有理由的说法),因此就需要有最后理由,追求最后理由的思想就是哲学。大概地说,各种文化的发明(例如城邦和法律的发明)是智慧(sophia),为各种智慧说出道理是哲学,就是去爱智慧(philo—sophia)。"②赵汀阳基本援用了苏格拉底对"理性"的解释,他说的"最后理由"其实就是苏格拉底所说的"真理"。陈中梅通过研究《奥德赛》认为,在古希腊的逻各斯形成之前,还经历了一个以"求证"为明显特征的时代,并提议将"sēma"(塞玛)作为西方认知史上 logon didonai(即"提供理性解释"或"进行明晰的阐述")的前点链接。③陈中梅认为"求证"冲动催生了西方的逻各斯,这种说法是合理的。而"求证"行为本身并非古希腊人独有,它是人类普遍拥有的一种生活智慧。中国古人对"求证"不仅仅停留在口头上,而且还直接落实到了改造自然的实践活动之中。大禹治水的各种传说可能有些虚构成分,但中国古人治水成功却是历史事实。中国是一个农业国家,农业发展的关键在于"治水"。治水成功必须在充分掌握天文、地理、农业知识等多方面知识的基础上才有可能。中国古代治水成功的历史事实反映中国人在远古时代就

① A. E. 泰勒:《苏格拉底传》,赵继铨、李真译,商务印书馆 1999 年版,第 87 页。
② 赵汀阳:《知识论之后》,《读书》1999 年第 8 期。
③ 陈中梅:《〈奥德赛〉的认识论启示——寻找西方认识史上 logon didonai 的前点链接》,《外国文学评论》2006 年第 2 期。

能充分认识、掌握并且利用自然世界的客观规律。可见，中国古人不但能够"说出道理"，而且能够利用相关道理来进行实践，这显然是一种高度发达的实践理性。这种实践理性还有"形而上"的发展成果，《礼记·大学》说"致知在格物，物格而后知至"。朱熹后来对此阐释道："所谓致知在格物者，言欲致吾之知，在即物而容其理也。盖人心之灵，莫不有知；而天下之物，莫不有理"（《大学·章句》），这是对于柏拉图的所谓"理念世界"之存在的明确认识。

崇尚"说出道理"的古希腊哲学因为缺乏实用价值并没有得到当时社会的认可。苏格拉底还被判为"渎神罪"而被处以死刑，后来亚里士多德也被判处同样罪名但侥幸逃脱，柏拉图则被迫在著述中采用所谓的"隐微术"以求自保。[①]古希腊亡国之后，古希腊哲学更是在一千多年的时间内被彻底遮蔽，直至在文艺复兴时期才被"重新发现"。

## 二、生存挑战与生存策略

为什么古希腊哲学家会痴迷于追求"真理"呢？我们必须从人类的根本需求，即"生存需求"的视角来寻求合理解释。尽管古希腊的城邦社会有过短暂的繁荣，但是他们一直无法解除自己面临的两大致命威胁：其一，从个人层面来看，古希腊人靠海为生，而海洋气候变化无常，导致古希腊人常常在日常"海洋捕猎"活动中遭遇家破人亡的惨剧；从很多反应海洋渔民生活的文学作品中我们都不难体味到古希腊人的生存压力。其二，从国家层面来看，古希腊的各个城邦时刻面临着致命的军事威胁，尤其是所谓"蛮族人"的致命威胁。尽管古希腊人在希波战争中侥幸以弱胜强，然而幸运毕竟少见，古希腊最后还是被征服，古希腊文明也随之在整体上覆灭。应该说，正是种种的致命威胁造就了古希腊人追求"极致"的精神品质：在"文"的方面具体表现为对具有绝对意义的"真理"的追求，在"武"方面则表现为一往无前的"英雄主义"。不难看出，这种极端主义的背后隐藏的是一种"不得不如此"的悲哀——因为只有如此，才有可能杀

---

① 参见朗佩特：《斯特劳斯与尼采》，田立年、贺志刚等译，上海三联书店2005年版，第39页。斯特劳斯认为："柏拉图政治哲学传统是一个隐微论传统……"

出一条"生路"。

中国古代也崇尚勇武,不过亚历山大不断征服的"英雄主义"与诸葛亮七擒孟获所表现出来的"大智大勇"是不可同日而语的,前者源于恐惧,后者得于自信;前者滥用暴力,后者止于至善。事实上,中国自古一直将"道义"置于"武功"之上,以"道义"规范"武功",而西方传统在"武力"之上则并无任何伦理约束,他们纯粹将武力视为一种求生方式。据说,"雅典城"得名的来由是因为战争和智慧女神雅典娜向雅典人许诺"和平"——与其说这个故事反映了雅典人对"和平"的渴望,还不如说它反映了雅典人"渴望和平而不得"的痛苦和无奈。正是这种无奈使古希腊各个城邦都采用了"军事至上"的基本政治制度。

中国自古排斥"极端",崇尚"中庸",而中国人的这种基本精神品质也是由其社会背景所决定的。大禹治水成功,古代中国解决了农业生产的根本威胁,中国人"以农为主、以猎为辅"的基本生活方式也得以确立。这一基本生活方式的确立使中国人的基本生存需求获得了根本保障,换言之,千千万万的普通中国人不再遭受古希腊人在日常生活中所面临的致命威胁。所谓"仓廪实、礼仪兴",基本生存需求获得根本保障使得"和平"心态成为中国民众最基本的文化心态——这是中国历史上具有划时代意义的重大文化事件。由于共同的水利利益,部落群体之间的严格界限被打破,导致相互交流、理解与友谊的增强,并最终形成某种"共识"。"共识"是文化的基础,文化就是共识。部落群体在交流中形成的"共识"正是中国文化的雏形,随着"共识"领域的不断扩大,中国文化体系也不断发展壮大起来。目前学界已经基本形成共识:水利建设是中国古代逐渐统一的根本原因。[①]这种统一也许有一定的政治军事强权因素,但在根本上则是共同利益诉求的自然结果。没有共同利益作为基础的统一是不牢固的,更不可能形成中国古代的社会发展大势。也正因为缺乏共同利益诉求,中国历史上的农耕部落和游牧部落一直难以自然融合,还导致了中国

---

① 参见肖萐父、李锦全主编:《中国哲学史》,人民出版社 1982 年版。学界基本认同大禹治水是中国夏朝统一的基础。西方学者卡尔·魏特夫以马克思在《政治经济学批判·序言》中提出的"亚细亚生产方式"学说为基础,提出"治水社会"的学说,也认为中国的治水工程促使了国家的统一。不过,在大禹之前的很长时间内,中国无疑已经出现过很多相对小型的治水工程,而这些小型治水无疑增强了部落之间的联系,并为大禹治水积累了丰富的实践经验。

万里长城的出现。①可以推见：在大禹的儿子启建立夏朝之前，部落群体之间的文化共识已经发展到了相当成熟的地步。启得以建立夏朝，文化共识应是其根本原因。

文化共识让中国古代的各个农耕群落事实上结成为一种文化共同体，文化共同体之间战争的性质和古希腊人面临的战争具有本质的差别：这种战争不再是文明之间的战争，而只是政治战争。在"文明战争"之中，敌对双方几乎没有妥协的余地，并常常导致"文明灭绝"的悲惨后果，其标志性事件就是惨绝人寰的"屠城"。而政治战争往往具有很大的协商空间，战争双方对"敌方"的普通民众一般并无敌意，交战的结果也只是政权的交替。在政治战争之中，往往是具有某种政治优势的一方获取胜利，其结果常常还会在一定程度上推动文明的发展。为了获得政治优势，政治战争的双方还会不断改良政治体制，从而增强了战后社会稳定的可能性。中国传统政治智慧高度发达，和中国传统文化共识形成很早不无关系。政治发达在一定程度上抑制了宗教的发展——尤其是具有强烈政治色彩的宗教的发展。

中国传统社会所面临的生存威胁的可控性，与古希腊人所面临的生存威胁的不可控性，相应地决定了中国的"中庸和平"精神和古希腊人的"极端主义"精神，即双方的最基本的文化心态差异。古希腊的英雄主义是"不得不如此"的英雄主义，这种英雄主义在军事上表现为无休止的军事冒险。亚历山大正是在这种文化心态的支配下东征西讨，建立了横跨欧、亚、非三大陆的庞大帝国。从政治上来看，我们很难找到亚历山大不断挑起战事的合理动机，而从文化心态的角度则能作出合理的解释：古希腊人军队的前进步伐其实出于一种长期积累的、害怕被征服的恐惧，他们在文化潜意识之中希望通过不断征讨赢得永久的"和平"——像雅典娜所许诺的那样。可惜他们的希望最终还是落空了。

与军事上的英雄主义相对应，古希腊人在思想领域无休止追问着"是什么"、"为什么"、"怎么样"等各种问题，直接导致雅典城邦的辩论之风大

---

① 万里长城从表面上看是一种军事防御措施，实质上则反映了中国农耕社会深层的"和平主义"文化心态。到了近现代，中国饱受列强欺凌，逐步认识到"弱肉强食，即落后就要挨打"的西洋逻辑，于是长城被重新定义为一种"保守主义"的象征。

行其道。在各种辩论之中,人们的思维能力得以加强,反过来帮助人们不断地抓住问题的关键、以进一步探寻问题的本质——直至苏格拉底提出"真理"的概念。"真理"概念本身体现的是以问题的本质作为追求目标的本体论思维模式,其实就是一种本质论。古希腊人在文化潜意识之中期望通过辩论并解答问题,最终满足"生存"的基本需求。相比之下,因为中国远古社会已经解决了基本生存问题,所以那些以国家群体命运为己任的哲人们并没有无穷地追问"是什么"、"为什么"、"怎么样"之类问题的必要或者兴趣。他们所需要做的只是就一些实际问题进行技术细节的改良,这促使他们自然地将目光投向生活中的一些实用问题,并发展出各种实用技术。在基本生存问题得以解决之后,中国古代的哲人们不难看出,社会生活中的最大问题已经从"人和自然的关系"转变为"人和人之间的关系"——其结果就是中国伦理道德的不断发展与完善。如此看来,中国古代社会没有出现古希腊的"真理说"并非"不能"的问题,而是"没有必要"的问题。近现代华人学者在科学领域的辉煌成就已经雄辩地证明华人也能从容地思考西方的"哲学—科学"问题,而且他们常常还能够循着西方"哲学—科学"的逻辑获得超越西方同代人的辉煌成就。

古希腊的英雄主义和真理追求都没有能够挽救古希腊文明最终覆灭的悲惨命运。而古代中国一面注重发展生产,一面注重发展规范"人和人之间的关系"的伦理道德,终于成就了从远古绵延至今的伟大中华文明。这种伟大的成就在人类历史中也仅此一例而已。

### 三、哲学的真与文化(宗教)的善

无论是古代希腊人还是古代中国人或者任何古代人类群落,他们的根本问题都是"生存问题"。由于历史社会等多方面的原因,他们将着力重点置于某一方面,因此也就创造出某种优秀的业绩(部分群落因为没有创造出足够优秀的业绩,最终便泯灭于历史长河之中了)。古希腊人在个人和国家层面"不可控"的巨大危机面前,将着力重点置于追求生存的第一层面,即"人和物"的关系层面,并由此创造出以"物"为指向的、以知识论哲学为核心的优秀思想体系;而古代中国人则在基本解决生存问题之后,将着力点置于"人和人"的关系层面,发展出优秀的中国传统文化体系。中西文化的这种不同优势的特点如此鲜明,以至于不少人将它们视为中西文化的根本区别,例如,梁启超就认为中西两种文化倾向的根本差异在于:"中国哲学专注重人和人的关系",而"希腊及现代欧洲,专注重人和物的关系。"(《饮冰室合集·专集》之103)。这一论断是有道理的。不过,必须指出的是:任何成熟的文化体都同时包含文化信仰(处理人和人之间的关系)、认识能力(有关人和物之间关系的理论认识)与技术基础(实用技术体系)三大基本结构要素,换言之,古希腊人也有处理"人和人"之间关系的伦理道德,而古代中国也具备"人和物"之间关系的认识能力,不同之处只在于发展程度的差异而已。而古希腊用于处理"人和人"之间关系的伦理道德体系则在于"宗教"。

宗教信仰根本上是人类之脆弱的体现。在种种严酷威胁面前,当人们发现无力自救的时候,就会通过某种崇拜来寻求超自然力量的帮助——而这种想象中的"神的帮助"只是自己给自己的精神慰藉。从这个角度来看,迷信、神话和宗教的性质是一致的。一般来说,越是在生存环境恶劣的地方,迷信、神话和宗教就越流行。迷信、神话和宗教中的各种崇拜形式的本质源于人间世界:一个人寻求另一个人帮助的常见办法是"说好话"、"送礼"乃至拿出自己的心爱之物,在迷信、神话和宗教的祭祀活动中,典型的活动也是赞美神灵、或者拿东西奉献给神灵——当然同时免不了要提出自己的要求,请神帮助。信众们根据人世逻辑和神灵沟通,而不问神灵是否需要他们的赞美、祭祀或者是否同意提供帮助——"不问"是一种高明的策略:只有"不问",才能拥有坚定的信仰,才能获得真实的慰藉。维特根斯坦说:"由于'忏悔'是一种真实的事件,绝望和诉诸宗教信仰的拯救也同样真实。"[①]当然,只有虔诚的信徒才能体会到这种真实——一种心理意义上的真实。基督教要求信众无条件地绝对信仰上帝,其实是符合信众的利益的。中国迷信界"心诚则灵"的说法,也是有道理的。

当古希腊人的英雄主义和真理探求都无法解决希腊城邦面临的致命

---

① 刘小枫:《拯救与逍遥》,华东师范大学出版社2007年版,第448页。

第九章 「善」与「真」:中西传统精神的一种社会历史阐释

143

威胁之时,他们自然就会更加借重宗教所赋予的精神慰藉,这是古希腊社会一直具有浓郁的宗教信仰氛围的原因之所在。相反,因为古代中国很早就解决了基本生存问题,所以中国的宗教发展很早前就开始受到了抑制,"据说中国宗教不发达,恰恰因为早在晚周时期,中国的哲人就开始克制宗教。"①宗教根源于恐惧,既然中国古代农耕社会在社会整体上已经解决了生存问题,那么古人对宗教的心理需求自然就大大减弱了。不过,由于人类在大自然面前毕竟是异常脆弱的(中国人也不例外),因此,各种宗教性的风俗在中国社会也从未绝迹。与西方的不同之处在于,宗教在中国文化中并不居于主流地位——中国文化的主流是以儒家学说为代表的各种伦理道德学说。处于支流地位的各种宗教性风俗在中国的很多地方表现为各种乡土拜神活动,这些风俗在和儒家文化信念不断互动的同时,也保留了一定的独立性。

西方宗教存在于个人、国家等所有层面,在古希腊的神话故事中,很多城邦都有自己的"守护神"。与西方人一样,中国古人在个人层面也受到生、老、病、死等各种自然恐惧的严重困扰,因此也给各种迷信、神话、宗教信仰留下了充分的存在与发展空间。不过,在国家层面,"风险的可控性"——即凭借农耕系统的发达可以确保国家生存无忧——为迷信、神话、宗教信仰留下的空间就相当狭小了,以致稍有见识的政府都会选择"克制"耗费巨大的宗教活动,而将民众的主要精力引导至农耕等务实的日常生活中来。由此可见,中国传统哲人以及国家政权"克制"宗教其实是一种"风险可控"前提下的理性选择,唐代韩愈的《论佛骨表》反映了中国知识阶层对于宗教的基本态度。秦始皇为自己耗费了大量人力物力去寻找长生不老之药,不过,在国家层面,他却没有确立任何宗教信仰,甚至没有作出任何尝试。中国自古并不禁止民间信仰宗教——因为民众个体需求的客观存在,难以禁止——但在国家层面却一般不设宗教体制。此外,中西宗教本身也差别很大,例如,西方宗教一般具有政治性很强的组织机构,中国的宗教团体的政治性则相对弱得多;又例如,西方宗教一般比较极端,而中国的各种宗教相比之下平和得多;这些差别都可以在中西

---

① 刘小枫:《拣尽寒枝》,华夏出版社 2007 年版,第 228 页。

社会历史之中寻找到合理的原因。

宗教信仰不仅仅是一种心理慰藉，它还具有重要的社会功能，而其最为根本的社会功能在于其对"善"进行定义的权威性。所谓"善"，是任何社会体的、以处理"人和人"之间的关系为导向的伦理道德体系的核心。中国传统社会的各种宗教流派也都各自提出了"善"的信念，不过，在中国伦理道德体系中占统治地位的却是儒家学说。在许多基本原则上，中国的各种宗教信念必须符合儒家学说，否则就会遭到打压。例如，佛教在传入中国之后，就在"忠"、"孝"等关键问题上就向儒家信念作出了妥协；相反，基督教由于不愿妥协，就遭受到了被查禁的命运。

中国哲人从晚周时期就开始"抑制宗教"，究其根本原因，绝非因为人们对于宗教的偏见，而是源于生活实践的理性抉择。在抑制宗教的同时，中国古人发展出一套成熟的、优秀的以"礼制"为核心的文化伦理道德体系。对于社会的生存与发展，这一伦理道德体系大大优于各种宗教信仰体系。中国儒家学说继承了中国古代文化体系的优秀传统，因此，它才在中国传统社会一直居于统治地位，并获得了规范各种宗教基本理念、行为的合法地位。中国现代文化的建设，必然也要发扬中国传统文化的这一优秀传统，即以文化理性规范各种宗教的发展。

"哲学—科学"的根本目的是求"真"——求"善"是以"人"为目的和皈依的，而求"真"则以"物"为目的和皈依。在古希腊，以求"真"为目的的哲学一经诞生，就和以求"善"为皈依的宗教发生了严重冲突，连求"真"哲学的创始人苏格拉底最终也被判处"亵渎神灵"的罪行而命丧黄泉。苏格拉底尝试以真理学说的方式定义"善"，他认为，"人的一切行动，只有遵循绝对定义的原则，才是符合道德的。所以，'德性就是知识'"。[①]所谓"只有遵循绝对定义的原则，才是符合道德的"，其实就是说，只有符合真理学说的，才是道德的，这是对于古希腊宗教信仰的直接挑战。从这个角度，我们才能理解苏格拉底的哲学何以遭受到社会群体的强烈反弹，并最终被判处死刑。

苏格拉底以哲学来定义"善"，使得其真理学说具有了浓厚的信仰特征，从而具有一种"准宗教"的性质。柏拉图吸取苏格拉底之死的教训，在

---

① 北京大学哲学系外国哲学史教研室：《西方哲学原著选读》上卷，商务印书馆1982年版，第65页。

其创建的"理念世界"学说中一方面继承了他的老师苏格拉底的真理学说精神;另一方面也融进了当时古希腊人信仰的"灵魂说",使得"真理学说"和宗教信仰在其学说中形成了某种"共生"关系。后世不少哲学家例如笛卡尔、康德等人都大致采用了柏拉图的策略,使得哲学(即"真")和宗教(即"善")在他们的学说里达成某种程度的妥协。

刘小枫曾问:"还有一个问题令我迄今感到困惑:咱们是中国人,'哲学与宗教(神学—政治)'这一(西方)古代思想中的张力对汉语思想究竟有何历史的和生存性的意义?"①西方"哲学—宗教"之间张力的本质应该不是"神学—政治"的,而是"哲学(科学)—伦理"。哲学(科学)以绝对客观真理作为追求目标,有利于人类精确地认识物质世界,丰富人类的物质生活,而宗教信仰以"善"作为最终目的,有利于人和人之间的和谐相处。哲学(科学)所依从的逻辑理性思维模式适应于对客观物质的研究,因此逐渐形成其以"物"为中心的鲜明特征,并促进了现代科学的不断发展,而宗教则始终是以"人"作为关注中心的。哲学(科学)和宗教之间的张力,其实就是"以物为中心"和"以人为中心"之间的矛盾所形成的张力。中国传统并无西方意义上的哲学,也没有产生现代科学,中国传统社会的各种实用技术都受到"道"(即作为"善"的各种伦理道德)的严格控制,因此,在传统中国并无"物中心"和"人中心"两种思想体系之间的冲突。但是,自近现代中国社会引入西方"哲学—科学"以来,这种冲突就不断呈现,而且已经达到十分激烈的程度。

施特劳斯坚持认为:"'西方文明的活力的秘密'是圣经观点和哲学观点之间尚未解决的冲突,只要哲学保持沉默不说出这场冲突的程度和特性,这场冲突就会一直不能解决。"②施特劳斯以所谓"隐微说"驰名于世,说话总是吞吞吐吐。前面已经阐明,苏格拉底的"真理学说"和柏拉图的"理念世界"都具有"准宗教"的性质,这一性质被他们之后的"真理性质"的哲学所继承。具有"准宗教"性质的"哲学—科学"无非是想发现某种"终极"真理,以取代宗教信仰和伦理道德的地位而已。科学具有这种精神是值得钦佩的,不过,在达到目的之前,科学的老师——哲学家们还是少说为妙。

---

① 刘小枫:《拣尽寒枝》,华夏出版社 2007 年版,第 144 页。
② 朗佩特:《斯特劳斯与尼采》,田立年、贺志刚等译,上海三联书店 2005 年版,第 187 页。

# 第十章
## "俗世伦理"与"哲学—科学"的互动

古代中国在通过发展农业确保了人们的基本物质生活条件之后,就将主要注意力从物质生产转向伦理道德上来。中国古人抓住了伦理问题的本质,创建、发展、完善了一套具有强大生命力的、以规范"人和人之间的关系"作为核心内容的文化体系,即以"儒家伦理"为代表的中国传统伦理道德体系。

### 一、作为"俗世伦理"的儒家学说

文化的实质是价值,换言之,价值则体现于伦理道德体系。[①]一般认为,孔子是儒家伦理道德体系的创建者。更为准确地说,孔子的主要贡献是较好地总结、继承了中国自远古就不断发展的伦理道德学说。钱穆认为:"我们与其说孔子与儒家思想规定了当下的中国文化,却不如说:中国古代的传统里,自然要产生孔子与儒家思想。"[②]冯天瑜持相同的观点:"儒家是殷商以降巫史文化的承袭者,又特别发展了西周的礼乐传统。"[③]儒家文化是建立在"宗法制"的基础之上的,冯天瑜考证说:"宗法制源于氏族社会父家长制公社成员间的亲族血缘联系……宗法制孕育于商代、定型于西周…… 中国的社会结构虽发生过诸多变迁,但由血缘纽带维系

---

① 甘阳说:"文化的核心在于一套价值标准。"甘阳:《古今中西之争》,三联书店 2006 年版,第 26 页。

② 钱穆:《中国文化史导论》,商务印书馆 1994 年版,第 65 页。

③ 冯天瑜:《中国文化史纲》,北京语言学院出版社 1994 年版,第 40 页。

着的宗法制度及其遗存却长期保留,这与中国人的主体从事聚族而居的农耕生活有关……"①孔子对于中国文化的贡献是巨大的,但他不是中国文化的创造者,而是中国文化的系统总结者和推动者。中国文化是由千千万万的平民在日常生活之中根据自己的需要所逐步创建并完善起来的。例如,儒家文化所强调的"礼"其实"起源于原始社会的风俗习惯"。②儒家学说的贡献,在于在总结中国民间伦理的基础上对之进一步条理化、系统化、明确化。儒家注重中国平民文化的总结与继承,是其高明之处。

儒家学说的强大生命力在于它本质上是一种"俗世伦理"。所谓俗世伦理,就是由某一社会群体的平民百姓主动创造、自愿接受,并且自觉践行的伦理体系。因为儒家伦理本来源于对民间伦理的总结,所以儒家文化很容易地就为广大民众接受并自觉践行。中国传统皇权一般止于县,广大农村地区基本处于一种自治状态——如果广大民众不愿意自觉践行,任何伦理学说也是不可能得到推行的。人们之所以愿意自觉践行儒家伦理学说,是因为儒家俗世伦理的根本特点在于其主张"利益平衡",例如,儒家伦理规定"父慈"时同时规定"子孝","父慈"鼓励父亲付出子女受益,"子孝"则规定子女付出父亲受益。"利益平衡"使得每一个普通人在付出的同时能够得到相应的回报。也许随着社会的发展,儒家伦理在一些细节上可以改进,但它体现的中国本土伦理道德作为中华民族基本伦理的地位是不可动摇的。儒家伦理代表的中国伦理体系帮助中华文明绵延至今,并且不断被异族人采用,不是没有道理的。

中国伦理体系是社会稳定的基础。儒家伦理继承了民间古代文化的和平主义心态并将之发扬光大,明确提出"和为贵"(《论语·学而》)的思想。这种思想在明确表达出中国广大民众心声的同时,也有力地规范了人们的行为方式,从而在很大程度上促进了社会的稳定发展。正也因为如此,儒家学说才得以在春秋战国时期的百家争鸣中脱颖而出,并在汉武帝时期由董仲舒倡导的"废黜百家、独尊儒术"运动中成为官方支持的伦理学说。应该说,汉武帝的先祖们奉行以道、法为主的"黄老之术"也收到了一定的成效,雄才大略的汉武帝在没有充分道理的前提下是不会轻易

---

① 冯天瑜:《中国文化史纲》,北京语言学院出版社 1994 年版,第 6 页。
② 同上书,第 32 页。

更改祖制的。道家也是中国传统文化的优秀继承者，并且富于智慧。和儒家朴素平实的风格不同，道家学说讲究辩证思维，其"道常无为而无不为"(《道德经》)的思想不是普通平民所能理解的，因此，道家学说的知音多为长于哲思的饱学之士。道家伦理可谓一种"学人伦理"，而不是"俗世伦理"。法家继承的主要是中国古代政治智慧，"止于至善"地使用法家学说可以很好地服务于政治建设——法家伦理可谓一种"政治伦理"，也不是"俗世伦理"。自汉武帝之后，历代帝王无不将儒家学说尊为国统，统治者还常常大力表彰出身低微的孝子、节妇，以获取民心，彰显统治者的道德合法性。因此，与其说儒家在中国的主流地位得益于各代帝王的隆恩，还不如说历代帝王的稳固江山得益于儒家学说的扶持。《荀子·王制》记载："君者，舟也；庶民者，水也；水则载舟，水则覆舟。"凡是背弃儒家伦理的统治者，轻则导致社会动荡，重则被历史无情地抛弃。

## 二、作为俗世伦理的基督教

古希腊并没有具备全民性质的俗世伦理。古希腊人崇尚宗教，其伦理道德体系也体现于宗教信仰活动之中。古希腊的宗教十分原始，表现为一种自然神灵崇拜，各个城邦都有自己独特的神灵和崇拜礼仪。古希腊文化在总体上是支离破碎的——即使说古希腊具有某种程度的"文化"，那么，这种文化共识也无疑是十分脆弱的。即便在从各个城邦内部来看，各阶层人士也没有统一的"文化共识"。神灵体现的是一种理想人格，是信仰者伦理道德的外在投射，古希腊的众多神灵体现的是相关崇拜者心目中的理想人格。从《荷马史诗》等作品中我们不难看出，古希腊的神灵们一般只垂青于国王、贵族和英雄们，对于普通民众则十分淡漠，对于在古希腊某些地区有时占人口比例高达 31％—50％ 的奴隶更是视而不见。①可见，古希腊宗教所体现的伦理只是一种贵族(英雄)伦理，不是俗世伦理。对平民百姓而言，贵族(英雄)伦理实在难以企及。

---

① 学界对古希腊奴隶的人口比例有不同见解，故本文取区间值。参见 1. 刘家和、王敦书主编：《世界史·古代史编》上卷，高等教育出版社 1994 年版，第 267—268 页；2. 徐松岩：《关于希腊奴隶制的理论和实际》，《世界历史》2000 年第 1 期。

伦理道德要求过高,普通百姓就无法实践或者不愿实践,也就是说,过高的伦理道德要求反而等于没有要求,即没有伦理道德要求。伦理道德一旦缺失,普通民众在日常生活中就无法践行伦理理念,也无从获得自我实现的道德美感。"俗世伦理"与"贵族伦理"不同,它所主张的最高伦理要求也是平民在日常生活之中不难成功践行的。信奉俗世伦理的社会体不以出生、钱财、权力等论贵贱,而以"德行"论贵贱。信奉贵族伦理的古希腊,不仅城邦之间是分裂的,而且城邦内部也是分裂的,我们也不难想象这种社会群体的稳定性和凝聚力。从这一角度来看,古希腊的整体覆灭也就不难理解了。

在公元 1 世纪的罗马时期,以犹太教为基础发展而来的基督教则具有鲜明的"俗世伦理"特征。作为基督教源头的犹太教是犹太人的全民性宗教,本身就具备俗世伦理功能。不过犹太教讲究血亲关系,一般只在血亲群体之内流传,具有封闭性的特征。正因为其封闭性特征,所以犹太教在历史上饱受摧残;又因为犹太教具有俗世伦理功能,所以具有顽强的生命力,能够绵延至今。基督教是开放性的,其发展初期就在人群,尤其是穷人中间迅速传播。尤其可贵的是,基督教对于奴隶也不设门槛,奴隶一旦加入基督教就成为所有教徒的"兄弟姐妹",这实质上是在伦理道德层面取消了奴隶低人一等的地位。可以说,基督教是推动西方从奴隶社会走向封建社会的决定性力量——从其他任何方面来解释奴隶制度的消亡都不能触及问题的根本。

近代美国也出现过"蓄奴制"——一种奴隶社会思想的残余。学界一般习惯从当时美国北方经济发展的需求来解释美国废除奴隶制度的动机。[①]应该说这种解释也颇有道理,解除黑奴的确有益于北方的工业发展。不过,从经济视角来看,如果南方因为废除奴隶制而使种植业遭受严重打击,也同样会危及北方工业的发展——可见"经济说"的解释力是十分有限的。美国总统林肯曾称《汤姆叔叔的小屋》的作者斯托夫人"用一本书发动了一场战争的小妇人"。《汤姆叔叔的小屋》中的主人公汤姆叔叔尽管是奴隶,却也是一位高贵坚忍的基督徒。汤姆叔叔的基督形象深

① 参见姜楠:《发动南北战争的小妇人——论〈汤姆叔叔的小屋〉的历史地位》,《西藏大学学报》(汉文版)2005 年第 2 期。

深地打动了同为基督徒的广大白人读者——也正是出于对身为基督徒的广大奴隶"兄弟姐妹们"的深刻同情,才促使斯托夫人甘愿冒着现实风险写作并发表了《汤姆叔叔的小屋》。可见,美国废除蓄奴制的社会力量,根本上源于基督徒们的伦理良知战胜了利欲诱惑,因此,美国的蓄奴制之所以土崩瓦解,其根本原因是越来越多的非洲黑奴皈依了基督教。

蓄奴制废除之后,美国的种族主义依然严重。20世纪,美国民权运动的领袖们又正是通过运用基督伦理资源来实现自己的政治诉求的。马丁·路德·金本人就是一位基督教牧师,他在《我有一个梦想》的著名演讲中不断提到"白人兄弟"、"所有上帝的孩子们",正是为了唤起美国社会的基督伦理良知。直到今天,美国总统奥巴马在竞选中还会强调自己基督徒的身份。今天的美国白人谈到奴隶制时总是会说:是的,是我们制造了奴隶,不过也是我们解放了他们。美国以基督教的俗世伦理解放黑奴并赋予其平等地位,对美国社会的稳定具有重大意义。①

任何宗教的最终目的都是生活本身,基督教也不例外,《圣经》里面的上帝并不是在教授信众如何修炼成仙,而是在告诉信众如何过好尘世生活。刘小枫说:"旧约先知反而是为了将人们的注意力引向人生。"②在《圣经》里面,西方人找到了日常生活的各种伦理规范,例如,勤劳、诚信、感恩、博爱、宽恕等最基本的日常生活基本规范。《旧约圣经》中最重要的内容是上帝给信众的律法,即《摩西十诫》,而《摩西十诫》的核心内容就是

---

① 李约瑟认为:中国并无奴隶制社会阶段,并没有"地中海文化意义上的以奴隶为基础的社会"。这种见解是精辟的。参见李约瑟:《东西方的科学与社会》,《自然杂志》1990年第12期。不过,李约瑟主要是从经济和政治的视角来论述的。其实,从伦理的角度可以更为深刻地回答这一问题。首先要问的是:什么是"地中海文化意义上的奴隶"?学界一般奉行的是所谓"人身依附说"。按照这种观点,因为"君要臣死,臣不得不死",所以中国古代全天下只有皇帝一人是主人,而所有臣民都是"奴隶"。按照这种逻辑,难免也会推出:因为"父要子亡,子不得不亡",所以全天下的儿子都是父亲的"奴隶"的荒唐结论。在古罗马时期有很多斗兽场,奴隶常常被派去和野兽决斗,供观众娱乐。既然古罗马人能从奴隶和野兽的血腥决斗中得到"审美享受",那么也不难看出,罗马人其实是将奴隶视为"异类"的,和动物没有区别的异类。也就是说,罗马人根本不认为奴隶和自己在文化(尤其是伦理道德)上有任何共同之处,这才是他们能够心安理得地把奴隶当做动物一样对待的根本原因。从这个视角来看,我们不难发现,在中国文化共识一经形成之后,中国就根本不可能出现"地中海文化意义上的奴隶",遑论奴隶制度。正如李约瑟建议创造"kuan-liao"这英语词来指代中国特有的"官僚"制度一样,我们也不妨创造一个汉语词"斯勒夫"来指代西方特有的"奴隶"制度。

② 刘小枫:《拣尽寒枝》,华夏出版社2007年版,第230—231页。

日常生活中的俗世伦理,其中第四条之后分别规定信众的一些最基本品德:第四条:勤劳(劳动 6 天,休息 1 天,劳逸结合;休息天加强信仰);第五条:孝敬父母;第六条:不可杀人;第七条:不可奸淫;第八条:不可偷盗;第九条:不可做假见证陷害人;第十条:不贪恋财物。《摩西十诫》的前三条强调对于上帝的必须忠贞不贰、绝对信仰、敬畏,这不但可以保证后面几条规范的绝对有效性,还可以防止伦理共识基础的分裂——这都是基督教比古希腊宗教高明的地方。基督教伦理和儒家伦理的理论基础不同,但是他们所主张的世俗伦理则有异曲同工之妙,这也说明:在中国哲人系统总结俗世伦理几千年之后,西方哲人们在公元 1 世纪也终于走向了正确的道路。

### 三、基督教的变革

因为具有俗世伦理的功能,所以基督教一旦出现就显示了其强大的向心力和惊人的生命力。基督教在创教初期的传播速度就十分惊人,从而引起罗马政府的惊惧和残酷镇压,这种镇压在公元 1 世纪 60 年代中期已经开始,并在公元二三世纪不断升级。尽管不少基督教信徒惨遭杀害,然而基督教作为一个整体却依然茁壮成长,并迅速扩展到社会各个阶层。看到镇压起不到任何效果,罗马政府也只好改变策略,于公元 313 年发布"米兰敕令",承认了基督教的合法地位。公元 380 年,罗马帝国更是将基督教奉为国教。

基督教不仅可以在"沉重的压迫之下逆向茁壮成长",也可以发动致命的攻击性行动,例如,以基督教名义发起的"十字军东征",其巨大的破坏力恐怕是令亚历山大也为之胆寒的。在近代,西方列强"一手持剑、一手拿《圣经》"开始在全球进行殖民扩张活动。到了 20 世纪,西方的军事政治势力日益衰退,纷纷被迫退出殖民地区,可是基督教却在西方的很多前殖民地——尤其在那些原本缺乏"俗世伦理"的地区生根发芽,不断发展。亚历山大在很短时间就拥有了一个跨越亚、欧、非的庞大帝国,不过这个纯粹依靠军事力量建立的庞大帝国正如成吉思汗的庞大帝国一样,在瞬间就土崩瓦解了。成吉思汗的子孙依靠军事力量入主中原之后不久就被儒家文化所同化，如果亚历山大在当时侵入中原，很有可能也会和成吉思汗的子孙们作出相同的选择。"俗世伦理"的强大生命力，令任何强大的军事力量在它面前也黯然失色。

基督教教义十分严厉，其组织形式也十分严密。在其兴起的初期，基督教将推翻罗马统治夺取政权作为自己的目标，并以秘密的方式发展，在这种前提下，自然也就形成了严格的教义和严密的组织形式。基督教的严密性确保其内部在思想和行为上保持了高度一致，同时它也使得基督教难以容忍异己，表现出一种残酷的狭隘性。例如，在中世纪，基督教就将凡是不信仰基督教的人一律称为异教徒，并主张用火将他们烧死。

古希腊人崇尚"求证"，古希腊著名诗人荷马相信，"神是凡人求证行为的倡导者"。① 这种"求证"精神引导古希腊人不断地走向理性和真理。与之相反，基督教强调纯粹的信仰，反对可能导致质疑上帝的任何"求证"行为——当然他们对于证明上帝存在的"求证"行为还是颇为赞许的。有趣的是，不少西方哲学家也能够理解、支持基督教的这种关切，例如，维特根斯坦就公开声称："宗教信仰是不需要证据的。"② 从这个角度来看：假如古希腊没有创造出"真理学说"，或许西方就会和它失之交臂。从伦理道德的视角来看，作为俗世伦理的基督教的产生无疑是巨大的历史进步，但从"哲学—科学"的视角来看，情况恰恰相反。在严厉的基督教义统治下，西方不少著名科学家受到严重压迫，例如，哥白尼就担心教会的迫害，直到临终前才敢出版《天体运行论》，而热情宣扬"日心说"思想的布鲁诺就被活活烧死。宗教和"哲学—科学"的尖锐矛盾在这些血腥的冲突中表露无遗。

基督教徒也是人，也需要生存，自然也需要实用技术。基督教所真正反对的并不是实用技术，而是可能动摇基督教信仰的各种"哲学—科学"学说。在基督教统治下的所谓"黑暗的中世纪"，西方其实在实用技术方面取得了很多成就，仅技术方面就包括农耕技术、各种生活日用品、水轮、

---

① 陈中梅：《〈奥德赛〉的认识论启示——寻找西方认识史上 logon didonai 的前点链接》，《外国文学评论》2006 年第 2 期。

② 凯利·克拉克：《无须证明 不用论证——改良派知识论的辩护》，陈嘉明译，《东方论坛》2003 年第 4 期。

风车、重要航海技术、纺纱车、造纸术、印刷术、火药、手工业技术,等等。①
恩格斯也认为西方中世纪的"工业生产和商业获得无限高度的发展……
还有大量的发明以及东方发明的输入……"②也许中世纪的西方科技在
总体上仍落后于中国,但无疑已经远远超过古希腊时期的水平。而且,基
督教事实上还做了很多有益于科技发展的事情,例如,为科技发展提供物
质基础、为科技发展提供研究支撑体系(包括提供研究基地、设备、经费、
研究者的薪俸等)、为科技发展提供论证方法,并兴办大学、推动科技传播
等。③同时,在基督教人士的主导下,大量希腊经典著作也被翻译成为了
拉丁文(其中绝大多数是通过阿拉伯文转译的)。当时最为重要的翻译中
心是托莱多,据说仅克莱莫纳的热拉尔一人就翻译了 90 多部著作,其中
包括亚里士多德、托勒密和盖伦的多部重要著作。④这些成就帮助西方人
彻底改变了生活状态,为文艺复兴时期科学的"飞跃"提供了坚实基础。

　　具有俗世伦理性质的基督教在西方普及之后,西方社会在总体上逐
步趋于稳定,威胁古希腊人生存的各种不可控威胁被逐渐克服:从日常生
活的层面来看,由于农耕技术的发展以及地主庄园的兴起,普通人们生存
所需的基本物质条件获得了保障,因此在日常生活中不再受到死亡的频
繁威胁;从国家层面来看,一则物质基础已经相当稳固,二来由于基督教
伦理的普及,封建贵族之间的战争也从文化战争转型为政治战争,各个社
会群体不再受到文化灭绝的致命威胁。文化战争的破坏是毁灭性的,而
政治战争的破坏性相比之下小得多。据说雅典神庙当时曾保存各种图书
70 余万卷,至今传承下来的寥寥无几;一般认为,亚里士多德著述流传至
今仅占其全部著作的五分之一而已——这都是文化战争的恶果。而在中
世纪的各种政治争斗中,基督教堂一般都能够免受冲击,使得基督教堂成
为很好的文化经典古籍的庇护之所,让西方文化知识传承无忧。值得一

---

　　① 参见高慧敏、毛瑶五:《论中世纪宗教与科学技术的关系》,《晋阳学刊》2004 年第 6 期。有关
研究可以参见:1.海森:《自然科学史》,周煦良等译,上海译文出版社 1984 年版。2.林德伯格:《西方
科学的起源》,王珺译,中国对外翻译出版公司 2003 年版。
　　② 恩格斯:《自然辩证法》,人民出版社 1984 年版,第 40 页。
　　③ 参见高慧敏、毛瑶五:《论中世纪宗教与科学技术的关系》,《晋阳学刊》2004 年第 6 期。
　　④ 参见郝刘祥:《中世纪希腊科学的传播及其与宗教的关系》,《自然辩证法通讯》2003 年第 3
期。学界有另一说,认为热拉尔的译著数量是 87 部。

提的是,在公元 476 年日耳曼人灭掉西罗马帝国之后,不少日耳曼人部落也皈依了基督教,使基督教堂所存的宝贵文化财富免受劫难。

西方文艺复兴时期各行各业的繁荣并非一蹴而就的,而是经过中世纪长期积淀、发酵的结果。

开启文艺复兴大门的是基督教的宗教改革。文艺复兴时期的宗教改革具有强大社会基础,符合历史发展的逻辑。基督教自创立之初就具有严密的组织形式,即一套准政治性的组织系统,这套系统对于抵抗罗马政府的压迫、推动基督教的发展起到过重大的作用。不过,在基督教的统治地位已经十分牢固、发展也不再受到威胁的时候,基督教会对信众的过度政治要求就失去了其合理性。

人类的各种行为活动均趋向于"效果同等前提下成本最小化"的基本原则,基督教徒也不例外,在他们获得基本伦理体系保障之后,自然会尽量减少为此付出的政治成本。而且,由于当时各种封建王权政治势力的兴起,基督教的政治影响力被大大削弱,例如,英国就在亨利 8 世统治时期通过《至尊法案》公开和罗马教廷决裂——尽管英国基本沿用了原基督教的教义、礼仪和主教制,然而罗马教廷的影响在理论上已经被英国拒之门外。罗马教廷具有庞大的准政治性的政治组织系统,而这种组织系统的存在必要性在当时就已经受到强烈质疑。

现代西方国家基本实行政教分离的原则,严格限制宗教对于政治的影响。政教分离是符合历史发展的规律的:宗教的领域是精神领域,基本原则是"绝对信仰",实行这一原则可以增强信众从宗教中所获得的精神慰藉的"心理真实性",是符合信众利益的。而政治领域是现实生活领域,其基本原则是"效益最大化原则",正因为如此,所以只有充分照顾到民众的衣、食、住、行等利益诉求的政治体制才可能得到广大民众的坚定支持;也正因为如此,政治统治者往往会倾听民众的声音,和民众进行某种"利益协商式的互动",以求使得各种社会群体在社会分工合作中达到利益最大化。因为宗教和政治所涉及的领域以及所遵循的规律都不相同,所以政教分离原则的实施具有某种历史必然性。政教分离的过程是宗教的政治色彩日渐衰退,宗教对于现实生活的影响日渐减弱的过程。

在漫长的中世纪,基督教内部已经出现过大大小小多次变革。到了文艺复兴前夕,各种改革的呼声更是日益高涨。不过必须注意的是:信众的矛头所指,并非基督教信仰本身,而是教会机构——文艺复兴宗教改革的领军人物都是虔诚的基督教徒,他们改革的目的恰恰是为了维护基督教,而不是反对基督教。尤其在《圣经》被翻译成为各种民族语言、得以普及之后,普通的基督教徒们也能清晰地分辨出教会所犯下的各种违背《圣经》教义的腐败行径了。公元1517年马丁·路德公开发表《九十五条论纲》,揭露并遣责教会出售"赎罪券"的行径,立即在广大基督教徒中引起强烈共鸣。之后,不少教徒更是另立门户,创办"新教"。"新教"强调"因信称义",将《圣经》视为唯一的权威,主张信徒皆祭司等——这些主张的本质,在于在保留基督教信仰的同时,大大弱化了基督教的准政治性组织形式,因此,新教顺应了人们的需求,受到极大欢迎,得到迅速发展。加尔文等其他宗教改革领袖人物也分别创立新的基督教派,尽管这些新的教派在教义细节上和新教有些不同,但却和新教具有共同的本质。各种新兴的基督教派大大弱化了教会组织对教徒们的政治性控制,使得教徒们对自己的时间、精力和财物的自由支配权大大增强,因此也就促进了文艺复兴时期整个西方社会在艺术、学术、商业等各个方面的强劲发展。

## 四、"真理学说"的回归

宗教改革极大地解放了人们的思想,这使得古希腊思想的回归成为了可能,而古希腊思想的回归又促进人们在思想领域获得进一步解放。古希腊思想的深度回归表现在哲学领域内"真理精神"的回归,之后在笛卡尔、康德等人的努力下,苏格拉底创建的真理学说更被推向一个全新的高度。

在如何处理宗教和真理学说的问题上,笛卡尔、康德等人采用的基本是柏拉图的路线,难怪怀特海称说:"欧洲哲学最明显的特征是包含了一系列柏拉图哲学的脚注。"[①]笛卡尔被认为是西方现代哲学的奠基人,笛卡尔具有强烈的怀疑精神,不过他的怀疑只是手段,目的还是为了去伪存真。终于,他找到了一条"连一切最荒唐的怀疑假定都不能动摇它"的"真

---

① Alfred North Whitehead: *Process and Reality*, *An Essay in Cosmology* (1929), edited by David Ray Griffin and Donald W. Sherburne. New York: Free Press, 1979, p. 39.

理"，即"我思故我在"。笛卡尔将它命名为"哲学的第一原则"。①笛卡尔在提出"我思故我在"的"哲学第一原则"之后马上接连提出"上帝存在第一论证：至善的观念"，"上帝存在第二论证：我之有限"，"上帝存在第三论证：至善的性质"三条论证，虔诚地想要"认识上帝与灵魂"。②笛卡尔如此处理"真理学说"和"至善上帝"之间的关系，可谓得到了柏拉图的真传。被学界公认为构建了"具有划时代意义"哲学体系的康德更是坦诚他研究的目的就是"悬置知识，以便给信仰腾出位置"③。他死之后，他的名著《实践理性批判》的最后一章的一句话成为了他的墓志铭："有两种东西，我对它们的思考越是深沉和持久，它们在我心灵中唤起的惊奇和敬畏就会日新月异，不断增长，这就是我头上的星空和心中的道德定律。""星空"代表客观世界，即"哲学—科学"，而"道德定律"指的就是作为西方伦理道德体系基础的基督教。笛卡尔和康德都是基督教徒，在他们的生活中和学说里，宗教和"哲学—科学"之间基本实现了和谐共处。

真理学说的回归为西方现代科学的形成带来了不可或缺的一大要素。现代科学的形成需要两大要素的完美结合：其一是真理学说；其二是实证科学理论。古希腊哲学家们创建了真理学说，不过他们的"真理"只停留在"理念世界"之中，至于客观世界的"真理"究竟是什么，他们的答案是十分含糊的——后来，以探寻世界本源的客观真理为己任的传统本体论哲学也饱受质疑。培根的实证科学理论则为真理学说提供了和自然世界接壤的理想通道——人们至此可以自信地在真理学说的宏观指导下，通过具体实证方法，认识到物质世界的各种"规律"，即某种程度上的"客观真理"。培根也因此被尊称为"现代科学之父"。

真理学说和实证方法的完美结合形成了西方现代科学。从微观上来看，实证方法是行之有效的，不过，如果没有理论指导，实证研究就会成为一种"在黑暗中走路"、"摸着石头过河"的低效率的方法。只有在真理学说的引导下，实证研究才能明确方向，如鱼得水；也只有在真理学说和实证科学结合之后，人们才能根据哲学判断提出各种理论（即科学假说），然

① 笛卡尔：《笛卡尔思辨哲学》，尚新建等译，九州出版社2004年版，第31页。
② 同上，第34—43页。
③ 康德：《纯粹理性批判》第二版序，邓晓芒译，人民出版社2004年版，第22页。

后再运用实证方法进行证明——相关的例子在现代科学中多不胜举。

"真理学说"和"实证科学理论"两者都只是科学理论,两者的结合可以产生现代科学体系,却并不能必然地生产出各种先进的实用技术。如果没有相当的实用技术作为基础,科学理论本身难以施展拳脚——现在各国政府主张科学无国界,却绝不和他人分享各种先进技术,道理就在于此。幸运的是,经过中世纪的长期积累,西方已经拥有了足够的实用技术可以作为现代科技的发展基础。有了技术基础,人们需要做的就是不断改良,并且系统化——而这正是科学理论的专长。在西方现代科学的这些技术基础之中,以从中国传过去的印刷术、火药和指南针尤为重要。培根曾大声赞美印刷术、火药和指南针,并且以此证明西方中世纪的科技和古希腊相比已经产生了质的飞跃,他还大声称赞:绝妙无比的印刷术、火药和指南针从根本上改变了西方在文学、战争和航海方面的整体面貌,并且由此改变了整个世界。[①]或许也正是这些由中国人发明的、具有强烈实证品质的技术,启发了培根的实证科学理论。针对有些人对传统中国科技能力的质疑,李约瑟说:"所有这些都表明,中国人完全有能力观察理解自然世界。他们在传统中所取得的各项成就还表明他们完全有能力进行实证研究。整个世界历史都因为他们的发明创造而为之一变。如果没有纸张、印刷术、指南正和火药,我们西方何以可能从封建社会走向资本主义社会呢?"[②]李约瑟以大量事实充分证明了中国早已具备培根所推崇的实证科学方法。中国传统科技,尤其是中国四大发明,对于现代科技的贡献是一种奠基性的、开创科技领域"问题域"式的贡献,其重大意义怎么强调都不过分,如果没有中国的指南针,或许西方人永远也不会产生"磁"的概念,更不用说进入"磁"的问题域、思想域、研究域。[③]即便说西方意义上的现代科学没有发生在中国,但是谁也不能否认中国对于现代科学基础

---

① Joseph Needham, *Progress in Science and its Social Conditions*; Nobel Symposium 58, held at Lidingo, Sweden, 15—19 August 1983, ed. Tord Ganelines (Oxford, published for the Nobel Foundation by Pergamon, 1986), p.9.

② Joseph Needham, *The Grand Titration*. London: George Allen & Unwin Ltd., 1969, p.149.

③ 中国现在很多被认为是"伪科学"的事物(例如中医、风水等),里面也许就隐藏了许多类似的、足以开创科技领域的"研究域"的思维模式。

的重大贡献。

中国自古以来的俗世伦理体系是我们应该引以为傲并且倍加珍惜的。发达、健全的俗世伦理是社会稳定的根本，一个无视俗世伦理的社会必然道德败坏，必然沦落为一个深度不安的社会。中国本来有深厚的俗世伦理基础，在近现代却被各种力量过度解构、遮蔽，导致当今社会的道德大滑坡。因为道德大滑坡导致的腐败现象已经严重威胁到当前中国的社会稳定——失去了社会的稳定，也就会失去一切。有人将腐败归结为权力问题，提出"绝对的权力导致绝对的腐败"的命题，这固然有一定道理，不过，反例也不少——生活中并不乏严于律己的当权者。权力是大量腐败的前提，但是权力也是社会政治赖以存在的基础，我们不能因为反腐败而无视权力的其他有益功能，更不能从"反腐败"得出"反权力"的错误结论。根除腐败的根本在于伦理道德的建设，一个有坚定伦理信仰和道德意志的人在任何时候都不会腐败；相反，一个没有伦理道德的人即便没有权力机会腐败，也会通过其他途径危害社会。研究权力要从权力分配和社会效益（例如，包括短效和长效，又例如，包括预防腐败的功效等）的关系的视角入手，而研究腐败的最根本视角则是伦理道德问题。学术研究视角直接影响我们的运思方向，学术研究视角选择不正确，会使我们在研究的开始就陷入歧途。

西方基督教在近现代也遭受过不少冲击，并被迫经历过多次改良，尽管如此，基督教在当前西方的基础性地位仍然是不可动摇的。美国著名宗教研究学者路夫撰文说，美国一直是一个高度宗教性的国家，不信教的人是极少数，仅占美国人口总数的 4％ 左右，而这些人在美国还不受欢迎。路夫还提到近年来在美国——尤其在学界——发展颇为迅速的一个群体，这一群体在冷战时期占美国总人口比例还不到 1％，而在 21 世纪初期则已经达到 10％ 左右。[①]这一群体不喜欢有组织的宗教，他们声称自己"有信仰但是没有宗教"（spiritual but not religious）。他们不去教堂，也没有自己的信仰组织，对他们而言，信仰完全是个人的事情，宗教形式

---

① Wade Clark Roof and Natalie Caron："Shifting boundaries：religion and the United States 1960—present", in *The Cambridge Companion to Modern American Culture*, ed. By Christopher Bigsby, Cambridge：Cambridge University Press, 2006.

完全没有必要；①在他们眼里，被路德视为唯一权威的《圣经》中的那些神迹故事漏洞百出，简直是弱智的表现。他们相信人文主义的伦理体系，在他们看来，《圣经》中的上帝有时也难免过于暴力。不过，他们仍然愿意承认《圣经》是人文主义伦理的源头，同时也对《圣经》中的人文主义进行不同程度的改良。他们仍然坚信上帝——不过已经不是《圣经》中的上帝，而是笛卡尔哲学体系中的上帝——上帝只是一种抽象的绝对的真善美的代表词。他们的"上帝"其实和中国本土文化（包括儒家、道家等）信仰中"有大美而不言"的"天"越来越接近。其实，随着人类理性的发展，纯粹的信仰"从形象化到概念化"已经是一个非常明显的趋势。

　　大多数的普通西方人还是需要"神迹"的帮助才能找到信仰和信仰中蕴涵的俗世伦理。因此，西方近现代笛卡尔、康德、维特根斯坦等大哲学家均明确地将科学和宗教分开，以此保护基督教信仰不受冲击。也许随着时代的发展，中国俗世伦理也像基督教伦理一样需要进行改良，但是，无论如何却不能动摇其基础性的社会地位——相反，我们进行改良的目的恰恰是要加强俗世伦理的基础性地位，而不是进行破坏。如果我们过度解构中国传统俗世伦理，西方基督教伦理就会自然流入——这种苗头近年来颇为明显。固然，我们可以学习借鉴西方基督教伦理，不过，我们必须同时注意到：即便李约瑟也承认基督教并不比儒家更有利于科学的发展。事实上，中国传统文化理性在很多地方优于西方宗教。②

---

　　① 刘小枫说："所谓信念自由，本来的意思是：个人得把自己的道德—宗教认信隐藏在'内心密室'，in secret free［秘密地自由］信仰……秘密和启蒙、揭露与守秘，在西方思想史上是一大问题呵……"参见刘小枫：《儒教与民族国家》，华夏出版社2007年版，第272页。他们中部分人和刘小枫的观点十分相似。

　　② 从世界范围来看，只有一些文化根底较浅的非洲等地区的小国在整体上放弃原有文化而接受了基督教。中国成功引进、融会佛教的前提在于以儒家伦理对佛教进行了相当长时间的本土化改造。如果基督教伦理整体流入，是否会接受儒家伦理的本土化改造呢？如果基督教伦理本身具有一种强势政治地位，儒家伦理又何以对它进行改造呢？如果不进行改造，基督教的整体流入是否会导致两大伦理体系的剧烈争斗，从而导致社会深度动荡呢？基督教具有很强的政治性——这使它和佛教的纯宗教性质具有巨大差别。中国历史上对基督教进行的多次本土化改造总体上均不成功。如何构建本土化的"中国基督教"无疑将是中国社会未来的一大重任。

# 第十一章
## 知识社会：从伦理与科学视角的论证

创造与使用工具是人类与动物的根本差别。少数动物也会使用工具，不过都十分低级、原始。工具的使用大大改善了人类的生产效率，帮助人类获得了极大的物质财富，因此，人类也一直十分重视工具的创造活动，并给予新工具的发明者崇高的荣誉。与工具的实际制作和使用相比，有关工具创造和使用的理念更为重要，而所有相关理念的集合，就构成了科学知识体系。

当前，不少人将科学知识直接等同于知识本身。在他们看来，构建"知识社会"的所有任务，也就是创新、发展、普及科学知识而已。这种错误的指导思想，导致我国在物质财富急速增长的同时，在精神生活方面却出现重大危机。其实，知识不仅包含科学知识，还包含伦理知识等其他同样重要的组成部分。一味强调科学知识及其带来的物质财富，有意无意地漠视伦理知识以及"人和人"之间的和谐关系的构建，不可能建设好知识社会。

### 一、李约瑟问题探讨

从社会历史文化的视角考察中西科学知识的发展状况，有利于我们反思现代中国知识社会的建设问题。在该领域，最有影响的要数西方著名汉学家李约瑟提出的所谓"李约瑟难题"。"李约瑟难题"的两个问题是："为什么现代科学只在欧洲文明中发展，而未在中国（或印度）文明中成长？……为什么在公元前1世纪到公元15世纪期间，中国文明在获取自然知识并将其应用于人的实际需要方面要比西方文明有成效得多?"①

李约瑟问题一经提出,就引起了中国学界的强烈反响。有的学者在某种根深蒂固的文化自卑情结的左右下,在思考的前提中就将"现代科学未在中国成长"归咎于中国文化,并从中寻找原因,作出的结论自然很难令人信服。②比较典型的做法就是将矛盾对准儒家学说,并认定其为罪魁祸首,这显然是错误的。著名的新儒学代表人物牟宗三虽然"认为中国儒家文化与科学精神不一致,但他并不认为中国儒家文化对现代科学产生造成障碍,二者是并行不悖的关系。"③李约瑟本人也认为中国的精神、思想和哲学传统的许多方面比"基督徒的世界观与现代科学要合拍得多。"④还有学者在回答"李约瑟难题"时认为中国人根本缺乏理性精神、或者中国传统上根本没有科技等——他们似乎忘记了李约瑟所指出的这一简单事实,即"在公元前1世纪到公元15世纪期间,中国文明在获取自然知识并将其应用于人的实际需要方面要比西方文明有成效得多"。

"李约瑟难题"具有重大学术价值。不过,"李约瑟难题"的问题本身也并非没有缺陷。其一,李约瑟对"公元前1世纪到公元15世纪"的这一时期划分并没有中国社会历史背景的依据,这一时期在中国历史上也并无特殊之处。这一时期的划分是以西方社会历史作为背景的:从古希腊文明彻底陨落开始,到文艺复兴中兴结束。古希腊文明的陨落以及文艺复兴是西方文明史中的两个重大关节点,回答李约瑟问题必须在西方社会历史背景中对这两个关节点之所以发生的前因后果进行详细考察。

其二,李约瑟忽视了中国传统实用技术和西方现代科学重大差别:中国传统实用技术强调实际操作,其发展进步主要直接源于具体实践之中;而西方现代科学具有抽象哲学理论体系的支撑。中国传统实用技术也有理论,不过一般是先有实践,后有理论解释——由于缺乏严格的逻辑规范

---

① 李约瑟:《东西方的科学与社会》,《自然杂志》1990年第12期。

② 参见董英哲、康凯、石建孝:《对"李约瑟难题"质疑的再反思》,《自然科学史研究》2003年第3期。周桂钿:《"李约瑟难题"试解》,《自然辩证法研究》2002年第12期。两文概括了尝试回答"李约瑟难题"的一些代表性观点。

③ 卢周来、曹树枚:《解开"李约瑟难题"的一种努力——牟宗三论儒家文化与科学精神》,《南昌大学学报》(社会科学版)1996年第4期。

④ 李约瑟:《东西方的科学与社会》,《自然杂志》1990年第12期。

与实证检验,这些理论往往不够精确,许多基本就是错误的,例如,传统中医对于很多疾病都有实效,可是其理论体系就很难自圆其说,更不用说在理论的指导下发明新的治疗技术了。相反,在西方现代科学领域之内,人们常常可以直接根据理论发明大量的实用技术,例如,人们根据物理学理论就设计发明出了很多实用技术。

在解答"李约瑟难题"之时,我们必须突破李约瑟所设定的时间限制(公元前1世纪到公元15世纪),从中西文化的整体上来探究原因。同时,我们还必须注意中国传统实用技术和西方现代科学之间的重大差别,并找出其原因及结果。

## 二、知识社会的伦理基础

李约瑟本人从"社会、思想、经济结构"等视角对他自己提出的"李约瑟难题"进行了相当深入的探讨。他认为中国传统社会由于一直处于一种"动态平衡"之中,因此取得了"持续的普遍进步和科学进步",尤其是中国传统社会的文官制度、政府支持等,都对科技发展产生了极大的推动作用。[1]费正清和赖世和在《东亚大传统》之中也认为:"中国在文艺复兴之前,无论在科学或工业方面,文化远较欧洲为进步。中国的政治制度相当于西方所谓开明专制,在现代民权普遍觉醒建立民主制度以前可以说是最合理的制度,这才能够解释中国文化所表现的长期稳定性。"[2]李约瑟和费正清等从中国传统社会的稳定性,来解释中国传统科技的发展,是有道理的。与西方相比,中国传统社会的确是十分稳定的。梁漱溟从文化角度认为:"自身内部具有高度之妥当性调和性,已臻于文化成熟之境者。"[3]1980年,金观涛提出中国封建社会是一个"超稳定系统"的观点,并在之后的论著中不断阐发。[4]金观涛论著中的有些细节尚有待商榷,不

---

① 参见李约瑟:《东西方的科学与社会》,《自然杂志》1990年第12期。

② 刘述先:《儒家哲学的现代意义》,参见姜义华等编:《港台及海外学者论中国文化》下,上海人民出版社1988年版,第658页。

③ 梁漱溟:《中国文化要义》,学林出版社1987年版,第3页。

④ 参见金观涛:《中国历史上封建社会的结构:一个超稳定系统》,《贵阳师院学报》1980年第1期。

过他提出"中国传统社会是一个超稳定系统",则是无可厚非的。

社会的稳定是科技发展不可或缺的前提。其一,稳定的社会可以为知识生产者提供必要的生产条件。知识生产最终毕竟是由人类个体来完成的,而任何人类个体都具有一些基本需求。马斯洛指出人类的基本需求从低到高划分为生理需求、安全需求、社交需求、尊重需求、自我实现需求五类。[①]专业知识生产者进行知识创造的活动所追求的主要是"自我实现"的价值需求,一般来说,只有在其他需求得到基本满足之后,人们才会追求人生价值的自我实现。即使知识生产者在创造活动中在生理、安全、社交、尊重等方面得到的回报相对较低,大多数的人也会选择放弃而追逐回报更高的工作。当前我国学者从政从商的潮流就鲜明地体现了这一规律。一般人为生活所迫,最为关注的是"投入—回报"的比率,愿意为知识生产无私奉献的人毕竟是少数,像苏格拉底、布鲁诺那样愿意为真理献身的人更是寥寥无几。只有稳定的社会,才能为绝大多数的知识生产者提供自我需求实现的前提,从而最大限度地调动广大知识生产者的积极性。在不稳定的社会环境中,即便政府可以勉力组织一部分人坚持在某一领域进行研究,其效果也是十分有限的。现代知识体系是一个庞大的复杂体系,任何领域的发展进步都需要其他领域的有效支持。在知识社会之中,知识整体的发展与进步需要依靠所有知识工作者共同参加,精英主义的科学生产方式只能起到十分有限的作用。

其二,稳定的社会环境可以确保知识发展的连续性。知识体系庞大、复杂,其任何一个小的部分都不是一个人、乃至一代人可以完成的,而要经过几代人、几十代人的不断积累、逐步完善。个人可能在知识体系发展的某个阶段起到某种关键作用,但是知识体系整体却是社会性的,是个人无法左右的;而且,个人的知识创造活动只有在这一知识整体中才成为可能,也才具有意义。只有基本稳定的社会才能确保知识整体得以不断传承,历史上不乏因为社会动荡导致知识失传、知识整体破碎乃至文明消失的现象,其对知识发展的打击是不言而喻的。古希腊的灭亡导致古希腊的思想沉沦一千余年,其中的教训是十分深刻的。古希腊社会覆灭之后,

---

① A. H. Maslow, "A Theory of Human Motivation", *Psychological Review* 50(4) (1943): 370—396.

古希腊的知识体系遭到极大破坏，流传至今的寥寥无几。而古希腊文明在文艺复兴时期得以"重新发现"还是十分偶然，因此也十分幸运的，人类史上的许多文明至今绝迹，其知识体系自然也荡然无存，例如，美洲的玛雅文明、中国宋朝时期北部的金国文明，等等。其实，仅是某一社会群体内部的剧烈动荡也可能严重伤害知识体系的传承，例如，中国历史上秦始皇焚书坑儒、项羽火烧阿房宫等，至今让中华民族余痛不已。

其三，稳定的社会环境有利于知识生产的社会化合作。相比于个人劳动而言，知识生产的社会合作可以使知识生产效率呈几何倍数地提高。亚里士多德一生著述丰富，不过学界已经公认他的很多成果其实是群体协作的结晶，据说亚历山大还为他提供了大量人力物力，并将在各征服地掠夺的资料派人送回希腊供亚里士多德研究之用。在现代，群体合作的规模不断扩大，美国"曼哈顿计划"和"阿波罗计划"的合作团体规模之庞大令人叹为观止。即便如此，知识社会中的绝大部分科研合作还是发生在民间，即以各种书刊杂志、院校单位、社会组织、朋友团体、网络平台等层面的各种各样的合作。政府所组织的合作，一般具有很强的针对性和时效性，即使效果显著，其"投入—产出"的效率也一般很不理想。而且，政府所主导的科研活动一般也是以民间长期积累的科学知识为基础的，例如，美国的"阿波罗计划"之中所应用的一切技术，其实在计划执行之前都已经在民间的科研合作研究之中被创造出来了，"阿波罗计划"只是有力地整合了这些技术手段而已。

中国传统社会能够长期保持相对稳定，是其在包括实用技术等知识领域的各个方面都取得了"持续的普遍进步和科学进步"的重要前提——尤其值得指出的是：这种进步并不仅仅限于李约瑟所说的"公元前1世纪到公元15世纪"，而贯穿于传统中国的整个历史进程。反观西方，一度颇为繁荣的古希腊文明由于异族的入侵于公元前1世纪彻底消亡，古希腊文明所积累的丰富知识也随之遭受到毁灭性的打击。据说雅典神庙当时曾保存各种图书70余万卷，随着古希腊社会的覆灭，这些书籍也大部被毁；一般认为，亚里士多德著述流传至今仅占其全部著作的五分之一而已。古希腊的不少文献后来得以被重新发现，只是因为作为其载体的羊皮纸还有些商业价值，所以被人保存被转卖——在流转过程中被人偶然发现的只是极少的一部分,其绝大部分则早已散逸。古希腊文明所积累的宝贵知识被无情地毁灭、抛弃,是西方社会于"公元前1世纪到公元15世纪"之后在科技方面的发展落后于中国的主要原因。我们也必须注意到,西方社会在"公元前1世纪到公元15世纪"中也逐渐积累了大量的实用科技(包括从中国引进的各种实用技术),同时也取得了不少诸如实证科学之类的学术成果,这些都为文艺复兴时期的知识飞跃创造了必要的前提条件。①

中国也曾遭受强敌攻击,并在政治军事上被全盘击败,但是,与古希腊文明的命运截然不同的是,中国文化却未因此而崩溃、断裂;恰恰相反,异族统治者不但主动皈依了中国文化,而且还踌躇满志地做起了中国传统文化的坚定捍卫者和传承人,例如,清政府的满族皇室就主动学习汉文化,并耗费大量人力物力编撰了《四库全书》——这与古希腊的各种珍贵知识文献被当做羊皮一样到市场贱卖形成了鲜明的对比。两相对比,我们不难发现:成就中国社会长期相对稳定的根本原因在于中国具有强大生命力的传统文化体系。

构建知识社会,维护社会的长治久安,必须将文化建设提到极端重要的战略高度。文化体系的核心是伦理道德体系,文化建设的关键在于建设具有强大生命力的伦理道德体系。如果社会具有强大的伦理感召力,社会每一分子就都会尽心尽力地为社会的整体利益努力工作;相反,如果社会缺乏伦理感召力,社会个体就会人心离散——当代中国大量优秀人才外流的现象,已经为我们敲响了警钟。

建设具有强大生命力的现代伦理道德体系,首先必须明确建设主体,其次要加强教育,再次要注重方式方法,最后还要具有世界眼光。真正具有强大生命力的伦理道德必然是由千千万万的普通民众在常生活中创造并且践行的俗世伦理道德体系,也就是说,伦理道德体系的创造主体应该是广大民众。由统治者强加的伦理道德规范一则难以为广大民众理解,二来也难以落实到民众的实践之中,因此最终必然失败。民国政府推行

---

① 高慧敏、毛瑶五:《论中世纪宗教与科学技术的关系》,《晋阳学刊》2004年第6期。有关研究可以参见海森:《自然科学史》,周煦良等译,上海译文出版社1984年版。林德伯格:《西方科学的起源》,王珺译,中国对外翻译出版公司2003年版。

的各种新生活运动,从理念上来看也并非不先进,最终却成为一种闹剧,其根本原因就在于漠视了民众的主体地位。在伦理道德领域,政府一相情愿,最多也只能在短时期内造就一群"被幸福"的民众。真正的伦理道德建设,必须让民众自主定义并自主追求自己的"幸福"概念。如果政府提出过高的伦理道德要求,就没有人会去主动践行,其结果和取消伦理道德无异。政府所能够而且应该做的,就是模范地遵守由民众自主创造的各种伦理道德规范,并顺应民意适时利用嘉奖的办法弘扬由民众所创造并广泛接受的伦理行为。中国传统帝皇政府颇善于此道,其效果也十分显著,这一成功经验是值得学习的。

其次,知识社会应该尤其重视俗世伦理教育。在这方面,当前西方的做法颇值得借鉴。西方教育强调学生的社交能力(所谓"to be sociable"),其实质就是强调学生的伦理思想和道德品质——只有在社交中培养出良好的伦理修养和高贵的道德品质,才可能在社交中取得成功。西方大学还注重通识教育,让学生自由、深入、系统地了解伦理道德体系的人文知识背景。[①]相反,中国当前的教育体系过度强调"技术教育",漠视伦理教育与实践,这样的教育体制,或许能够勉强生产出一下"知识人",却不可能培养出具有高尚伦理道德修养的"文化人"。尤其可悲的是,当代中国费尽心力所培养出来的大量人才,却最终选择西方文化作为自己的皈依——这不能不说是中国现行教育体制的巨大失败。在这方面,中国传统教育反而是十分成功的,古代正统的儒家学者,几乎都是中国文化的坚定信仰者。

再次,建设伦理道德体系必须注意方式方法。伦理道德建设不能依靠毫无效果的"灌输"方法,而要注意培养"共识",注重在生活中践行。寻求"共识"的正确途径是鼓励各种形式的公开讨论、自由辩论。讨论和辩论可以促进伦理知识信息迅速地自由流转,高效率地促使社会形成大量基本共识。辩论的基本方法是"表明立场,并通过理性阐述证明自己的立场,同时也要求对方提出证明"。通过沟通,讨论双方可以找出差异,发现共识。在理论方面,西方近来所兴起的"社会认识论"颇值得我们借鉴,例

---

① 近年来甘阳在推进通识教育方面做了很多工作,其有关通识教育的思想阐释,可以参见甘阳:《通三统》,三联书店 2007 年版。

第十一章 知识社会:从伦理与科学视角的论证

如,富勒认为应该"通过大众科学、全民参与、遵守规范等方式来保证知识分配的合法化和民主化。最后,团体成员在态度和信念方面享有某些共同的确定的内核,以证明他们确属同一共同体的成员,知识就是一致或者共识。"①寻求"共识"对于一个社会群体的凝聚力具有决定性的作用。

寻求共识,尤其要反对"忌讳异议"。善于倾听对方的"异议",可以促进我们养成"换位思考"的习惯,提高"辩证思维"的能力,有利于社会群体最大限度地"形成共识"。在进行了充分、有效的沟通之后,即便仍然存在异议,也没有关系:首先,厘清异议的同时,共识自然也就水落石出;其次,在厘清异议的过程中,我们其实已经寻找到了寻求共识或者发现异议的基本机制——而有关这种"基本机制"的共识(我们可以称为"共识[异议]机制")恰恰就是最为重要的"制度共识"。②异议和共识的价值是相同的,社会在"制度共识"的基础之上通过解答"异议",常常可以获得巨大进步。

最后,在构建现代中国伦理道德体系之时,我们必须具备世界性的眼光。现代文化之间存在激烈的竞争关系,我们只有成功建设出具有世界一流水平的文化体系,才能确保文化体系的凝聚力和稳定性。在具体方法上,我们既要吸取传统伦理道德的精华,又不能完全依从传统的各种定论,同时我们也要吸取西方伦理道德的精华,但不能完全照搬。如何辨明中西方的"精华"呢?这不可能依靠一个人、或者一批人的研究或者说教完成——即便有人这样去做,得不到普通民众的认可还是枉然。唯一有效的办法是放开手脚,让民众自由地在生活实践中去寻求共识。"共识"体系一旦形成,现代中国的伦理道德系统之构建的伟业也就得以完成了。

## 三、真理精神与功利主义

李约瑟认为,在文艺复兴之后,由于欧洲封建制度的衰败以及文艺复兴、宗教改革和资本主义的兴起,西方科学开始飞速发展。而当时中国封

---

① 欧阳康、斯蒂夫·富勒:《关于社会认识论的对话》(上),《哲学动态》1992 年第 4 期。
② 反之,缺乏沟通的利益双方则会互相产生严重的不信任,容易导致双方各自采取力所能及的最极端措施,从而将原本可控的"问题"无限放大,最终对于社会造成巨大危害。可见,在所有解决问题的方法中,"不沟通"乃是最不可取的方法。不过辩论一定要避免"骂战"——骂战的性质已经超出辩论的范围:骂战的目的不是沟通,而是损害沟通;其方式也不是理性的阐述,而是感性的攻击。

建官僚体制抑制现代资本主义的发展,因此在现代科技方面被西方"狠狠追了过去"。[①] 其实,中国传统一直实行的就是封建官僚体制,它在某些方面会促进科技的发展,在某些方面又会阻滞科学的发展,在总体上,它促使中国传统科技一直保持一种匀速的、均衡的发展。

李约瑟认为,15世纪之后中国科技相对落后的重要原因是商业受到抑制,这是有一定道理的。从苏联的经验来看,即便商业受到压抑,科技在国家的扶持下照样可以迅速发展——不过,这种发展却呈现出一种畸形态势:某些受到国家扶持的领域发展迅速,同时许多没有受到国家扶持的领域却几乎陷于停滞。出现这一现象的原因在于:任何政府的注意力毕竟是有限的,不可能深度照顾到知识生产的各个领域。相反,市场经济却可以促使知识生产"全民化",刺激知识体系全方位地迅速成长——因为越是在知识体系不发达的地方,其知识生产越能产生经济效益,所以在商业社会中也越容易受到资本的青睐;在这种前提下,政府只需要扶持和市场经济相关性不大的十分有限的领域就行了。当然,为了确保商业有效地刺激知识生产,还必须建立规范、高效的商业机制,尤其要确立严格的知识产权保护制度。严格的知识产权保护制度是知识社会的一大鲜明特征。

正如李约瑟所说,中国文明于公元前1世纪到公元15世纪期间,在获取自然知识并将其应用于人的实际需要方面要比西方文明有成效得多。不过,问题的关键在于"应用"二字,——不仅仅是在"公元前1世纪到公元15世纪期间",而是在中国传统社会的所有阶段,中国在科技上的成就都主要体现为实用技术的领域。如果从科学理论领域来看,西方在古希腊时期其实已经十分发达,例如,亚里士多德在物理学、心理学、生物学等诸多方面所取得的成就,至少就不低于传统中国任何时期的水平。古希腊在哲学方面也取得了和中国大不相同的成就,为文艺复兴之后西方科学体系的发展奠定了坚实的基础。可惜,由于古希腊社会的覆灭,古希腊文明所创造的这些知识大部分被毁弃,其余的也被淹没于历史的尘埃之中,直到文艺复兴时期才重放光芒。

---

① 李约瑟:《东西方的科学与社会》,《自然杂志》1990年第12期。

现代科学的鲜明特点是其"理论"特性,现代科学没有在中国产生的根本原因在于中国从来就没有产生过系统的"哲学—科学"理论。金岳霖明确指出,"中国哲学的特点之一,是那种可以称为逻辑和认识论的意识不发达……"①"逻辑和认识论"是"哲学—科学"理论的核心要素,缺乏"逻辑和认识论",也就无从构建成熟的"哲学—科学"理论。相反,西方在古希腊时期就产生了由苏格拉底创造,柏拉图和亚里士多德等一大批学者所继承发展的具有鲜明"真理"特征的哲学学说。这一"真理学说"在文艺复兴时期得以复活,并和西方中世纪积累的大量实用技术以及实证科学等学说有机结合之后,西方现代科学也就应运而生了。现代科学之所以没有在中国产生的根本原因,是因为中国传统没有产生"真理学说"的体系。

真理学说包含一种独特的"真理精神",具有一种准宗教的性质。西方哲学不断地追问"我是谁"的问题,其实就是为了通过回答这个问题从根本上回答人生意义的问题——这是西方哲学具有准宗教性质的一个鲜明例子。现代科学从根本上继承了西方传统哲学的真理精神,一直对物质世界的奥秘穷追不舍——当科学家们在物质需求已经得以满足的时候,还是要不断地"追求真理",以寻求人生意义的真谛。"真理学说"的创始人苏格拉底"像猎犬一样地追求真理",并最终成为真理学说的第一个殉道士。苏格拉底身上的真理精神为柏拉图、亚里士多德等人继承并发扬光大,至今仍然流淌于西方众多哲学家和科学家的血液之中。正是这些为数众多的、具有殉道士精神的学者们不懈努力,才推动了现代科学的迅猛发展。

中国具有"重道轻器"的深厚传统,人们满足于五谷丰登、衣食无忧的"太平盛世",对于物质世界的奥秘以及相关知识基本持一种"功利主义"的态度,即满足于其实用价值,缺乏穷追不舍的动力和热情。即便到了清朝末年,中国文化界依然将西方的各种先进科技视为"奇技淫巧"并不屑一顾。从宏观上来看,中国传统文化中"重道"的理念无疑是完全正确的。李约瑟在论及现代科学的潜在威胁时,曾引用中国传统有关知识伦理告诫西方读者说:"如果人类不学好这一课,那么人类生命在地球上的完全

---

① 金岳霖:《中国哲学》,《金岳霖学术论文选》,中国社会科学出版社 1990 年版,第 252—253 页。其实,逻辑也是认识论的关键问题。

毁灭就不可避免。"①李约瑟并非危言耸听,目前许多人类自己发明的科学技术成果已经严重威胁到人类作为一个整体的生存,以"道"约束"器"应该是人类社会颠扑不破的基本原则。在以"道"约束"器",也并不意味着必须"轻器";相反,以"道"约束"器"的重要目的之一,就是为了促进科学在良性健康的道路上顺利发展。

"轻器"的传统使中国于近现代饱受屈辱。在亡国灭种的巨大灾难面前,中国人被迫引进、学习西方的科技,并逐渐让"哲学—科学"思想在中国树立起绝对权威,导致中国传统伦理道德体系分崩离析。不过,缺乏伦理道德体系的社会,也必然难以发展科学技术——当前中国知识界层出不穷的各种丑闻,显然已经严重地制约了中国科学技术的顺利发展。在一个道德败坏的社会氛围之中,科学不可能取得顺利发展。

知识社会追求的是伦理知识和"哲学—科学"知识的和谐发展,而不是任何哪一方面的单独发展。伦理知识和"哲学—科学"知识都是知识,不过其性质却截然不同,前者的终极目标是求"善",后者的终极目标是求"真",二者具有相对独立的领域,完全可以形成良性互动、平衡发展。

中国传统儒家伦理长期与帝皇政制合作并与之形成了动态平衡。应该承认,儒家伦理在制约皇权、维护社会长期稳定方面作出了杰出的贡献,不过,儒家伦理所提出的大量"等级伦理"理念——例如在知识上强调等级权威,在伦理上为尊者讳等——已经不适应知识社会的发展要求。知识社会强调在知识(包括伦理知识以及科学知识)面前人人平等,崇尚理性,排斥权威。我们应该革新中国传统儒家伦理中不适应知识社会发展的部分伦理理念,同时还要继承、发扬其适合于知识社会的部分,例如,崇尚礼仪、尊师重教、珍惜生命,等等。当前,我们一方面需要对社会伦理道德体系进行适度保护,避免"哲学—科学"的过度干涉;另一方面,我们要建设具有强大生命力的、能够经得起自由状态下的"哲学—科学"冲击的伦理道德体系,以便其在失去保护时也能够继续存在,并有力地规范

---

① Joseph Needham, "Science, Technology, Progress and the Break－through: China as a Case Study in Human History", Tord Ganelins, ed., *Progress in Science and its Social Conditions*; Nobel Symposium 58, held at Lidingö, Sweden, 15－19 August 1983 (Oxford, Published for the Nobel foundation by Pergamon, 1986), p. 21.

"哲学—科学"的发展。

西方以宗教信仰为基础的伦理道德体系在历史上和"哲学—科学"长期互动，并逐渐形成了一种动态平衡，其许多做法值得我们借鉴。"在 4 世纪，奥古斯丁就说过，当已被证明的知识与《圣经》的字面理解显得有冲突的时候，就应对《圣经》作隐喻式的解释。"①宗教界的这一策略可以有效地避免让宗教信仰处于不利地位的各种争论，从而有效地保证宗教信仰不受"哲学—科学"的正面冲击。宗教界还善于利用"哲学—科学"的逻辑思维来为自己辩护，例如，强调科学只能发现规律，而上帝却能够创造规律；又例如，从人类身体的局限性出发，逻辑地否定人类发现终极真理的可能性……另一方面，以笛卡尔、康德等为代表的哲学家将上帝虚化为一种绝对的"善"，从而赋予上帝一种"哲学—科学"不可能冲击到的无上地位。所有这些，使得西方伦理道德体系能够从容地应付"哲学—科学"的冲击，并有力地规范其发展。

知识社会必须以各种信息渠道的通畅作为前提，从这层意义上来说，知识社会也是信息社会；信息不通畅，不可能构建健康的知识社会。现代各种知识的合作都是以信息通畅为前提的：在科学领域，相关科学家需要及时获得各种最新信息，寻求全球性的思想支持，才有可能创造出新成果——在全球独一无二的"新成果"；在伦理道德领域，只有在信息通畅的前提下，人们才能够公允地修正各种偏颇理念，构建出最为广大民众接受、因而也最具有生命力的新理念。总之，只有在自由环境中磨炼成长的知识，才是最具有生命力的知识。

知识社会必须首先是一个道德的社会，知识社会的健康发展需要稳定的社会环境，而社会稳定的根本在于"俗世伦理"的确立与巩固。知识社会重视现代科学的发展，而现代科学的发展需要具有"真理精神"的有力推动。俗世伦理和"哲学—科学"的关系是辩证的：从宏观上来看，我们要用伦理道德引导、规范"哲学—科学"的发展与应用，使之良好地服务于人类生活；从微观上来看，"哲学—科学"的发展需要自己的独立空间——从绝对意义上来看，所有"哲学—科学"知识都具有某种现实价值或者潜

---

① 伊安巴伯：《当科学遇到宗教》，苏贤贵译，三联书店 2004 年版，第 2 页。

在价值,因此,我们应该在绝对意义上保护科学知识的生产以及传承。事实上,往往不少在一个时期看来离经叛道的知识,在另一个时期却能够发挥巨大作用。如果我们只是根据一时之需来进行知识生产,我们就会形成十分狭隘的"功利主义"(也即"庸俗实用论"),导致许多具有潜能的知识被遮蔽,乃至被抹杀,从长远来看,这是很不利于知识发展的。有些和实用领域相距甚远的理论知识恰恰具有重要的基础性地位,有时候科学家漫无目的的发现可能具有重大科学价值,因此,任何知识社会都应当给予知识创造者自主创造的空间。与此同时,在知识的使用方面,知识社会则要根据道德规范和效用原则进行严格管理,务必使知识的使用符合社会利益,要严格防范知识的滥用危害社会利益。近年来,中国食品行业事故频频,毒奶粉事件几乎摧垮整个行业,这都是科学知识被滥用的结果,这也让我们充分认识到科学知识被滥用的后果之严重。中国传统"重道轻器"的思想从原则上来讲是正确的,表明相对而言前重后轻——不过从单方面来看,"器"的重要性也是怎么强调也不过分的。伦理和科学的正确关系应该是和而不同、良性互动、相互扶持、相互促进的关系。如果将科学比喻为一匹骏马,那么,伦理就是驾驭之术,两者是相辅相成的。①

在知识时代,知识生产是社会群体的最重要活动。任何不重视知识生产的政府都会在现代世界竞争中处于劣势、被动挨打。亚历山大时代的战士是武士,而现代最出色的战士则是科学家。不仅在军事领域如此,在其他各个领域都是如此。美国目前主要依靠的不是工业巨头、而是华尔街的金融家们在掌控世界,2008 年的全球金融危机已经将这一点展现无遗。而华尔街的金融家们用以控制世界经济的只不过是他们生产的知识性"金融概念"而已。有人习惯地区分文理工科,轻视文科、重视理工科,尤其重视工科。这其实是一种工业社会的思维,而且是一种狭隘的工业社会的思维。他们可能不知道,华尔街金融家们的所有"金融概念"其实和社会伦理、哲学、文学等均息息相关。在知识社会,所有领域都需要得到充分发展。

---

① 由此看来,"中学为体,西学为用"的基本精神依然是正确的,不过这句话需要稍加修改,改为"伦理为体,科学为用"。

# 第十二章
## "哲学"与"经学"之争

中国现行的知识体系基本沿用了西方的分科模式。不过这一做法一直饱受质疑,例如,汪丁丁就认为:"在中国,自清末废止科举引进西方学制以来,如何将西方的教育和学术分科制度融入中国本土社会,一直是一个危机重重的问题。"①换言之,中国按照西方学制进行的分科举措远没有得到社会的真正认同。2009 年 2 月 6 日,中国教育部公布了"20 个教育重大关键问题"清单,其中一条"高中取消文理分科的必要性和可行性"反响尤其强烈。短短 4 天,人民网上对此话题的讨论和留言就超过 6000 条,反对者不少。②西方学界很早也意识到了文理分科对社会所带来的危害,例如,C. P. 斯诺在 1959 年发表的著名的《两种文化》中就指出,整个西方社会的精神生活已经分裂成文科和理科两个阵营,而且在这两个阵营之间已经形成了巨大的鸿沟,人们(尤其在年轻人之间)甚至还互相抱有严重的敌意和厌恶情绪。③C. P. 斯诺的《两种文化》在西方引起了强烈反响,至今人们仍然议论纷纷。中西学界的有识之士对"文理分科"的做法十分忧虑,对其"学理基础"也持强烈质疑的态度。"文理分科"的问题也反映了现行知识分类的根本缺陷,可惜人们对于这些缺陷的原因之所在却缺乏明确的认识,更没有找到弥补这些缺陷的有效方法。

汪丁丁的论断已经强烈暗示:我们在将西方的教育和学术分科制度

---

① 黄平、汪丁丁:《学术分科及其超越》,《读书》1998 年第 7 期。

② 参见董洪亮、倪光辉:《该不该取消文理分科》,《人民日报》2009 年 2 月 11 日。

③ C. P. Snow, *The Two Cultures and the Scientific Revolution*, New York: Cambridge University Press, 1959. p. 3.

融入中国本土社会的过程中并未处理好一些关键问题。那么,这些问题究竟是什么呢? 如何处理好这些关键问题呢? 这需要学界共同来探讨。

## 一、中西知识分类简述

知识分科的积极意义是毋庸置疑的,它体现了人类积累知识的成就,体现了人类对于知识性质的认识,同时极大地促进了知识的发展。在人类知识比较有限的时代,只需要对知识进行简单地分类;分类本身并不十分复杂。但是在知识爆炸性增长的知识时代,知识分类的方法却变得复杂起来,需要专门研究。知识分类的优劣关乎知识整体的构成格局,其重要性是不言而喻的。

中国古代就有六艺之说,即礼、乐、射、御、书、数。《周礼·保氏》曰:"养国子以道,乃教之六艺:一曰五礼,二曰六乐,三曰五射,四曰五驭,五曰六书,六曰九数。"所谓五礼还包括"吉、凶、军、宾、嘉礼"五科,是关于社交能力的学问;"乐、射、御、书、数"各艺也分为"六科、五科、五科、六科、九科",并相应地涵盖达情能力,知识能力,主事能力,记述能力,数算能力等各方面的学问。六艺在当时算得上是一种"通识教育",之外还有农耕、医学等其他专业学问,据《周礼·天官冢宰》记载,当时的医学也已经分为"食医、疾医、疡医、兽医"四科。可见,中国在远古时代的知识积累就已经蔚为大观,而且形成了有序的体系。

西方在古希腊时期也有一定的知识分类体系。柏拉图在教育中将学科简单地区分为初级和高级两类,其中初级科目包括体育、音乐、舞蹈、读、写、算等,高级科目包括算术、几何学、音乐理论和天文学等。比较一下,这一教育知识体系并不如中国古代教育所强调的"六艺"完备。然而在学术研究领域,西方则颇有所长,从亚里士多德流传下来的著作诸如《形而上学》、《物理学》、《范畴论》、《政治学》、《经济学》、《诗学》等来看,古希腊学界对知识分科已经到了相当精细的程度。从知识分类视角来看,中国古代十分注重实用,而西方则表现出比较浓厚的理论兴趣。

古希腊整体覆灭之后,其学科体系传入罗马,经过罗马学者 M. T. 瓦罗和罗马教育家 M. F. 昆体良的修改之后,逐渐形成了所谓"七艺",即逻辑、语法、修辞、数学、几何、天文、音乐。公元 4 世纪,七艺已被公认为学校的主要教学内容,并一直沿用到文艺复兴前夕。法国于 1170 年创建的欧洲第一所大学——巴黎大学正是以七艺作为教学内容的。从文艺复兴开始,西方的学科进一步分化,例如,语法分化为文法、文学、历史;几何学分化为几何学和地理学;天文学分化为天文学和力学;数学分化为算术和代数;几何学分化为三角法和几何学等。此后,西方学科体系加快发展、分化,逐渐进入现代时期。[①]

汉武帝时期,董仲舒主导开展了"废黜百家、独尊儒术"的运动,儒学从此成为中国的正统学说。汉儒们将远古时代的"六艺"重新约定为:《易》、《书》、《诗》、《礼》、《乐》、《春秋》。[②]汉儒们"以经代艺"的出发点是为了树立"儒学经典"的权威性,其结果却使"艺"的范围固态化、狭隘化,不利于"艺"的发展,更不利于学科体系的扩充与派生。隋朝开创了中国古代著名的科举考试,而考试的主要内容就是儒家经典著作。其后,儒家经典也从六经逐步发展至十三经,分为四类:"经"包括《易》、《书》、《诗》、《礼》、《春秋》,"传"包括《左传》、《公羊传》、《榖梁传》,"记"包括《礼记》、《孝经》、《论语》、《孟子》,另有一部汉代经师的训诂之作即《尔雅》。所谓十三经之中,又以"经"的地位最高,"传"、"记"次之,《尔雅》又次之。十三经体现的是中国传统社会历朝历代的官学知识体系。

《十三经》的知识分类所遵循的是一种"伦理逻辑":"经"具有最高权威,"传"和"记"只是对于"经"的阐释或者补充,而《尔雅》只是一部工具书而已。儒家强化其伦理学说的主要方法是将孔子"神圣化",因此由孔子亲自校定的"经"自然具有最高的权威。西方社会也采用将"上帝"和《圣经》神圣化的方法确保社会的伦理基础——在这一点上,中西古代哲人作出了相同的选择,也无可厚非。从现代学科的视角来看,《十三经》的内容主要包括文化伦理、政治伦理和语文学三方面的内容。《春秋》和"传"并非严格历史意义上的历史著作,而是以历史故事阐述伦理道德的伦理著作——这和《圣经》以神迹故事阐释伦理在本质上是相同的。因此,《十三

---

① 参见 Paul Abelson, *The Seven Liberal Arts*, New York: Columbia University press, 1906。

② 吴龙辉认为:"六艺与六经的关系,乃课程与课本的关系,二者不能完全等同起来,六艺除了六经还包括解释六经的传。"吴龙辉:《六艺的变迁及其与六经之关系》,《中国哲学史》2005 年第 2 期。

经》除了《尔雅》之外，其余的皆可以大致归为"伦理道德学"一类。可见，中国传统经学的根本特征在于包含了一套完整的伦理道德学说。

文化的本质是伦理道德的价值体系，正因为如此，中国文化才被称为"儒家文化"，西方文化才被称为"基督教文化"。中国传统社会尊崇儒家经典的决策对保证中国文化绵延至今起到了决定性的作用，因此是十分英明的。随着科学的发展，西方的《圣经》被发现漏洞百出，可是西方社会的主流力量还是极力维护《圣经》的神圣性，以保证西方文明的延续。而在近现代，不少中国人弃儒家学说如敝屣，终于导致现时代的道德灾难，其教训是发人深省的。如何有效地继承中国文化的精华是中国社会当前和今后很长一段时间的一大根本问题。

中国历史上规模最为宏大的《四库全书》典型地体现了中国传统知识分类的方法。《四库全书》成书于 1782 年开始，收录古籍 3503 种，共 79337 卷，成书装订三万六千余册。《四库全书》分为 4 部 44 类 66 属，4 部即经、史、子、集，故名四库。经部其实是以儒家《十三经》为基础的书籍，史部包括历史、地理、政治等学科，子部包括各种实用类学科诸如法律、军事、天文、医学、农业、数学等，集部主要是文学作品和评论著作。《四库全书》的知识分类体系反映了中国人几千年以来处理知识财富的智慧，具有高度的合理性。其最基本特征是"伦理"统领全局，即以经书类作为整个知识体系的统领和灵魂。史部和子部主要是各种实用知识，涉及生产生活的方方面面，这些知识为伦理道德提供了充足的物质保障。集部包括的文学作品可以将各种抽象的伦理命题赋予故事形象和美的情感内涵，如果说"经"让人们过上道德的生活，则"集"进一步让人们过上美的道德的生活。①中国的知识体系以文化伦理作为知识体系的核心，辅之以实用技术与美的文艺，堪称一套结构缜密、体系完善的"文化"知识体系。

清朝末年，在西方列强坚船利炮的打压下，中国社会体系被打乱，中

---

① 由于中国传统文化的特点，中国传统文学和西方文学的本质并不相同。中国传统文学有很强的"载道"性质，"载道"和西方的所谓"to educate"不可同日而语。中国传统文学中的"道"堪称一种生活理念、生活信仰，正因为如此，中国传统文人可以在文学之中安身立命，例如，陶渊明就是一个典型例子。西方人的精神生活在宗教之中，他们可以在宗教的神逝故事和赞美诗之中"安身立命"，因此俗世文学对他们就不那么重要了，以至于叔本华等干脆将文学称为一种"游戏"。只有在中西文化的大背景之中定位之后，才能真正把握中西文学的不同本质。

国政府被迫开始了洋务运动。洋务运动的初衷只是为了"师夷之长以制夷",也就是要学习西方的各种先进技术,尤其是军事以及相关技术。引进西方技术就不得不引进西方的相关学科。于是,中国学界开始尝试对中国传统的知识分类体系进行调整。1904 年 1 月,张之洞等人制定出《奏定大学堂章程》,即"癸卯学制",规定京师大学堂分为经学科、政法科、文学科、医科、格致科、农科、工科、商科八科,这就是著名的"八科分学"。八科分学的理论基础是张之洞在《劝学篇》提出的"中学为体、西学为用"原则。

1906 年,王国维在《奏定经学科大学文学科大学章程书后》中对"八科分学"方案提出了反对意见——反对的焦点是以"哲学"挑战"经学"的地位。在国家贫弱、国人自信心脆弱、崇洋之风盛行的社会大背景下,王国维最终胜出,随之中国传统知识分类的根本原则也被彻底颠覆了。

王国维认为"张氏分科方案中的根本之误'在缺哲学一科而已'。他提出的分科意见为:一是废弃'八科'中的'经学科',将它合并到'文学科'中,成为其中的'经学门',与'文学科'中的史学、中国文学、外国文学等处于平等的地位;二是将'哲学科'所要包括的各门科目,如哲学概论、中国哲学史、西洋哲学史等科目都纳入'文学科'中,虽无'哲学科'之名,却有'哲学科'之实。王国维的这个方案,到民国成立后的新的学术分科中得到了采纳。"[1]王国维将"经学"降低为"经学门"纳入到文学科之中,同时将哲学纳入文学科之中,并使哲学具有"'哲学科'之实"的地位,这事实上是将中国传统知识的统领和灵魂"经学"置于西方所谓"学科皇后"的"哲学"之下,使中国的知识分类实质上"全盘西化"了。1913 年年初,蔡元培主持的民国教育部公布《大学令》、《大学规程》,基本采用了王国维的意见。《大学令》规定的"大学以文、理二科为主",正是当今饱受诟病的文理分科的源头所在。《大学令》的基本思想一直被沿用至今,而且随着"经学"一步一步地被缩减为"语文"中的几篇短文,中国的知识结构也越来越"西化"了。

---

① 左玉河:《从"四部之学"到"七科之学"——晚清学术分科观念及方案》,《光明日报》2000 年 8 月 11 日。

## 二、经学与哲学的问题辨析

张之洞在《劝学篇》中提出"中学为内学,西学为外学;中学治身心,西学应世事。"(《劝学篇·会通》)这就是张之洞著名的"中体西用"论。不过据冯其庸考证,"中体西用"论的首倡者其实是冯桂芬,他在 1861 年发表的《校邠庐抗议》中说:"以中国之伦常名教为原本,辅以诸国富强之术"表达的正是"中体西用"论的基本思想。①梁启超后来说:"所谓'中学为体,西学为用'者,张之洞最乐道之,而举国以为至言。"②至此"中学为体,西学为用"的说法才通行于世。

"中学为体"中的"中学"的核心即冯桂芬所说的"中国之伦常名教",即传统经学;而"中国之伦常名教"体现的实质上是中国的俗世伦理道德,即中国传统文化之所以为中国文化的根本。在王国维的倡导下,中国 20 世纪在学制中取消"中学",实质上就是在知识层面取消了中国传统文化。问题在于:西方"哲学"是否可以代替"中国之伦常名教",为中国人——或者至少中国学人提供一种文化价值信仰体系呢? 答案是十分明显的:不能。

王国维在《奏定经学科大学文学科大学章程书后》中声称:"天下有最神圣最尊贵而无与于当世之用者,哲学与美术是已……夫哲学与美术之所志者,真理也……以功用论哲学,则哲学之价值失。哲学之所以有价值者,正以其超出乎利用之范围故也。"王国维将哲学的地位提到"天下有最神圣最尊贵而无与于当世之用者"的地位,明显地暗示中国传统"经学"与之相比并不足道。③可惜,短短几年之后,王国维便哀叹道:"余疲于哲学有日矣。哲学上之说,大都可爱者不可信,可信者不可爱。余知真理,而余又爱其谬误。伟大之形而上学,高严之伦理学,与纯粹之美学,此吾人所酷嗜也。然求其可信者,则宁在知识论上之实证论,伦理学上之快乐论,与美学上之经验论。知其可信而不能爱,觉其可爱而不能信,此近二、

---

① 　冯天瑜:《洋务派与改良派思想交锋的记录》,《江汉论坛》1987 年第 1 期。
② 　梁启超:《清代学术概论》,《梁启超论清学术史二种》,复旦大学出版社 1985 年版,第 79 页。
③ 　王国维将美学和哲学相提并论,估计学界大多不以为然。

三年中最大之烦闷。"①由此可见，王国维并没有能够在哲学中找到安身立命之所。于是王国维只好放弃哲学"逃到文学，而文学也'以其示人生之真相，又示解脱之不可以故'(《〈红楼梦〉评论》)，他又放弃文学钻入古史考证研究，以事实判断的智慧排挤价值观上的探求，纯学术上取得了惊人的成就，但只是冲淡和延宕了死亡意识，终于在他'五十之年'，感到'只欠一死。经此事变，义无再辱'(《遗书》)，最终选择了自杀，也是对苦痛人世的解脱吧。"②王国维之死令学界后人感叹唏嘘。王国维本人是一个典型的传统学者，正如"义无再辱"所昭示的那样，王国维的自杀是一种"舍生取义"的高贵伦理道德抉择——而这种伦理道德并非来自西方哲学，而是深深根植于中国传统文化之中的，他的诗词中也屡屡提到自己的屈原投汨罗江的情结。由此可见，王国维在《奏定经学科大学文学科大学章程书后》中提出以哲学取代经学的建议，无异于一种"文化自杀"。

王国维是学富五车的学界泰斗，可惜他当初并没有认清西方哲学的与伦理道德无涉的本质。而西方哲学家对此却有深刻的认识，斯特劳斯认为："柏拉图政治哲学传统是一个隐微论传统，这一传统部分是因为，一些真理很可能会造成伤害，哲学的社会责任要求将哲学与社会隔离开来，不受这些有害真理的危害……"③所谓哲学对于社会的危害，主要是哲学对于社会伦理道德的冲击，具体表现为哲学对于西方宗教的冲击。后世西方哲学家也一直小心翼翼地将哲学和信仰区分开来。俞吾金指出西方传统哲学即知识论哲学，而"康德限制了知识论哲学的界限，以干净利落的方式斩断了知识和道德之间的纽带。"④鉴于现代科学对于宗教信仰的巨大冲击，西方另一位哲学泰斗维特根斯坦明确表示"宗教信仰是不需要证据的……上帝是一个根本的、确定的、不需证明的信念。"⑤众所周知，西方人的伦理道德主要是在宗教信仰之中得以实现的，西方哲学家保护

---

① 王国维：《自序二》，《静庵文集续编》，《王国维遗书》第五册，上海古籍书店1983年影印本。

② 槟郎：《鲁迅与王国维比较论》，《人民网·天涯文苑》2008年11月18日。

③ 朗佩特：《斯特劳斯与尼采》，田立年、贺志刚等译，上海三联书店2005年版，第39页。

④ 俞吾金：《超越知识论——论西方哲学主导精神的根本转向》，《复旦学报》(社会科学版)1989年第4期。

⑤ 凯利·克拉克：《无须证明 不用论证——改良派知识论的辩护》，陈嘉明译，《东方论坛》2003年第4期。

宗教信仰实质上是为了保护西方的伦理道德。王国维当初若对于哲学的本质了解透彻，想必是不会称为"天下有最神圣最尊贵而无与于当世之用者"的。西方人并不将哲学视为精神家园，西方人的精神家园在于宗教信仰。伦理道德信仰是一个文化社会体之所以成立的根本，和西方宗教一样，中国经学为中国社会提供了坚实的伦理道德信仰基础。哲学显然是无法与西方宗教或者中国经学相提并论的——否则，西方文明就会被称为"苏格拉底文明"或者"柏拉图文明"了。

迄今，西方学界对于"哲学是什么"也没有达成广泛共识。王国维颇为钟情的叔本华说："可是我们首先就发现哲学是一个长有许多脑袋的怪物，每个脑袋都说着一种不同的语言。"①如此一个"说着不同的语言"的怪物，又如何能为人们提供坚定的伦理道德信仰呢？信仰必定要有一个确定不移的信念，否则不可能成其为信仰。从西方哲学史的发展来看，前人的观点总是不断地为后人推翻，这已经充分表明，西方哲学不可能提供什么"确定不移的信念"。

西方哲学源于古希腊。苏格拉底提出将绝对意义上的"真理"作为追求目标；柏拉图提出了"理念世界"，而"理念世界"为西方哲学开辟出一种"真理域"；亚里士多德创造的逻辑，赋予西方哲学追寻真理的工具。②这三位古希腊的大哲学家共同搭起西方哲学的基本框架，这一框架可以简称为一种"求真的逻辑的体系"。西方哲学以绝对"真理"作为追寻目标，可是不少西方哲学家认为这一目标本身就是不可能达到的。西方哲学家色诺芬认为，对于绝对真理和客观真理："我们绝不可能达到它，就是达到了也不知道它就是真的。"③西方哲学界普遍承认人类的认知能力是有限的。既然如此，以人类的有限的认知能力，如何能够穷尽"无限"，以认识绝对"真理"呢？文艺复兴之后，古希腊哲学在西方回归，西方哲学家追寻"真理"的劲头被转移到科学领域，倒是帮助人们发现了客观世界的许多"规律"，大大推进了人类科学的发展。不过规律只是相对真理，并非绝对真理。许多规律只在一定的范围内有效，例如，牛顿发现的物理规律到了

---

① 叔本华：《作为意志和表象的世界》，石冲白译，商务印书馆1982年版，第145页。
② 斯东：《苏格拉底的审判》，董乐山译，三联书店1998年版，第80页。
③ 参见波普：《猜想与反驳》，傅季重等译，上海译文出版社1986年版，第328页。

爱因斯坦那儿就不再绝对有效；又例如，许多宏观世界的规律到了量子的微观世界就不成立了。可见，尽管苏格拉底提出的"绝对真理"目标永远无法实现，却也能够激励人类永远不断地进行探索，而且在这探索过程之中，我们还能够发现许多客观世界规律，推动科学的发展。

哲学以"真"作为追寻目标，而"真"与伦理无涉。休谟早已发现了这一问题，具体来说，休谟发现哲学中的命题通常用"是"与"不是"等联系词，而伦理道德学说中的联系词则是"应该"或者"不应该"。①这就是所谓的"休谟难题"。学界有人尝试解答休谟难题，即建立"是"和"应该"之间的逻辑联系。可惜迄今却无人成功。②其实"休谟难题"根本无解，因为哲学本来就是研究"真"的学说，不能合法地逻辑地推导出言说"应该"的伦理学说。

冯天瑜详细考证了中国学界逐渐确定将西方概念 philosophy 翻译为"哲学"的过程，并认为这是一个成功的范例。而最终确定"哲学"译名的恰恰是并不懂西方哲学实质的国学大师王国维。③ 王国维在《哲学概论》之中阐述了将 philosophy 翻译为"哲学"的缘由，他说 philosophy 的原意是"爱智"，还说《尔雅》曰：'哲，智也。'扬子《方言》亦曰：'哲，智也。'又如《书·舜典》所谓'哲，文明'，睿《说命》所谓'知之曰明哲'，皆与原语之'苏菲亚'有所似者……"④如果"哲"在中文中仅有"智"的意义，则王国维的抉择无可厚非。不过，"哲"还有"文明"的义项，而西方的 philosophy 并无此意。中国传统"哲人"不但有高度的智慧，更有高度的伦理道德修养。《诗经·大雅·下武》说："下武维周，世有哲王"。《毛诗序》云："《下武》，继文也，武王有圣德，复受天命，能昭先人之功焉。"可见"哲王"是指"圣德"之王。《礼记·檀弓上》曰："孔子蚤作，负手曳杖，消摇於门，歌曰：'泰山其颓乎，梁木其坏乎，哲人其萎乎！'既歌而入，当户而坐。"孔子在这里以"哲人"自比，而孔子当然不仅仅是一个"爱智"的智者。王国维将philosophy 翻译为"哲学"其实是给 philosophy 错误地注入了"伦理道德"

---

① 参见休谟：《人性论》下册，关文运译，商务印书馆 2005 年版，第 509 页。
② 参见杨泽波：《麦金太尔解决休谟伦理难题的贡献与困惑》，《现代哲学》2002 年第 2 期。
③ 参见冯天瑜：《"哲学"：汉字文化圈创译学科名目的范例》，《江海学刊》2008 年第 5 期。
④ 同上。

内涵。王国维说 philosophy 的意思就是"爱智",这也是学界的共识,因此就应该将 philosophy 翻译为"爱智学",简称"智学",相应地应该将 philosopher 翻译为"智者"或者"智学家"。古人云:"不以文害辞,不以辞害意",而将 philosophy 翻译为"哲学"就是一个"以辞害意"的典型例子。①以王国维的国学功底,当然不可能不知道"哲"所包含的"文明"义项,不过某种近现代中国学人十分常见的心理还是驱使他要拿中国"最神圣最尊贵"的语词去迎接西方的 philosophy,正如用"美"、"英"、"德"等字词去翻译 America、England 和 Germany 一样。甘阳谈到国人的这种翻译心态时说:"凡碰到洋人、西方的东西,现代中国人一定会精心挑选'上等些的汉字'或'好看的字'。……但另一方面,只要碰到的是非洲和拉丁美洲等,那对不起,只好用'下等些的汉字'和'难看的字'了。"②这种翻译心态是很不正常的。中国传统的伟大哲人兼具西方思辨家的睿智和西方教士的伦理道德修养,这在西方是并不多见的。近代以来,在西方坚船利炮的攻击之下,中国学人的自信心濒于崩溃,每每总以为自己有的好东西别人总不会少吧。正是在这种思维的支配之下,我们才往往容易视自己独有的宝贵文化财富也为在西方俯拾皆是的什物。其实中西方各有所长,中国的很多好东西都是西方没有的。也正因为如此,中西方的关系应该是平等的、互相学习的关系。盲目地崇洋媚外不会给我们带来任何好处。

## 三、中国知识体系的伦理道德特质探讨

中国知识体系具有伦理道德的特质,这和西方知识体系是不同的。西方哲学家研究知识论并不考虑伦理道德问题,康德就"以干净利落的方式斩断了知识和道德之间的纽带",现代西方的知识体系实质上是一种纯粹的工具性知识体系。中国知识体系不能效仿西方,因为西方知识人可以在知识体系之外的宗教信仰中获得伦理道德修养——事实上,西方的许多大哲学家、科学家都是虔诚的基督教徒。而中国知识人只能在知识

---

① 不过由于语言的约定俗称性质,笔者也只好暂且从俗使用"哲学"这个术语。但笔者文中的"哲学",并无伦理道德的任何优势,笔者更不会将任何西方"哲学家"称为"哲人"或者"明哲"。

② 甘阳:《移鼠》,参见《将错就错》第二版,三联书店 2007 年版,第 13—14 页。

体系中获得伦理道德的修养,因此,效仿西方知识体系就难免导致中国学界伦理道德水平的大幅滑坡。中国传统知识界一般具有很高的伦理道德修养,在社会享有崇高的伦理道德名誉,即便是一个秀才也受到周围人群的尊重。中国传统知识人在提高自己的伦理道德修养的同时,也引领着整个社会提高伦理道德水平。由于学制变更,中国现代知识界本身的伦理道德水平也令人担忧,更不谈引领整个社会提高伦理道德水平了。事实上,由于不少中国现代"士人"有意识地背弃中国传统伦理道德学说,他们中的许多人的伦理道德修养反而落后于一般普通民众了,因为普通民众至少能够凭着自己的朴素良知坚守一些口口相传的简单、朴素的伦理道德规范。[①]

中国传统学人本来具有体系庞大、内容丰富的经学,任何人都可以从中吸取充足的伦理道德学养。可是,在1913年年初公布的《大学令》、《大学规程》等确立了本质上全盘西化的知识分类体系之后,中国知识界从此失去了宝贵的伦理道德资源。当时知识界的不少人十分激烈地反对中国传统道德,1916年陈独秀就撰写了《吾人最后之觉悟》一文,说"欧洲输入之文化,与吾华固有之文化,其根本性质极端相反。数百年来,吾国扰攘不安之象,其由此两种文化相触接、相冲突者,盖十居八九。凡经一次冲突,国民即受一次觉悟……吾敢断言曰,伦理的觉悟,为吾人最后觉悟之最后觉悟。"[②]陈独秀等倡导的是以西方的伦理道德来取代中国传统伦理道德。五四文化运动主将鲁迅更是发表《狂人日记》,将中国传统仁义道德一概斥为"吃人的礼仪"。这些人在横蛮践踏中国传统伦理道德体系的同时,大力向西方寻找伦理道德资源。他们最终找到了西方的伦理哲学,尤其是所谓Humanism(即"人的主义")。

刘卫国说:"所谓humanismus,是用humanus(人的)加上ismus(主义)构成,但是,'人的主义'在汉语中构不成词,因此垫一个字译为'人×

---

① 2009年6月到7月间,《小康》杂志联合新浪网进行"信用小康"的调查,其结果令人大跌眼镜——诚信度最高的是"农民",而和传统的"士人"阶层对应的现阶层的诚信度则令人唏嘘。这一调查结果在网上被广泛流传,当代士人阶层亦饱受诟病。王国维、蔡元培等人具有深厚的国学修养,他们本人的伦理道德是无可厚非的,他们以西方哲学代替中国经学的主张并非道德问题,而纯粹是学术错误。

② 陈独秀:《吾人最后之觉悟》,1916年2月15日《青年杂志》第1卷第6号。

主义',有时这个词被译为'人文主义',有时被译为'人本主义',但通常被译为'人道主义'。"①刘卫国很好地解释了译者们的心态。不过,"人文主义"和"人道主义"均是具有深刻中国文化内涵的文化术语,以它们翻译西方的 Humanism 无疑不恰当地提高了西方 Humanism 思潮的地位。西方的 Humanism 出现很晚,其理论和民众基础均不可与"人文主义"和"人道主义"相提并论,将它翻译成"人文主义"和"人道主义"会对中国传统文化造成严重遮蔽,还会使人们错误地以为:原来中国的"人文主义"和"人道主义"西方也早已有之。以不"以辞害意"为原则,我们最好将 Humanism 翻译为"人的主义"。②

西方的"人的主义"只是在文艺复兴时期才出现的一种思潮,是人们反对宗教组织过度剥削的一种逻辑产物。尤其值得注意的是:绝大多数 Humanists("人的主义者")虽然反对宗教组织,但并不反对宗教本身。例如,西方文艺复兴时期伟大的 Humanist 但丁在《神曲》之中虽然将很多教皇、主教打入地域,但他仍然信仰基督教、相信天堂。其实,"人的主义"所宣扬的"人权、平等、博爱"等理念本身也来自基督教。朱光潜说:"究竟什么是人权呢? 从法国革命中两次《人权宣言》都可以看出,'这些权利就是平等,自由,安全与财产'(1793 年《人权宣言》第二条)。人权究竟是从何而来的? 两次《人权宣言》都说人权是人'按其本性'生而就有的'自然的权利',所以它毕竟和神权一样是'天赋'的或上帝授予的。两次《人权宣言》都一开始'就在主宰(即上帝)面前'发誓,这就足以说明人权说的宗教联系。1776 年的美国《独立宣言》说得更清楚:'人人生而平等,他们都从他们的造物主那边被赋予了某些不可转让的权利,其中包括生命权,自由权和追求幸福的权利'"。③"人的主义"的很多基本理念来自基督教信仰,Humanists 也无意反对基督教本身,Humanists 反对的是教会组织的腐败,为的是向教会组织争取到更多的个人权利和个人利益。基

---

① 刘卫国:《中国现代人道主义文学思潮研究·前言》,岳麓书社 2007 年版,第 1 页。
② 西方也有不少研究"人"的哲学论著,例如,笛卡尔的《论情欲》、霍布士的《论人性》、洛克的《论人的理解力》、休谟的《论人性》和《论人的知解力》等,不过这些论著都是将"人"作为一种"客体"进行研究的,因此他们的论著是"科学著作",而不是伦理道德经典。
③ 朱光潜:《文艺复兴至十九世纪西方资产阶级文学家艺术家有关人道主义·人性论的言论概述》,《社会科学战线》1978 年第 3 期。

督教实质上倡导的也是一套伦理道德体系,也是以人类社会为根本服务目的的。刘小枫说:"旧约先知反而是为了将人们的的注意力引向人生。"①从这个角度来看,"人的主义"和基督教具有异曲同工之妙。不同之处在于基督教是以神迹故事来倡导伦理道德的,例如,《摩西十诫》就是以上帝的名义提出的一些最为基本的俗世伦理理念,这一做法特别适合于受教育程度较低、理性思维并不发达的群体。"人的主义"则以理性的方法提出俗世伦理道德命题,其优点是简洁明快,适合于理性思维比较发达的群体。因此,从为社会提供伦理道德理念的层面来看,"人的主义"和宗教的性质是相同的;其不同之处只是在于理念表达的方式不同。而中国的伦理道德自古就是以理性命题的方式表达的,换言之,西方"人的主义"在伦理道德学说的表达方式上和中国具有"同质性",这应该是西方"人的主义"之所以引起中国学者的共鸣的根本原因——一般来说,连中国伦理道德学说也不屑一顾的中国学人是不会屑于宗教的神迹故事的。

中国近代对西方"人的主义"的追捧在文学领域表现最为明显,尤其以周作人在《人的文学》中提出的"人的文学"口号影响最为广泛。胡适概括说:"那个时代所要提倡的种种文学内容,都包括在一个中心观念里,这个中心观念他叫做'人的文学'"。②周作人提倡的"人的文学"本质源于西方的"人的主义",因此在中国缺乏文化基础,对中国民众难以产生感召力。"人的主义"提倡基督教的博爱,可是中国人早已在孝道、亲情、友情中对各种"爱"(而不仅仅是基督的博爱)有了深刻的体会。何况周作人在讲"博爱"时还不讲《圣经》,不说"感谢主"——这更使得他的"博爱"成为无源之水、无本之木。难怪所谓"人的文学"在经过短暂的繁荣之后在20世纪30年代就遭到嘲笑,连诗人们也"不再歌咏人道主义了。"③而且,"人的文学"的短暂繁荣并非出于其本身的魅力,而是出于当时文化先锋们反对中国传统文化的需要。人的主义、基督信仰和儒家经学的根本性质是相同的,即为社会提供俗世伦理道德信仰,相比而言,人的主义发生的历史很短,体系远没有后两者完备,西方"人的主义"之所以能够在一定

① 刘小枫:《拣尽寒枝》,华夏出版社2007年版,第230—231页。
② 胡适:《中国新文学大系·建设理论集导言》,上海良友图书印刷公司1935年版,第30页。
③ 朱自清:《中国新文学大系·诗集导言》,上海良友图书印刷公司1935年版,第8页。

程度上取得成功,正是因为它扎根于基督信仰的丰富资源。周作人等在激烈反对中国传统伦理的时候,其实已经根除了西方"人的主义"存在的合法性基础,其失败也是顺理成章的了。

伦理道德素养是人之所以为人的基本前提,也是社会和谐、稳定、发展的基本保障,任何个人、社会都必须将伦理道德置于最为重要的位置。中国传统伦理道德源于中国民众在生活中的长期实践和积累。一般认为,孔子是儒家伦理体系的创建者。不过,更为准确的说法则是孔子较好地继承、总结了中国自远古就不断发展的伦理学说。钱穆认为:"我们与其说孔子与儒家思想规定了当下的中国文化,却不如说:中国古代的传统里,自然要产生孔子与儒家思想。"①冯天瑜持相同的观点:"儒家是殷商以降巫史文化的承袭者,又特别发展了西周的礼乐传统"②儒家文化是建立在"宗法制"的基础之上的,冯天瑜考证说:"宗法制源于氏族社会父家长制公社成员间的亲族血缘联系……宗法制孕育于商代、定型于西周……中国的社会结构虽发生过诸多变迁,但由血缘纽带维系着的宗法制度及其遗存却长期保留,这与中国人的主体从事聚族而居的农耕生活有关……"③孔子对于中国文化的贡献是巨大的,但他不是中国文化的创造者,而是中国文化的系统总结者和推动者。中国文化是由千千万万的平民在日常生活之中根据自己的需要所逐步创建并完善起来的。例如,儒家文化所强调的"礼"其实"起源于原始社会的风俗习惯"。④儒家学说的贡献,在于在总结中国民间伦理的基础上对之进一步条理化、系统化、明确化。儒家注重中国俗世伦理文化的总结与继承,是其高明之处。

伦理道德在总体上具有相当程度的稳定性,但是在细节方面也会随着社会的发展进行变更。西方的文艺复兴和工业革命都对基督教产生了重大影响,并促使基督教伦理产生了重大变革,还促使了大批新兴宗教流派的生成。中国社会在近现代也出现了许多重大变革,这些变革要求我们相应地更新部分中国传统儒家伦理理念。例如,儒家伦理中的重要组

---

① 钱穆:《中国文化史导论》,商务印书馆 1994 年版,第 65 页。
② 冯天瑜:《中国文化史纲》,北京语言学院出版社 1994 年版,第 40 页。
③ 冯天瑜:《中国文化史纲》,北京语言学院出版社 1994 年版,第 6 页。
④ 冯天瑜:《中国文化史纲》,北京语言学院出版社 1994 年版,第 32 页。

成部分——政治伦理是以皇帝为核心而进行构建的,随着帝皇制度的终结,儒家的政治伦理也显得格外不合时宜了,因此我们需要改革儒家政治伦理中服务于帝皇政治的部分,使之服务于现代平民社会政治体系。不过,这些变革需求并不构成对于儒家文化、乃至中华文化整体的否定,儒家文化、中国文化中的很多伦理道德至今依然是十分重要、不可或缺的。例如,现代中国社会仍然是以家庭作为基本单位的,现代中国家庭依然需要孝道伦理来保障家庭的和睦与兴旺,换言之,中国传统的孝道在今天仍然应该是中国人的核心伦理理念。不过由于社会生产力等的变化,我们也可以适度调整孝道的细节方面,以利于现代社会个体遵循、实践。总之,革新中国伦理,必须在总体上肯定的前提下进行细节乃至部分修改;同时我们还要分清儒家文化和中华文化的界限,以免有人将儒家文化的一家之错夸大为中华文化整体上的错误。伦理道德是可以不断革新,却绝不可以全盘抛弃的。那种对于中国传统伦理道德学说全盘否定的做法无异于文化自杀,是极端昏庸的。

"人的主义"是西方少有的和中国伦理道德学说具有"同质性"的学说之一,可以成为中西方伦理的"对接通道"。不过,由于西方"人的主义"发展历史很短,体系很不完备,独立性不强,①因此,我们要摆正西方"人的主义"和中国传统伦理道德学说的关系:既然后者在整体上大大优于前者,就应该以后者主导、革新、深化前者,以此帮助前者在西方获得强大的生命力。通过帮助西方"人的主义"的建设,我们可以加强中西文化的合作与交流,促进中国和世界的伦理道德建设;在这一事业的进行过程之中,中国伦理道德学术也能逐渐走进世界的各个角落,其优越性也才能为世界的人们所逐渐认识。完成这一事业,中国才能在世界范围内回复其伦理道德领先的荣誉,这将对于中国社会的现代化建设产生无可估量的积极影响。周作人等人以"人的主义"遮蔽、改造中国伦理道德学说,其实是将中国文化置于西方文化附庸的位置,这种做法即便成功,也最多只能促进一种附庸文化价值体系的产生——当今社会不少人以西方为伦理道德判断之皈依,反映出周作人等也并非完全没有"战果"。文化附庸者往

---

① 近些年"人的主义"在西方还遭到福柯等人的全盘否定,福柯甚至说:"人将被抹去,如同大海边沙地上的一张脸。"福柯:《词与物:人文科学考古学》,上海三联书店 2001 年版,第 506 页。

往并不真的具有其所附的伦理体系所崇尚的道德修养（例如，如果真的具有西方的道德修养，就不会盲目践踏中国传统的伦理道德），文化附庸者的问题在于其并没有任何真正的伦理道德信仰；或者最多只是一种道德机会主义者，即以自己的个人利益为准则游离于中西文化道德理念之间——伦理道德体系一般表现为"权利—义务"的规范，道德机会主义者在享受中国文化伦理规范的"权利"之后，善于以西方文化的伦理"权利"消解自己所应该承担的中国伦理规范的"义务"。反之亦然。可见，道德机会主义者本质上也与道德无干。

不少学者习惯以西方"人的主义"批评中国伦理道德学说，他们在甘阳所指出的那种思维的支配之下，想当然地以为西方的"人的主义"主张的伦理道德比中国的伦理道德要高级。例如，不少人大谈西方的"平等"理念，可是他们并不理解"平等"的本质，因此在实际操作之中，他们就将"平等"搞成了效率低下的"平均主义"。其实，西方的平等只是一种抽象的概念，指的是人格平等、机会平等之类的个人权利。而在实际生活之中，人们的社会地位、社会权利从来就不可能绝对"平等"，否则这个社会就会因为缺乏竞争而毫无生气可言。不少人以西方的"平等"理念批评中国的等级制度，甚至以此逻辑地否定中国的"孝道"——在他们看来，"孝道"讲究父父子子，显然是不平等的。他们并不明白，儒家俗世伦理的根本特点在于"利益平衡"，例如，儒家伦理规定"父慈"时同时规定"子孝"，"父慈"鼓励父亲付出子女受益，"子孝"则规定子女付出父亲受益。这样就使得每一个普通人在付出的同时能够得到相应的回报，换言之，孝道主张的恰恰是一种"利益的平等"。人的主义提出的只是一些十分抽象的概念，而中国伦理却早已以各种精巧的方法很好地实现了这些理念。我们承认，随着现代生产力的发展，中国伦理道德学说在个别细节方面可以改进，但盲目地以任何西方伦理理念来批评中国伦理道德学说都是十分危险的。

清晰地认识到中国传统伦理的优秀品质，有利于我们彻底反思21世纪初将经学剔除出中国知识体系的错误做法，有利于我们遵照中国文化的特点重构中国文化的知识分类体系。

综上所述，不难看出，知识分类绝非一个简单的技术性问题，而是涉及中国文化、社会根本利益的重大课题。

中国文化决定中国知识体系必须以伦理道德学说作为统领和灵魂，而中国传统的知识分类体系很好地奉行了这一原则。西方的知识体系并不包含伦理道德学说，西方人的伦理道德素养所依据的是知识体系之外的宗教信仰。近现代以来，在西方列强的坚船利炮之下，中国学人的自信心濒于崩溃，因此事事以西方为皈依。在这种大背景下，中国知识分类体系也被全盘西化，其要害就是以并无伦理道德品质的西方哲学取代中国传统经学。这一知识分类体系对中国学界、乃至中国社会造成了巨大的负面影响，这一负面影响已在当代展现无遗。

中国现代知识分类体系急需重构，在重构时应该以中国文化特色为基础，将伦理道德学说重新确立为统领和灵魂。

# 第十三章
## 以伦理学说为灵魂的
## 多维立体型学科体系建构

"知识分类"是事关知识体系整体的重大学术问题,可惜我国学界对此并无充分的认识。我国现行的各种学科分类体系,例如,《中华人民共和国国家标准学科分类与代码表》、《授予博士、硕士学位和培养研究生的学科专业目录》、《普通高等学校本科专业目录》等,在一些基本的学科分类问题上各执一词。产生这些分歧的根本原因,在于我们对有关"知识分类"的基础学理研究很不充分。也正因为如此,人们在进行知识分类、学科分类时基本无章可循,表现出很大的主观性、随意性。[1]各种混乱的知识分类体系已经影响了相关学科的发展,制约了新知识的生产。在人类业已进入"知识时代"的今天,这不能不说是一个值得学界认真研究的重大课题。

国际上比较有名的是美国学科专业目录(Classification of Instructional Programs,简称 CIP)。美国学界采取了很多有效措施来保证 CIP 的先进性,例如,实行民主决策、定期修编、严格增列、删减和调整等。[2]和国内的学科分类体系不同,CIP 较好地为学科的发展(尤其是各种新兴学科的生成)预留了充足的空间。不过,CIP 也没有从理论高度提出自己的知识分类原则,它能为我们提供一定的技术性参考,但不值得我们照搬。

---

[1] 某些学科分类表的前后也出现了所谓"分类原则说明"之类的注释,但这些所谓"原则"其实只是技术操作原则,并非学理意义上的原则。

[2] 参见张振刚、向敛锐:《美国高等教育学科专业分类目录的系统研究》,《学位与研究生教育》2008 年第 4 期。

可惜的是,中国现行的各种学科分类体系正是在模仿西方的基础上,根据一定的实际需要制定的。这种知识分类体系具有很强的"临时性",不具备普遍指导意义。为了应付知识的爆炸性增长,西方学界不断地定期更新自己的学科体系结构。而由于各种实际条件的限制,我们难以实时追随西方更新自己的学科体系结构,这使得中国在此方面一直处于落后地位。其最大害处,在于严重制约了各种新兴学科的创建与发展。新兴学科最能促进新知识的产出。根据统计,目前的交叉学科已达 7000 多门,其中大多数都是新兴学科。①现代世界各国的竞争焦点在于"新知识",而且现代世界在很多方面表现出了"胜者通吃"的明显特征。制约新兴学科的发展在很大程度上削弱了中国的国家竞争力,在有的领域(例如军事领域),这将导致致命的后果。

西方的知识结构体系在本质上是技术性的。因为缺乏学理基础,所以模仿者无法根据某种原则进行自我创造。换言之,模仿西方学科分类体系的后果是永远也不可能实现超越。改变这一情况的根本在于努力创建属于我们自己的知识分类理论基础。中国学界也有人已经涉及这一问题。例如,图书馆学界的不少学者出于图书编码的实用目的,大声呼吁建立中国自己的"知识学"。1981 年,彭修义在《图书馆学通讯》发表《关于开展"知识学"研究的建议》,首先倡导开展"知识学"研究。②而建设"知识学"的关键问题在于研究知识的"分类"问题,尤其需要深入研究决定知识体系和知识格局的知识分类(分科)原则和具体办法。

## 一、知识分类的伦理规范

西方知识体系以哲学为领头羊,追求的是所谓"客观真理",并无伦理道德的考量。成中英说:"在知识论的现代发展阶段,即使像 G. E. 摩尔等哲学家们慎重其事地对待'道德知识论',也并没有对这一论题的系统关注。这意味着西方知识论的焦点和模式是对世界的知识,而不是对价

---

① 参见程妍:《刍议我国高等教育学科专业目录分类中的交叉学科设置》,《高教探索》2008 年第 4 期。

② 参见彭修义:《图书馆学基础理论与知识学研究》,《图书馆学通讯》1986 年第 2 期。

值和人本身的知识。"①西方知识体系并不重视"对价值和人本身的知识"，缺乏"伦理道德关怀"的品质。但这对西方学界并不构成大的问题，西方文化本来就是将"知识"和"伦理"区别对待的——西方学者是通过知识体系之外的宗教信仰获得伦理道德修养的。西方学人可以一边进行学术研究，一边到教堂去做礼拜，虔诚地听牧师讲述上帝的神迹故事，而不去考究这些故事的真实性。②西方的许多著名哲学家、科学家同时也是虔诚的基督教徒。

中国传统知识体系以"经学"为统领和灵魂，具有鲜明的伦理特征。不过，20世纪初期中国知识体系全盘西化，西方哲学取代了中国传统经学的地位，导致中国现代知识界的伦理道德水平整体严重滑坡，并连累中国社会整体的伦理道德水准急速下滑。中国学界不少有识之士已经意识到了这一问题的严重性，并且在有关言论中触及了问题的根源，例如，栾栋撰文指出中国传统学术是"大人文学问"，提倡在中国现代学科建设中突出人文精神。③可惜这些言论还没有引起学界的足够重视。

人类的根本需求是"生存"。人类创造知识归根到底是为了服务于自己的生存与发展，因此我们进行知识分类所秉持的最根本原则应该是"服务于人类生存"。中国传统知识体系以"经学"为统领和灵魂，完美地体现了"知识服务于人类生存"的根本原则。

经学的本质是伦理道德学说，其核心是"人"。以经学作为统领和灵魂，其实就是赋予了知识体系"服务于人"的根本品质。中国现代知识分类方式以哲学为首，而哲学强调对客观世界的探索，其关注的核心是"物"。以哲学代替经学，直接导致了中国知识体系中伦理道德品质的流失，这并不符合中国文化的特点。中国学人自古就是在知识体系中获得伦理道德修养的，在知识体系之外，中国学人并无专门的伦理道德修养场所，因此，现代知识的分类体系严重损害了中国学界的伦理诉求。西方哲学和科学以"物"为中心，导致"人"不断异化，成为"物"的附庸和傀儡，从而丧失人的

---

① 成中英：《中国哲学中的知识论》上，《安徽师范大学学报》（人文社会科学版）2001年第1期。
② 参见凯利·克拉克：《无须证明 不用论证——改良派知识论的辩护》，陈嘉明译，《东方论坛》2003年第4期。
③ 参见栾栋：《人文精神与学科建设》，《华中师范大学学报》（哲学社会科学版）1996年第6期。

主体性、主动性。中国现代知识体系急需重构，以恢复其伦理道德品质。我们可以将以"伦理道德学说"为统领和灵魂的知识分类根本原则，简称为知识分类的"伦理规范"。又因为伦理道德学说是文化的灵魂，我们可以将依据"伦理规范"构建的知识分类体系称为"文化"知识体系。

中国传统儒家伦理道德学说是以"关系思维"作为基本思维模式的。儒家伦理的核心是"仁"，"仁"字拆开是"两个人"的意思，儒家伦理所追求的最高境界是人和人之间关系的"和谐"。孔子说："克己复礼为仁。一日克己复礼，天下归仁焉。"（《论语·颜渊》）。可以说，儒家伦理真正把握了伦理道德学说的"关系"本质。相反，西方哲学所秉持的则是"真理"思维，强调"是"的思维模式——这种思维模式是一种单向度的"从主体到客体"、"以物为中心"的思维模式。西方哲学这一本质思维模式使之难以有效地构建任何伦理道德体系。休谟早就发现了这一问题，指出人们不能从哲学中的"是"推导出伦理道德学说中的"应该"。他还特别提醒读者注意："不过作者们通常既然不是这样谨慎从事，所以我倒想向读者们建议要留神提防；而且我相信，这样一点点的注意就会推翻一切通俗的道德学体系。"①休谟是正确的：西方哲学的运思模式本来就和"伦理"无关。既然哲学思维模式与伦理思维模式本类质地迥异，那么哲学就不能直接涉足伦理领域。哲学充其量只能为伦理研究提供思想素材。

人类伦理关系主要有三种：其一是"个人和自我"之间的关系；其二是"人和人"之间的关系；其三是"人和物"之间的关系。依据人类伦理的这三种基本关系，我们可以将现代知识划分为人文学科、社会学科和自然学科三大领域。中西学界已有学者开始大力倡导类似的学科分类方法，例如，栾栋就认为中国的知识体系应该划分为人文学科、社会学科和自然学科三大学科群，并且指出："三大学科群的通力合作和相互涵摄是文教与科学健康发展的重要保证……综合国力的健康发展首先得从人文与科学的新张力机制以及三大学科群的良性运演开始"。②可惜栾栋并没有从伦

---

① 休谟：《人性论》下册，关文运译，商务印书馆 2005 年版，第 510 页。
② 栾栋：《人文精神与学科建设》，《华中师范大学学报》（哲学社会科学版）1996 年第 6 期。在《三大学科群方法问题沉思录》（《华中师范大学学报》（哲学社会科学版）2001 年第 4 期）之中，栾栋进一步对于三大学科群的学理基础进行了详细地阐述。

理视角对这一分类方法进行基础性的论证。

作为知识体系领和灵魂的伦理道德学说一共分为三个层次。处于最外围的第一层次是"大学科伦理原理",对应于三大学科领域,并分别规范其知识的生产和应用。西方知识并无伦理品质,不过西方人可以利用科学知识体系之外的宗教伦理道德来规范知识的生产和应用,例如,美国政府就多次以宗教伦理干预人类干细胞的研究工作。在我们运用"大学科伦理原理"规范知识生产和应用的同时,还应该根据学科发展对其进行调整,使之和各门学科形成良性互动。"大学科伦理原理"领域还包含各种具体学科伦理,例如,文学伦理、商学伦理、医学伦理,等等。

伦理道德学说的第二层次是"伦理道德学说的基本规范和原则",它们具有相当程度的稳定性,是社会稳定的基石所在。它们不直接和学科的最新发现进行互动,不过可以根据"大学科伦理原理"的变化进行微调。伦理道德学说的第三个层次是伦理道德学说的基点,即"知识必须服务于人类生存"。这一基点是人类的根本信仰,不可能有任何动摇。它是人类知识体系的意义和价值的根本依托。

## 二、促进学科良性发展的原则:多维立体学科分类模型论

知识分类导致学科产生。什么是学科呢?福柯认为,"顾名思义,就是一个对象领域、一套方法、一个由某些所谓真理命题合成的组合体,一种由规则和定义、技术和仪器所构成的活动。"[1]这种以"对象领域"为判断标准的方法简单易行,是中西划分学科的基本方法。不过这并非唯一的方法。陈洪澜曾列举知识分类的十大方式,分别是:1. 按照知识效用分类;2. 按照研究对象分类;3. 按照知识属性分类;4. 按照知识形态分类;5. 按事物运动形式分类;6. 按照思维特征分类;7. 按照自然现象和社会现象分类;8. 按照知识研究方法分类;9. 按照知识的内在联系分类;10. 按照学科发展趋势分类。[2]这些方法各有长短,我们要根据客观条件和主观需求灵活应用。

---

① 徐贲:《走向后现代与后殖民》,中国社会科学出版社 1996 年版,第 145 页。
② 参见陈洪澜:《论知识分类的十大方式》,《科学学研究》2007 年第 1 期。

　　知识分类的基本原则是"促进学科良性发展"。现行以"对象领域"为判断标准的学科分类方法能够促进知识发展，但是很难确保知识的"良性"发展——现代科学中不少知识的生产和应用已经受到社会的强烈质疑，例如，在核武器领域、在人类干细胞领域、在基因食品领域，等等。只有以知识的伦理规范作为学科分类的基本原则，才能保证学科的良性发展。为了确保知识的良性发展，我们必须依据"伦理规范"，以"目的"作为学科分类的最基本理念，即 1. 整个人类知识体系的目的在于"服务于人类生存"；2. 下级学科的研究目的服务于上级学科的研究问题。

　　换言之，我们必须以"目的"原则为指导进行"上下位学科"的划分。在此之后，我们可以采用"研究领域"、"研究视角"等诸多不同标准进行"同级学科"的划分，如此一来就可以得到知识体系的基本学科框架。在此基础上，还可以根据需要进一步分科，以生成各种综合学科、横断学科、边缘学科、交叉学科、相关学科，等等。

　　根据知识分类的伦理规范，知识体系的统领为伦理道德学说，其下位学科包括人文学科、社会学科和自然学科。凡对三大学科的核心研究问题（即人类伦理的三大关系）能够产生直接影响的学科，即为其下位学科。根据《四库全书》的经验，我们将这三大学科称为"部学科"，"部学科"下面的是"类学科"。例如，在现代学科中，能够对"个人和自我"的关系直接产生影响的学科包括生理（学）类、精神（学）类等，这些就是人文（学科）部的下位学科，简称为"类（1）学科"；对于"人和人"的关系问题能够直接产生影响的学科包括政治（学）类、经济（学）类、军事（学）类等，这些就是社会（学科）部的下位学科，简称为"类（2）学科"；对于"人和自然"的关系问题能够直接产生影响的学科包括天文（学）类、地理（学）类、物质生产类、动植物（学）类等，这些就是自然（学科）部的下位学科，简称为"类（3）学科"。

　　类学科的下位学科是属学科。例如，类（1）学科的生理（学）类就包括体育（学）属、医学属等；精神（学）类就包括艺术（学）属、心理（学）类等；类（1）学科的下属学科简称为"属（1）学科"。类（2）学科的政治（学）类包括国家（学）属、民族（学）属等；经济（学）类包括农业（学）属、工业（学）属、商贸（学）属等；军事（学）类包括策略（学）属、兵器（学）属、军队（学）属等；类（2）学科的下属学科简称为"属（2）学科"。类（3）学科的天文（学）类包括空间(学)属、星系(学)属、空间动力(学)属等;地理(学)类包括水文(学)属、山川(学)属、平原(学)属等;物质生产类包括农业(学)属、工业(学)属、医学属等;动植物(学)类包括动物(学)属、植物(学)属等。类(3)学科的下属学科简称为"属(3)学科"。属学科的下位学科是一级学科,一级学科的下位学科是二级学科,以此类推,以此构建知识体系的纵向基本学科名目。

在进行纵向学科分类时所依据的是"目的"逻辑,以确定每个学科的基本性质。同位学科的划分依据则是研究领域、研究视角等。必须指出的是:在这种分类体系之中,会出现隶属于不同上位学科的"同名"学科。例如,在"类(1)学科"和"类(3)学科"之中都出现了"医学属"。① 不同的"类"、"属"标识表明它们服务于不同的"目的",而相同的术语名称又表明它们在某些层面具有共性,根据这种"共性",我们可以进行学科组合以构建各种"综合学科"。

横向学科主要以研究领域、研究视角等作为分类标准。例如,横向学科包括物理学(横1)、化学(横1)等;物理学(横1)下面还可以划分为力学(横2)、光学(横2)、磁学(横2)、分子学(横2)等…… 横向学科和纵向学科交叉,将生成大量具体学科门类(其中有些交叉并不能够形成具有研究价值的学科),例如,力学(横2)和体育学(属1)就能够形成"体育运动力学"(属1+横2),化学(横1)和医学(属3)就能够形成"医学化学"(属3+横1),等等。人类知识体系中的绝大部分具体学科都可以在纵向学科和横向学科的交汇中生成或者得以定位。必须说明的是:研究领域和研究视角等本身不具备伦理性质,因此,由纵向学科和横向学科的交汇所生成的具体学科的伦理属性隶属于与之发生关系的纵向学科。

知识体系还可以以"工具性质"为皈依进行第三维学科分类,所生成的学科即"工具性学科"。工具性学科包括语言学(工1),逻辑学(工1),学术学(方法论)(工1)等。工具性学科和纵向学科、横向学科以及他们的交叉学科融合,可以生产许多新兴学科,例如,语言学和艺术学(属1)

---

① 将医学区分为人文学科领域的医学和自然学科领域的医学具有重大意义。中国传统医学(中医)具有深厚人文品质,可是,在现代分科分类体系中,医学被完全从人文学科领域剔除,使得医学(尤其是中医)的人文品质失去栖身之所,更不要说发展空间了。

下面的文学(一级学科—1)、绘画(一级学科—1)、雕刻(一级学科—1)融合就可以生成文学语言学(一级—1＋工 1)、绘画语言学(一级—1＋工 1)、雕刻语言学(一级—1＋工 1)等;方法论(工 1)和它们分别融合则可以产生文学方法论(一级—1＋工 1)、绘画方法论(一级—1＋工 1)、雕刻方法论(一级—1＋工 1)等。逻辑学(工 1)和文学语言学(一级—1＋工 1)、绘画语言学(一级—1＋工 1)、雕刻语言学(一级—1＋工 1)相融合还可以产生文学语言逻辑学(一级—1＋工 1＋工 1)、绘画语言逻辑学(一级—1＋工 1＋工 1)、雕刻语言逻辑学(一级—1＋工 1＋工 1),等等。

知识体系还可以从"知识场"的视角进行第四维学科分类,其生成的学科是"知识场学科",具体包括知识论(场 1)、文化论(场 1)等。知识论研究知识的可能、范围、功用等,而文化论则研究知识的意义、价值。文化论(场 1)、知识论(场 1)和知识体系内的学科结合也可以产生许多新学科,例如,文化论(场 1)和文学(一级学科—1)、绘画(一级学科—1)、雕刻(一级学科—1)结合就可以产生文学价值论(一级—1＋场 1)、绘画价值论(一级—1＋场 1)、雕刻价值论(一级—1＋场 1),等等。

以上仅举例说明知识体系各个学科的生成逻辑。依据学科的生成逻辑,我们很容易确定各种学科知识体系中的定位,并进行标识处理。这种学科分类体系的优越性是显而易见的:其一,在厘清各种学科的逻辑关系之后,学科的创新和发展能够从原来的"自发"阶段过渡到"自觉"阶段;其二,这种学科分类体系是开放的,有利于各种新兴学科的产生;其三,这种学科分类体系能够轻松地根据学科发展,不断进行自我调适;其四,这种学科分类体系中的学科都具有逻辑标识,而且这些标识还可以不断升级变得更为精确(例如,将不同的同位学科加上 a,b,c等符号进行区别),这使得我们能够轻易地通过电脑处理,将整个人类知识体系构建为某种"数学模型",从而方便我们直观地了解、把握人类知识体系的整体格局。

## 三、易于操作的原则:学科视角论

通俗地讲,所谓学科即具有一定研究目的、研究方法、对象领域、并能够产生与其他学科不同的、比较专门的研究成果的知识体系组成单位。学科之能否成立的关键在于是否能够"产生与其他学科不同的、比较专门的研究成果"。一般来说,只要在"研究目的、研究方法、对象领域"等方面具有一定的独特性,我们就可以期望通过研究,得到"与其他学科不同的、比较专门的研究成果"。人类的知识体系是一个有机的整体,单个的学科只有在这一知识体系之中才能得到其他学科的支撑而不断发展。那种狭隘的、画地为牢的专业偏见是十分有害的。

　　学者们在研究具体问题的时候,往往需要以某具体问题作为中心,运用发散性思维在知识体系中寻求相关学科的支持。为了帮助学者们顺利地得到相关学科的支持,我们必须构建以某具体学科为中心的"临时性知识体系结构模型"。依据国内外现行的各种知识分类体系办法,例如,中国国家技术监督局 1993 年 7 月 1 日公布实施的《中华人民共和国国家标准学科分类与代码表》或者美国学科专业目录(Classification of Instructional Programs,简称 CIP)等,学者们很难获得这种重要的支持。而根据以上所阐释的多维立体型知识分类体系,我们可以轻易构建出一个"数学模型",并经过简单的电脑程序处理随时获得某种"临时性知识体系结构模型"。这无疑将有力地推动各种具体学术问题的研究,并以此推动整个人类知识体系的发展。

　　我们所构建的知识分类体系是一种开放的体系。学者们可以根据需要,自行设定学科研究领域和学科名称,并以此构建"临时性知识体系结构模型"。例如,尽管"文化"知识体系涵盖了西方哲学包含的所有重要组成部分,不过它的基本学科中并无"哲学"的名目。但这并不构成对西方哲学研究的障碍。例如,为了研究的需要,有关学者完全可以在"文化"知识体系中自行设定某种哲学学科名目及其研究领域,并以之为中心构建一个"临时性知识体系结构模型"进行研究。

　　应用电脑技术,我们可以使"文化"知识体系的基本学科模型直观地显示整体学科格局,显示各种学科的发展状况,提示各种学科的发展态势,等等。这将有利于我们实时监视知识体系的整体发展健康水准。不同时代、不同社会对于知识的需求往往有所侧重,从而导致某些学科或者学科群受到重视、某些学科或者学科群被忽视。例如,为了国家建设的需要,现代中国十分重视理工科的发展,但同时忽视了人文学科、社会学科领域的许多具体学科的发展。国内外现行的各种"学科分类模式"难以显示各种学科之间的有机联系,无法对知识体系在整体上的畸形发展发出警示。而"文化"知识分类体系则可以直观地随时提示知识体系的薄弱环节(我们不难在其电脑"数学模型"中设定某种预警机制),从而避免人类知识在总体上的畸形发展。

人类已然进入所谓"知识时代"。中国传统学人秉持"一事不知,以为深耻"(《南史·隐逸传·陶弘景》)的求知态度,形成了"上知天文,下知地理,中知人事"(《黄帝内经·气交变大论篇》第六十九)的高贵知识品格。这种求知态度和知识品格昭示了人类作为知识主人的自信和骄傲。反观今天,在现行知识分类体系的诱导下,不少学人早早地将自己划入某一学科专业,并在此圈子内终其一生。而且即便在专业之内,学者们也不敢说"一事不知,以为深耻"。这固然有一定的客观原因:仅从数量上来看,在某些学科领域,学者们对全球每年出版的新著就不能在当年阅读完毕。还不谈图书条件、语言限制等其他诸多现实因素的掣肘。正因为如此,现代学人总是处于知识的包围之中,为知识所驱使,疲于应付知识形成的各种挑战,俨然已经成为知识的奴隶。

现行的各种学科分类体系是一种"平面性"的结构,十分容易诱使学者们按照学科分类乃至专业分类画地为牢,并进一步导致各种具有强烈排他性的专业偏见的形成。C. P. 斯诺在 1959 年发表的著名的《两种文化》中就指出,整个西方社会的精神生活已经分裂成文科和理科两个阵营,而且在这两个阵营之间已经形成了巨大的鸿沟,人们(尤其在年轻人之间)甚至还互相抱有严重的敌意和厌恶情绪。[①]

现行的学科分类体系是以西方哲学为统领的。哲学的精神是"求真"。哲学的"求真"精神是西方"两种文化"之所以形成的根本原因所在。"求真"精神在导致自然学科无节制地高速发展的同时,极大地压制了人文学科和社会学科,并导致其畸形发展。从根本上来说,知识的意义和价值在于服务于人类的"生存"利益,只有符合人类利益的知识才是"善"的

---

① C. P. Snow, *The Two Cultures and the Scientific Revolution*, New York: Cambridge University Press, 1959. p. 3.

知识。"善"才是知识的意义和价值的终极衡量指标,在知识领域,"真"必须服从于"善"。

"文化"知识分类体系以伦理道德学说作为统领和灵魂,以伦理规范作为知识体系的根本原则,其实质就是以"人"的根本利益统领知识体系,确保了知识的道德品质。①现行的西化知识分类体系罔顾知识的道德品质,不尊重"人"的主人公地位,导致知识的发展往往不能促进、有时甚至损害人类的主体利益。在以"善"为灵魂的"文化"知识分类体系中,学者们不难认清所有学科的共同目的、共同本质,并拆除学科之间的森严壁垒。以"善"为灵魂为所有学科指明了发展方向,从而可以有效地规避知识的无序发展,引导知识的良性发展;规避知识的滥用,引导知识造福人类。

知识的基本特征是"分类"。现代人类一方面以此有效地应付知识的加速度增长;另一方面同时促成了其爆炸性生产。现代个体已经不可能从微观上掌握所有具体知识。既然如此,我们就应该改变思路,尝试从宏观上来整体把握人类知识体系和知识格局。只要掌握了知识的整体格局及其构成逻辑,我们就不难理解任何学科在知识体系中的定位及其生成逻辑,并了解其学科意义、存在价值,等等。做到了这一点,我们也就能够对不断出现的新兴知识准确地进行意义和价值判断,从容自如地应付知识的爆炸性增长所带来的各种变化,不至于陷于一种迷茫与惶恐的被动状态之中。从整体把握了知识体系结构之后,在我们需要学习、研究某一全新的学科专业时,可以方便地依据知识体系所提供的"航线图",轻易地明确学习对象、内容和方法,等等。②而了解知识的人类知识体系和知识格局,我们只要学好"文化"知识分类体系中的"文化论(场 1)"和"知识论

---

① 本来,西方学者可以在宗教信仰中获得伦理道德修养,不过近现代以来,西方各种宗教因为其自身的诸多缺陷已经遭遇到了种种危机,其所能发挥的社会伦理道德效益已经大大降低。

② 作为一个优秀的学者,在熟悉知识体系整体结构之外,还需要精通至少一门学科专业知识。知识体系的结构本身只是一种"知识(逻辑)"形式",而学科专业则能够提供丰富的、具体的"知识质料"。知识形式本身是从知识质料中总结、概括出来的,只有深入学习知识质料,并且了解知识形式的生成过程,我们才能真正掌握知识形式的本质、规则和应用原则。许多学科专业的知识质料不同,不过它们所生成的"知识(逻辑)形式"是相同的。因此,只要对于某一学科专业深入研究,我们就能在"知识质料"中体会到知识形式的普遍性。当然,在具体学科专业的研究之中,我们也能作出质料性的知识贡献。

（场1）"即可。①而现行的知识体系并没有提供类似的、有关人类知识的"导论性"学科。

"文化"知识分类体系同时具有开放性和稳定性的特点。其体系的开放性使它足以容纳西方知识体系中的任何学科，当然包括所有新兴学科。这有利于中国学界及时吸纳西方的最新知识成果。与此同时，它也有利于中国学人进行知识创新，独立自主地创建新知识、新学科。"文化"知识分类体系的多维立体结构模型可以推动学科创新从"自发"向"自觉"转变——学者们仅仅根据这一模型，在对不同学科尝试进行交叉合并处理的过程中，就可以发现一些具有研究价值的新学科。尤其在一个全新的学科出现之后，"文化"知识分类体系可以立即作出连锁反应，促成一系列新兴学科的产生。"文化"知识分类体系总体框架结构不会受到新兴学科的冲击，因此它只需要进行技术上的微调就可以很好地容纳新兴学科（例如，按照学科分类逻辑自动生成新的学科编码等）。因此，"文化"知识分类体系具有根本上的稳定性，可以保证各种具有一定时长要求的具体项目得以顺利实施。

"文化"知识分类体系还有利于中国传统学科的发展。现行学科分类体系严重"异化"了中国许多传统优势学科。例如，在人文教育方面，中国传统学人重视琴棋书画的学习，将之视为一种基本素养，这是一种十分高明的人格修养模式，有利于培养高贵的个人品格。而现行学科分类体系以"物"为核心，导致现代学者被严重"物化"，成为了某种物质生产机器的机械零件。异化的现代学者因为缺乏人文素养所蕴涵的充实感、幸福感、高贵感，其创新知识的主动性、积极性也受到了严重打击。另外，中国不少传统学者还注重文武兼修，这一精神在中国远古的六艺，即"礼、乐、射、御、书、数"中就很好地体现了出来。而现行的学科体系却将"体育"从人文领域剥离出去，将它异化为某种技术性的专门知识，结果导致许多学子、学人弱不禁风，这无疑又是现代学科体系的一大罪孽。西方主导的现

---

① "文化"知识体系中的"文化论（场1）"和"知识论（场1）"应该被设定为中国现代学制中的核心课程，并应该在学生选择专业方向之前开设。中国现行的教育体制要求学生在高考之后就选择专业、或者刚入大学就选择专业，而学生们在不具备文化论（场1）和知识论（场1）知识背景的前提下，只能进行盲目地选择。这不但不符合学生们的利益，也不符合国家的利益。

代体育精神追求"更高、更强、更快"等技术性指标,着眼于人类的"物理性能",而作为人文修养的中国传统体育秉持的却是更健康、更美丽、更和谐的人文理念,强调身体与精神的和谐统一。以技术性的体育学科遮蔽、乃至取代中国传统的人文体育,无异于捡了芝麻丢了西瓜。可喜的是中国传统人文体育在民间仍然十分流行,例如,在城市的公园、乡村的原野随处可见的"晨练"就是有力的例证——人文体育是西方人十分羡慕而又难以习得的,因为在他们的文化中根本没有这一传统。①中国传统中也有实用搏击项目,其本质和西方现代体育相当。

又例如,现行学科体制将中医纳入以西医为主导的医学学科,将中医"异化"为和西医同质的"客观性科学"。中国传统医学具有强烈的人文关怀品质,倡导以人为本,以防为主、以治为辅的优秀医学理念。中国古代医家均强调养身之术,强调合理调节衣、食、住、行乃至精神状态以保持体魄的健康。名医华佗为帮助人们强身健体,还发明了"五禽戏"。西方现代医学秉持的则是一种"物本"思维,是一种头痛医头脚痛医脚的技术性学科。毋庸置疑,我们应该学习西医的优秀技术,但以此遮蔽、取缔中医的优异人文品质则是不可取的。以西医遮蔽中医,已经导致中国医学界人文品质(医道)的严重流失——现代中国医学界的医德问题广为社会诟病,医患关系问题也已经十分突出。"文化"知识分类体系将中医归为人文学科,将西医归为自然学科,可以有效地避免中医为西医所遮蔽。在此基础上,再将中医和西医归为医学(综合学科),以利于中西医互相取长补短。可见,"文化"知识分类体系能够在容纳中西各种学科的同时,不让任何学科原本的优秀品质被遮蔽,从而确保所有学科和谐共处,相互借鉴,共同发展。

---

① 西方没有中国传统的人文体育,不过他们有各种大众性的舞蹈传统。中国传统的人文体育和西方的大众舞蹈具有同样的社会功能。

# 第十四章
## 人类的根本价值立场与基本文化理念

　　人类各种不同的文化体系是否有共同的根源？我们可以从人类最根本的需求来回答这一问题。人类最根本的需求是什么？答案只有一个：活着，即"生存"。尽管人类文化体系形态万千，可是它们的根本目的都是为了维护自己的"生"。这就是人类文化的共同根本。[①]

　　从生存视角可以最为清晰地揭示人类文化体系的各种规律，也能最为有效地促进各种文化体系的革新与发展。

### 一、"生存需求"与"文化关系"

　　亚伯拉罕·马斯洛在《人类动机的理论》中提出"基本需求层次理论"（Maslow's Hierarchy of needs），将人类的基本需求从低到高划分为生理需求、安全需求、社交需求、尊重需求、自我实现需求五类。在这一理论中，马斯洛认定人类的最根本需求是"生理需求"，而"生理需求"的核心自

---

　　① 历史上是否出现过信奉"死亡"的文化体呢？美国人吉姆·琼斯所创建的"人民圣殿教"的900多名成员于1978年集体自杀，似乎这一文化团体的根本信仰是"死亡"。事实并非如此。吉姆·琼斯以反对种族歧视等高尚理念来吸引信众，说明他追求的不但是"生存"，而且是"更好地生存"。吉姆·琼斯集中信众实施集体自杀行为的原因很多，例如，外界舆论批评的压力、吉姆·琼斯本人的生活方式日益失控、"人民圣殿教"凝聚力的不断衰减、美国议员利奥·赖安造访所形成的强大心理压力等。吉姆·琼斯的自杀行为可谓利益权衡下无奈的政治决策，而不是出于对"死亡"的根本信仰。而"人民圣殿教"信众的死亡，则源于被欺骗、被威胁、被挟裹。从理论上来说，一个人一旦真正确定"死亡"信仰，就应该立即实施"自杀"行为，而不会受社会环境的影响——也就是说，真正的死亡信仰一旦出现就会立即消亡，因此也难以形成任何文化体。

然就是"生存需求"。①"生存"不仅是人类的根本需求,也是所有生命体的根本需求。生存需求促使人类产生了各种求生本能,例如,婴儿一出生就会本能地呼吸、吃奶、排便,等等。生存需求还促使人类通过遗传活动不断繁衍、不断进化,从而一步一步地走到今天。生存需求是生命体的本性;生命体一旦产生就自然产生了生存需求。生存需求所促成的各种求生本能是生命体的显著特征;如果没有各种求生本能,人类也许早就向种种恶劣的生活环境屈服,一步步走向灭绝了。

人类的一切活动——包括无意识的遗传活动和有意识的社会生产活动——都是围绕"生存"展开的。遗传活动包括遗传信息的选择、遗传机体(精子和卵子)的生成、遗传机体的结合成长直到婴儿降生的全过程。遗传活动是人类实现进化的基本方式,人类通过进化不断地改进自身的生理结构,使人体能够最好的适应各种生存环境。人类的一切社会生产活动也是围绕"生存"展开的。恩格斯在《劳动在从猿到人转变过程中的作用》一文中提出过一个著名的判断,即"劳动创造了人本身"。②而"劳动"是人类满足"生存需求"的基本手段。

人类的根本需求决定人类的根本价值立场。任何价值都产生于某种"判断机制",即"度量系统"。"度量系统"的核心二要素是"度量单位"和"度量基准";没有"度量单位"就没有"度量值";没有"度量基准",度量活动无从开始。人类的根本价值立场就是人类价值判断的"度量基准"。有了这一基准,我们才能够对于人类的所有活动进行价值评判:凡是有益于人类生存需求的就具有正面价值,反之则是负面的。人类文化体系的实质是一种价值评价体系,人类的根本价值立场也就是人类文化的根本价值立场。缺少这一根本价值立场,人类文化就没有立足点,人们就会陷入文化迷茫状态。

群体活动是人类求生的最佳手段。而群体的存在和发展必须依靠

① A. H. Maslow, A Theory of Human Motivation, *Psychological Review* 50(4)(1943):370−396.在马斯洛这一理论中,"生理需求"没有文化局限性,是所有人类的共同需求,而"自我实现需求"则有很大的文化局限性,在比较初级的文化体内,人们恐怕没有这种需求——这种需求本身是在特定文化理念的感召下产生的。

② 恩格斯:《劳动在从猿到人转变过程中的作用》,参见《马克思恩格斯选集》第3卷,人民出版社1995年版,第56页。

诸多规范来保障——我们将这些规范称为文化规范,这些规范的集合就是文化体系。依靠某种文化体系所组成的群体就是文化体。文化规范的作用在于规定文化体内部的各种关系,以利于文化体的良性存在与发展。①我们把文化体内部的这些关系称为"文化关系"。文化关系大致可以分为三种基本类型:第一类文化关系是个体和自我的关系;在这类关系中,文化规范规定个体对自我的认识、态度以及行为方式;第二类文化关系是人和人之间的关系;在这类关系中,文化规范规定个体对于其他个体或集体的认识、态度以及行为方式;第三类文化关系是人和物之间的关系;在这类关系中,文化规范规定个体对物质资源的认识、态度以及行为方式。

儒家文化强调第二类文化关系,并以它来主导第一类和第三类文化关系。"仁"是中国儒家文化的核心,儒家所追求的高境界是人和人之间关系的"和谐"。孔子说:"克己复礼为仁。一日克己复礼,天下归仁焉。"(《论语·颜渊》)儒家宣扬的"克己复礼"观念,要求个体压制自我的欲望,以便更好地服从第二类文化关系,这是儒家以第二类文化关系主导第一类文化关系的例子。儒家还根据第二类文化关系确定社会等级秩序,并以此作为社会物质资源分配的基础,这是以第二类关系主导第三类关系的例子。在儒家文化的主导下,中国建立了一个尊卑有序的庞大社会结构,而且绵延数千年之久——其社会结构之庞大、绵延时间之久,均为世界第一。儒家文化也因此堪称人类传统文化中最为稳定的文化。

近代以来,中国遭受了"数千年来未有之变局",这促使不少人开始反思、检讨儒家文化。不少中国学人激烈地反思儒家文化,少数人还极端地全盘否定中国传统文化,例如,鲁迅就以《狂人日记》将儒家文化礼仪一概贬斥为"吃人的礼教"。鲁迅以文学手段批评儒家文化(而且是以"狂人"的视角),固然失之偏颇,并不具有理性参考价值。不过人们对于儒家学说的批评也并非完全没有道理。近代以来,在西方文化的影响下,不少中国学人重新认识自我,意识到第一类文化关系所蕴涵的独立价值,并开始

---

① 中西学界有关"文化"定义的讨论颇多,学者们的"学术问题"不同,就可以从不同的角度来规范"文化"定义。本章是从人类生存的视角来讨论人类文化的。

强烈批评儒家文化"克己复礼"的相关理念。①从理论上来看,第一类文化关系并不从属于第二类文化关系,换句话说,个体对其他个体或群体的服务并不能够自然地实现自己的利益。事实恰恰相反,对其他个体或群体的利益贡献在某些时候还会损害个体自己的利益。儒家文化强行让第一类文化关系隶属于第二类文化关系,对个体实行高压态势,要求个体毫无保留地服从群体利益——这就构成了对五四学人所主张的"个性自由"的极大压迫。而且,如果群体利益不能由社会个体公平分享,就会更加令人不满——而儒家恰恰就是根据第二类文化关系确定社会等级秩序,并以此作为社会物质资源分配基础的,这自然就不可能做到"公平公正"。可见,五四学人对于儒家文化的批评是有深刻原因的。不过,如果因为这样就全盘否定中国传统文化,主张完全取消"礼仪"、取消社会规范,那么中国的社会结构就会分崩离析——个人利益也自然得不到保障了。

第一类文化关系并不从属于第二类文化关系,反过来,第二类文化关系也不从属于第一类文化关系。第一类文化关系本身具有个体性,某人如果主张第二类文化关系从属于第一类关系,就是要求拥有整个群体内部人和人之间关系的决定权,也就是要求整个群体从属于他个人——似乎只有皇帝才有这种权利。不过,事实上中国历史上的皇帝也做不到这一点。从历史上来看,皇帝是由部落(氏族)首领演变而来的,部落(氏族)首领是由部落(氏族)成员以某种方式推举出来的。皇帝和部落(氏族)首领都是某个群体政治组织制度(文化的重要内容之一)的产物,也就是说,群体政治组织制度决定皇帝和部落(氏族)首领的产生,而不是相反。皇帝和部落(氏族)首领都不能自主地决定整个群体的第二类文化关系;相反,他必须遵循群体的文化规则才能得到群体的拥戴(无论在儒家文化形成之前的中国社会,还是在中国之外的其他社会,都是如此),否则他就会被群体所抛弃(中国历史上就不乏这样的例子)。因此,聪明的皇帝和部落(氏族)首领一般会模范地遵守、维护各种社会规范,他偶尔也会根据生产力的发展顺应民意适度改良第二类文化关系(这些改良往往难以获得实效)。可见,中国历史上的皇帝也并不能够自主地决定其治下的"第二

---

① 鲁迅等人在反对儒家文化时所提出的重要主张是"个性解放"、"人道主义"等。鲁迅尝试以自己婚姻实践诠释了这一主张,结果却并不理想。

类文化关系",他只是中国传统政治体制设计上的一环——尽管是十分重要的一环。第二类文化关系涉及某个群体内的每一个个体——每一个个体都以某种方式参与设计、执行第二类文化关系规范。第二类文化关系是全民性质的,由全民创造、全民拥有、全民执行。

人类个体的需求具有客观性,这是人类第一类文化关系具有"独立性"的客观基础。以第二类文化关系主导第一类文化关系有利于社会结构的稳定,却不利于社会个体生活质量的提高。比较理想的文化设计应该能够平衡、协调有关第一类文化关系和第二类文化关系的各种规范,即平衡协调个体和群体之间的利益。这是我们改革中国传统文化,创建中国现代文化的基本原则之一。

第三类文化关系有时从属于第二组关系,因为人和人之间的关系在很大程度上决定社会个体对于社会财富的支配权利;它有时还从属于第一组关系,因为个体常常会根据自身情况决定对物质对象的取舍。不过,第三类文化关系也有其独立性,因为每个个体对物质总有一定的客观需求;而且,这种客观需求总是受到客观条件局限的。

人类个体组成某个群体的最根本目的是确保自己的生存,因此,确保个体的生存应该是任何群体文化体系所服务的最核心目标。如果某一文化体系不能保障其成员的生存需求,那么,这一文化体系就会彻底失败,其结果往往会导致相应文化体的消亡。历史上不乏相关的例子。

在保障生存的基础上,人类个体还要不断改善自己的生活质量。这导致了各种文化体系的不断革新。

## 二、哲学与宗教:西方文化中的生命意义探索

西方哲学的许多重大命题都与对生存意义的追问相关。人们将西方哲学的这种关切形象地概括为:我是谁? 我从哪里来? 要到哪里去? 从根本上来看,这三个问题中的后两个问题从属于第一个问题,因此,可以说西方哲学追寻生存意义的核心问题就是"我是谁"的问题。

西方许多哲学家都从某种程度上论及这一问题,其中要数西方现代哲学的奠基人笛卡尔的相关论述最有影响力。笛卡尔提出了"我思故我

在"的著名哲学命题,他说:"但是正当我做如此思想,一切皆伪之时,我立刻理会到那思想这一切的我,必须为一事实。由于我注意到:'我思故我在'这个真理是如此确实,连一切最荒唐的怀疑假定都不能动摇它。于是我断定,我能毫无疑惑地接受这真理,视它为我所寻找的哲学的第一原则。"①在这一论断之中,笛卡尔对"我是谁"的问题给出的答案是:"我是思"。不过,值得注意的是,笛卡尔却并不认为"思"来自于人类的肉体。笛卡尔说:"虽然我有一个肉体,我和它非常紧密地结合在一起,不过,一方面我对我自己有一个清楚、分明的观念,即我只是一个在思维的东西而没有广延;而另一方面,我对于肉体有一个清楚、分明的概念,即它只是一个有广延的东西而不能思维,所以肯定的是这个我,也就是我的精神或我的灵魂,即我之所以为我的那个东西,是完全、真正跟我的肉体有分别的,它可以没有肉体而存在。"②

西方哲学以追求真理为己任。笛卡尔指出"我思故我在"能够经得起一切"怀疑假定"的考验,即表明它是一条"真理"——其重要意义在于,它"实证"地确定了西方哲学追求真理的可行性,也即从整体上肯定了西方哲学的存在意义。笛卡尔运用的是西方传统哲学的本体论思维模式——因为他是在努力寻求"我"的"本体"。笛卡尔将"我"的"本体"确定为"只是一个在思维的东西",其实是再次肯定了西方传统哲学所秉持的理性主义。笛卡尔哲学和古希腊的柏拉图哲学一脉相承:他所肯定的"思维"和柏拉图的"理念"概念的实质都是"理性",笛卡尔的"上帝"概念和柏拉图的"可知世界"实质上都是一种"理性思维域"。

笛卡尔的这一哲学命题十分机智,具有重要的哲学价值。不过,它却并不具备文化价值。人类文化所关注的根本问题是人类肉体的"生",而这却恰恰不是笛卡尔所关注的问题。从文化视角来看,笛卡尔的相关论述并没有涉及"我是谁"的问题。在文化研究视阈,人类生命体的存在首先是一种物理存在,也就是说,作为生命体的"我"才是文化意义上的"我",才是文化规范所服务的根本。

西方历代哲学家习惯于从"本体论"的思维范式出发,尝试归纳概括

① 笛卡尔:《笛卡尔思辨哲学》,尚新建等译,九州出版社2004年版,第31页。
② 同上,第234—235页。

出人类生命体的某种“本质”特征，并将它定义为“我”。于生命体而言，这种思维范式本身就是不恰当的。人类生命体就是人类生命体的整体，对于人类生命体的任何“抽象概括”行为，都会导致对人类生命本身的某种程度的漠视——这一行为本身就是违背基本的文化道德规范的。

笛卡尔和柏拉图一样，都假设在人类肉体之外存在某种“灵魂”。可是，西方哲学家却并不能运用哲学所强调的逻辑理性，尤其不能用现代科学的实证方法加以证明——或许他们永远也不能。近现代以来，不少西方哲学家似乎对从哲学角度回答“我是谁”的任务已经失去了信心，因此纷纷从“哲学世界”逃离，进入到“生活世界”。例如，西方现代存在主义哲学就提出了“生存本身就是意义”的元命题，以此绕开对于“我是谁”问题的追问——我们可以从文化视角承认存在主义学说的论断，以及其学说价值，却不能承认其哲学意义——因为它有意回避了西方哲学的基本问题，背离了西方哲学的基本精神。胡塞尔曾指出：“‘现代人的整个世界观都受实证科学的支配，并迷惑于实证科学所造就的‘繁荣’。这种独特现象意味着，现代人漫不经心地抹去了那些对于真正的人来说至关重要的问题。’即在原则上排斥了一个人们面对命运攸关的根本变革所必须立即作出回答的问题：‘探问整个人生有无意义’……‘欧洲危机’在最深层的意义上就是‘哲学的危机’。而‘哲学的危机就意味着作为哲学总体的分支的一切近代科学的危机，一种起初隐藏着，但然后日渐显露出来的欧洲人的人性本身的危机，这种危机就表现在欧洲人的文化生活的总体意义上，表现在欧洲人的文化生活的总体‘生存’上。”①胡塞尔固然觉察到西方哲学界因为回避真正的哲学问题所造成的哲学危机，不过，他自己本人也并没有能够力挽狂澜，他在晚年也悄悄地放弃了具有真正哲学意义的“主体”问题，大踏步地走进了“生活世界”。②

西方哲学以真理追求为己任，期望能够通过“真理”的发现而确定人生的意义。可是，只要西方哲学不能确切地回答“我是谁”的问题，它就不能进入“价值”领域，换言之，我们就不能依从哲学确立人生意义。迄今为

---

① 张廷国：《欧洲文化危机的根源——胡塞尔晚期思想中的一个哲学问题》，《江苏社会科学》2000 年第 5 期。

② 张庆熊：《胡塞尔论自我与主体际性》，《哲学研究》1998 年第 8 期。

止,西方哲学的意义主要体现在它的"工具性"功能方面——西方哲学为人类物质财富的创造贡献卓著。而且,西方哲学还推动了生理学、心理学等为代表的各种现代学科的诞生,使人类对"自我"的认识不断加深。这使人类可以不断优化第一类文化关系中的相关规范,并相应地改善其他文化关系规范。在这一层面,西方哲学对人类的生存本身也具有重大意义。

与西方哲学"化简为繁"的策略不同,西方基督教"化繁为简"地以"上帝造人"的神话故事简单明了地回答了"我是谁"的问题。从文化视角来看,这一答案本身正确与否并不重要,其意义在于"回答"本身:人们因此可以轻易绕过这个或许永远也无法回答的问题,从而将精力集中于应对人类所面临的实际生活问题之上。与此同时,在回答这一问题的过程中,西方宗教建立了"上帝"的权威,并因此获得了一种有效的规范群体关系的神圣手段,从而可以有效地服务于现世社会。例如,为了保证人类的生存繁衍,首先就必须阻止人们"轻生"——这一任务无疑是十分棘手的,可是宗教却可以轻易地完成:基督教认定人的生命是上帝赋予的,任何个体均无权剥夺,否则就会遭到上帝的严厉惩处。在这一宗教观的影响下,西方现代社会还普遍废除死刑。

哲学拥有自己的"理念世界",宗教有自己的"彼岸世界";哲学家们专注于自己"理想世界"的构建与完善,而宗教人士则将"彼岸世界"作为服务于"生活世界"的一种工具。刘小枫说:"旧约先知反而是为了将人们的的注意力引向人生。"[①] 世界上所有成功的宗教都是如此,换言之,宗教的"彼岸世界"本身并无意义,其意义在于它对"生活世界"的服务功能——这就是为什么"上帝造人"故事本身是否正确并不重要的根本原因。也正因为如此,睿智的哲学家和宗教学家都不会以理性思维追问宗教神话故事的真伪,而主张在宗教和哲学之间划下明确的界限——尽管有人还是不断挑战宗教神话故事的真伪,可是,他们也永远无法完全证伪"上帝"的存在。可以说,宗教是以人类对客观世界的"认识不足"作为前提的——因为宇宙是无限性而人类的认识能力是有限的,所以这一前提

---

① 刘小枫:《拣尽寒枝》,华夏出版社 2007 年版,第 230—231 页。

永远也不会消失。宗教利用人类认识能力的缺点服务于人类生存的做法,是很高明的。

### 三、中国文化对"生命"的拱卫与弘扬

中国文化的杰出代表是儒家、道家、佛家,而在这三家之中,又以儒家为首。儒家、道家是中国土生土长的文化体系;佛教起源于印度,在被引入中国并经过七百余年左右的本土化改造过程之后,逐渐成长为中国文化体系的重要组成部分。

儒家持"知之为知之,不知为不知,是知也"(《论语·为政》)的认识论立场,较少务虚地玄想。这种认识论自然导致了儒家非常务实的人生态度。"季路问事鬼神。子曰:'未能事人,焉能事鬼?''敢问死'。曰:'未知生,焉知死?'"(《论语·先进》)与其说孔子对于"鬼神"、"死亡"毫无思考,还不如说他认为对这些东西的关注毫无意义。与西方宗教不同,儒家通过有意地以对鬼神、死亡的忽视,促使人们将注意力集中到"生活世界"之中。儒家文化在整体上是一种非常务实的文化体系。

儒家文化体系直接扎根于"生存"理念。成中英说:"'生生'的观念是儒家最基本的观念,是一个形而上的观念,同时也和伦理学有关。伦理学谈人生的道德价值,不能离开对世界的认识与对人本身的认识。人如想了解人的行为价值,一定要先了解何为宇宙,何为生命。这是儒家的理想,也是'生生'的基本意义。"[①]从儒家经典之中,我们可以更为具体地了解到儒家之"生"的意蕴。《周易·系辞》说:"生生之谓易"、"天地之大德曰生"。这里的"生"具有独特的意义,张舜清说:"在我国早期文献中,'生'的原始含义主要是诞生、出生、生长,是指事物由无到有再到壮大以及存在的状态,其中也含有'生'是万物得以生的根本动力的思想,我们可称为'生命力'。"[②]梁漱溟认为:"这一个'生'字是最重要的观念,知道这个就可以知道所有孔家的话。孔家没有别的,就是要顺着自然道理,顶活

---

① 成中英:《中国文化的现代化与世界化》,中国和平出版社 1988 年版,第 66 页。
② 张舜清:《儒家生命伦理的精神、模式及特性——对"道易生生"的义理解读》,《武汉大学学报》(人文科学版)2008 年第 3 期。

泼顶流畅地去生发。他以为宇宙总是向前生发的,万物欲生,即任其生,不加造作必能与宇宙契合,使全宇宙充满了生意春气。"①梁漱溟的阐述并不精细,不过如果他以此暗示儒家的基本哲学理念是"生",则是完全正确的。"生"是儒家宇宙观的核心。

在《论语》之中,"生"常与"死"对立使用,例如:"子曰:'生,事之以礼,死,葬之以礼,祭之以礼。'"(《为政》)"子夏曰:'商闻之矣,死生有命,富贵在天。'"(《颜渊》)"子曰:'主忠信,徙义,崇德也。爱之欲其生,恶之欲其死。既欲其生,又欲其死,是惑也。'"(《颜渊》)"其生也荣,其死也哀。"(《微子》)《论语》中的"生"承袭了《周易》中"生"的关于"宇宙万物生机蓬勃地诞生、出生、生长"的基本义项,不过它具体所指乃人类的"生命的生存"。这层意义上的"生"是儒家文化体系的根本出发点。儒家文化正是以"生命的生存"为基础,建立了一个庞大的文化体系。

为了服务于群体和个体的"生",儒家提出了其核心文化信念"忠"和"孝"。"忠"表面上好像是指对皇帝个人的忠诚,其实质却是对群体利益的忠诚。皇帝只是一种政治体制(即"首领制")设计上的一环。"首领制"是一种易于操作、效率很高的政治组织制度,也是人类从原始部落到现代民主政制时期的一贯选择(甚至不少高级动物群体也有较为规范的首领制度)。首领的具体政治功能很多,例如,集社会个体的意见、组织讨论重大事项、代表组织发布决策、组织力量实施决策等,总之是群体利益的代表。社会个体"忠"于首领的根本出发点是忠于群体利益,并期望通过保证群体利益的实现达到个体利益的实现——没有谁会愿意效忠于一个不能代表并实现自己利益的首领。

首领本人作为一个人类个体,也有自己的个体利益。因此,首领一般具有双重身份,其一是群体利益的代表,其二是个体利益的代表;相应地首脑一般也有两种权利,即作为群体利益代表的职务权利(即公权)和作为一般个体的个体权利(即公民权利)。问题在于,历史上许许多多的首领以形形色色的手段公权私用,不同程度地侵害了群体利益(中国历史上的皇帝当然也不例外)——这是"首领制"的最大弊端。中国的首领制(皇

---

① 梁漱溟:《东西文化及其哲学》,参见《梁漱溟全集》第 1 卷,山东人民出版社 1989 年版,第448 页。

帝制)出现在儒家学说之前,因此,首领制(皇帝制)本来是一种独立于儒家文化之外的政治体制。为了维护群体利益,儒家文化以各种规范尽力制约皇帝和各级大小首领的行为,在很大程度上将中国的帝皇制度儒家化——比较突出的例子是清朝,儒家文化成功地同化了外来文化的首领制度。孟子直截了当地说:"民为贵,社稷次之,君为轻。"(《孟子·尽心下》),从宏观上大大约束了皇帝的权威。儒家文化还苦口婆心地以"道、德"劝导各级官员清正廉洁、勤政爱民。不过,从历史上盛世、乱世交替出现的具体情况来看,儒家文化对首领公权制约的效果并不十分理想。

世界上其他文化也有制约首领公权私用的各种方法。基督教以"原罪"学说控制各级教士(牧师、神父)的个人欲望,强调"苦修",并以"天堂"作为现世劳作的补偿;总体效果不错;不过也不能杜绝各级教士的各种违规行为。佛教干脆取消佛教徒的部分个人权利(例如,组建家庭、繁衍后代的权利),以此打消佛教徒公权私用的部分个人动机,不过佛教徒还是可以在器物质量的追求上实现贪欲。现代民主制度以加强民主监控、并定期或者不定期更换首领的办法控制首领的自私行为——尽管这种方法仍然无法彻底治愈公权私用的痼疾,不过却是迄今为止最为有效的制约手段。可以预见,人类社会还会不断发明新的方法来规范首领的各种行为,并将因此直接对一个社会群体文化体系的整体质量产生重大影响。对首领的两种身份的清晰界定和规范——既不让首领公权私用,又不让首领的正当公民权益受到损害——是所有文化体政治伦理的核心内容,也是中国现代文化建设的重要议题。

如果说"忠"着眼于群体的生存问题,"孝"则以"个体生存"为服务中心。儒家文化以"孝"主导家庭(家族)内的各种关系,最大限度地确保了社会个体的生存和繁衍。与其说"孝"是要求子女对父母的付出,还不如说"孝"是为了鼓励成人对于孩子毫不自私的给予。保护、改良、发扬孝道乃是中国目前刻不容缓的文化重任。

儒家文化秉承"生存"信仰,以"忠孝"为信念,并在此基础上确立了各种礼仪规范,才得以成功地塑造了一个千年文明古国。随着社会的发展,社会生产力和社会结构等已经发生了巨大变化,因此,中国传统的"忠孝"理念在许多细节上需要调整——不过,中国现代文化应该继承"忠孝"信念本身却是毫无疑义。至于有关"生存"的基本信仰,中国现代文化不仅要继承,而且可以毫不变动地全盘继承。

与儒家的积极进取相比,道家一向被认为是消极避让的。不过,道家的这种消极其实只是一种"政治态度"上的消极,而这种政治上的"消极"所蕴涵的恰恰是一种积极进取的文化态度——一种饱含强烈求生欲望的文化态度。《庄子·人世间》以讲故事的形式阐明了不少精深的道理,例如,"……是不材之木也,无所可用,故能若是之寿"。"……人皆知有用之用,而莫知无用之用也。"这些名言在中国可谓妇孺皆知。道家的"无为"是一种"无所不为"的"大为"——而"大为"的要义就是"求生"。道家体现的这种坚忍不拔的"生存"文化信仰,实乃中国文化所蕴涵的精神瑰宝。

佛教起源于印度,可是佛教在印度早已衰败。佛教自汉唐时期传入中国之后,经历了漫长的本土化过程。一般认为,慧能等人创立佛教禅宗是这一过程基本完成的标志。佛教本土化过程的关键点在于对"忠、孝"等中国本土核心文化理念的接受与尊崇。佛教和基督教一样,以"彼岸世界"服务于民众,和儒家的教化方法形成了良性互补。因为佛教禁止佛教徒组建家庭、繁衍后代,所以它不可能成为社会的主流文化,而只可能作为一种辅助性的文化体系而存在。作为一种辅助性文化体系,佛教有自己的诸多优点,例如,佛教徒可以立足于"尘世"之外,运用比较超脱的理念为信众解脱各种精神困扰——正因为如此,佛教常常受到世俗力量赋予的各种豁免权保护。

中国文化的儒、道、释三家各有所长,能够形成良好的互补,清朝中叶康熙时期还将"三教合一"定为国策。儒家学说强调入世,强调积极地介入生活、介入政治,最终为中国的疆土开拓、社会治理、人口繁盛、经济发展等各个方面作出了巨大贡献。而道家为人们从生活的压力中解脱出来,重修生命大义提供了一套理想的文化体系,不少中国士人秉持"穷则独善其身,达则兼济天下"(《孟子·尽心上》)的处事原则,并认为它体现了"儒道互补"的中国文化精髓。佛家则以"极乐世界"为理念,弥补了儒道在"彼岸世界"方面的欠缺,为人们——尤其是普通大众的精神生活提供了充裕的精神食粮。佛教还以"素食"等行为,以身作则地倡导"慈悲为怀,爱惜生命"的生命理念,劝导人们弃恶从善,加强了人们的道德素养。

## 四、"生的文化"的基本理念

有的人习惯于从哲学,尤其是西方哲学中追寻人生的根本信仰。各个西方哲学流派也雄心勃勃,以探索、回答世界本原、生命本原为己任,吸引了很多人的注意。不过,人类有限的认识能力决定了西方哲学永远无法达到这一目的。人类认识的基础是各种感觉器官,而人类感官的有限性也决定了人类的认识域的有限性。人类的现有感官包括触觉、嗅觉、听觉、视觉、味觉,这几种感官决定了人类的感观域和认识域。人类认识世界的方式有三种:其一是通过感官直接感知世界,例如,我们通过触觉感知外界物质的冷、热或者软、硬并形成感觉印象。其二是通过延伸人类的感官能力认识世界,例如,我们通过显微镜扩展人类的视力之后可以观察到许多微生物的形态。必须注意的是:我们只可以提高某种感官能力,却不能突破这种感官的感官域。其三是通过总结、发现客观事物的规律来认识世界,例如,"万有引力"定律就大大加深了我们对于物质世界的认识。第三种认识方式使人类的认识能力实现了从"有限"到"无限"的跨越——我们对于具体物质的接触总是有限的,可是我们可以通过规律就可以超越这一局限、把握无限量的物质的特征。但是问题在于:人类的所有认识方式都是受到人类认识域的限制的。人类对客观事物规律的总结总是建立在人类感官的基础上的,例如,牛顿发现"万有引力"就是建立在视觉经验基础上的。假设有一种客观事物超出人类的感官域,即不能为人类的现有感官以任何方式观察到,那么这种客观事物就超出了人类的认识域,换言之,这种客观事物也就永远不可能被人类所认识。另外,人类总结的各种物质世界的规律也需要在人类认识域范围内得以验证。可见,人类总结、发现客观事物的规律总是以某种现象作为基础的,而这种现象总是通过感官才能发现的。因此,人类的认识能力是有限的。

对于人类而言,世界可以分为已知、未知和不可知三大领域。我们可以在我们的认识域之内不断拓展我们的认识疆界,但是对于认识域之外的世界,我们永远只能"保持沉默"。

如果哲学不可能回答世界本原的问题,也就无法完整地回答生命本原的问题，因为对后者的哲学回答必须以前者作为知识背景进行。可见，西方哲学不可能真正回答"我是谁"的问题，即人类生存意义的问题。偶尔也有极少数西方哲学家通过"理性辨析"，作出了人生没有意义的价值判断，①——对此我们必须认真提防、严格驳斥。即便从哲学角度来看，"不明白"生命的终极意义也不能逻辑地引导出"轻视生命"的结论——因为生存下去才是我们最终可能明白生命意义的唯一机会。即使"死亡"是人类生命的终极意义所在，我们秉承"生"的信仰也不会使我们错过实现这种意义的机会，因为我们每个个体迟早都必然会死亡。

从"公正"的角度来看，人类无法对于人类自己的"生存"的意义作出价值意义判断——既然人类不可能站在人类之外进行评判，因此也就没有资格对于这一问题作出任何结论。从理论上来说，基督教的上帝、佛教的如来佛可能有资格充当"公正的裁决者"，不过他们却从未露面。或者即便哪一天上帝或者如来佛"亲自"来向我们告知人生的意义，我们也还要核实他的身份——如果我们无法核实他的真实身份（我们可能永远无法核实他），也就有权保持质疑态度，继续我们对"生"的信仰。

我们可以充分驳斥各种否定人类生存价值意义的说法，却也无法在理性层面充分证明人类生存的意义和价值。因此，"生"的信仰在根本上是一种文化"认信"活动——正因为是一种"认信"活动，我们才称为"信仰"。我们可以将人类的"生"的信仰确定为自明的、毋庸证明的、不可质疑的根本信仰。凡以此根本信仰作为文化根基的文化体系都是"生的文化"。其实，现存的人类文化在本质上都是生的文化。

人类的"生"分为"个体生存"和"群体生存"。个体是群体的构成元素，没有个体也就没有群体；反过来看，群体是个体生存的基础和保障，没有群体协作共同应对各种挑战，人类个体的生存也难以为继——没有他者的存在，个体的遗传活动就无法完成，个体的生命就无法延续。个体的"生"的核心在于生命体细胞的活性，而群体的"生"的关键则在于文化规范的有效性。相应地，人类的基本活动也分为两类：其一是保证人类个体生存的物质生产活动；其二是保障群体生存的文化精神生产活动。在群

---

① 一般人可能认为，既然生活没有意义，我们就应该放弃生活。存在主义哲学家却认为：正因为生活没有意义，所以我们要积极地介入生活，创造意义。

体规模较小的远古时代,前者比后者重要;在生产力高度发达的今天,后者则比前者更为重要。

"个体生存"分为"肉体的生"和"遗传的生"。"肉体的生"指个体自身生命的存在,"遗传的生"指个体通过遗传活动使自己的生命实现跨越个体的存在。"遗传"还可以分为"生理遗传"和"精神遗传"两类,前者以个体作为载体,后者以群体作为载体。生理遗传体现于个体生命体跨代延续的生理链条——各种文化规范有义务确保这一链条不受到任何损害。由于现代工业发展的严重副作用,人类生存环境遭受严重破坏,人类遗传细胞(精子和卵子)的质量已经严重下降。任其发展下去,则必将严重影响人类作为一个整体的生存。对于生存环境的保护已经成为考量现代文化体系质量的一个重要指标。精神遗传则体现于知识、文化等非物质层面的人类认识成果、文化理念的传承——构建中国现代文化的根本目的,就是为了很好地传承古今中外的各种优秀精神财富。①

人类文化的根本信仰是一致的,不过其文化体系的具体构建方式、文化规范的具体制定却千差万别,而且总是处于不断调整和革新过程之中。人类知识的积累和生产力的发展必然导致人们对自我认识的改变,导致人和人之间的关系的改变,导致人和物之间的关系的改变——也就必然促使人类文化不断调整、革新。西方文化在文艺复兴和和工业革命之后发生了剧变,中国在近现代经历了坎坷之后,目前正处于深刻的革新过程之中。

"生"是衡量任何文化体系优劣的最根本标准。从延续的时间和所构建文化体的规模来看,中国传统文化均堪称人类历史上成就最为卓著的文化体系。西方现代文化体的力量十分强悍,但我们有太多理由为西方现代文化的未来担忧:西方现代文化是否会将"世界末日"的灭顶之灾带给人类?在古巴导弹危机之中我们已经隐约看到"世界末日"狰狞的面目。强悍是衡量文化质量优劣的一个核心指标,但不是根本标准;根本标准是生存,而且只是生存。

西方强悍的现代文化是促成中国文化转型的直接原因。如果没有外来文化的影响,中国传统文化可能会按照自己的轨迹一直运转下去,生生

---

① 人类的精神决定人类的思维形式,并因此而影响到人类的生理结构和遗传链条——也就是说,人类的精神世界和生理世界之间其实具有重要联系,并不能够截然分开。

不息直到永远。中国传统文化是一种稳定的、自立自足的发展模式,一种可以伴随中国走向无限之未来的发展模式。梁漱溟也承认中国文化"自身内部具有高度之妥当性调和性,已臻于文化成熟之境者"①。不过这种文化模式并不能保证中国不受西方列强入侵、并在西方影响下发生急剧变革。但是,在近现代人类史上空前的文化浩劫之中(例如,美洲的许多印第安人的文化体就在这次文化浩劫中灰飞烟灭了),中国文化再一次显示了其顽强的生命力。中国自鸦片战争以来的一百余年来历史,也是中国文化浴火重生的过程。

百余年来,国人最为关注的是如何建设一个强大的中国。无数中国人前赴后继,为建设一个强大的中国抛头颅、洒热血而在所不惜,并在这一过程之中深刻领悟到了"弱肉强食"、"弱国无外交"、"发展是硬道理"等现代世界的强权逻辑。国家之间的竞争是现代文化体之间竞争的主要形式,"强国"是中国人为适应文化体之间竞争的必然抉择。中国近现代的强国之路大致经历了三个发展阶段:第一个阶段是接受、引进西方现代技术的阶段。最初,中国在传统文化"重道轻器"思想的支配下拒绝西方技术,并斥之为"奇技淫巧"。后来逐渐认识到"舰船利炮"的作用,在"中学为体、西学为用"思想的指导下大规模引进西方现代技术。第二个阶段是引进西方各种科学学科乃至科学体系的阶段。因为西方技术直接和西方的科学体系相联系,引进技术不可避免地导致对于西方科学体系的引进。第三个阶段是引进西方哲学体系的阶段。西方科学直接胎生于西方哲学,引进西方科学最终导致对于西方哲学的引进。而西方哲学中包含的各种社会、政治思想则最终解构了中国传统文化的封闭体系,使之走向开放,为中国现代文化的建设做好了准备。五四时期,中国学界围绕来自西方的各种"主义"进行了大讨论,中国现代文化建设自此正式拉开序幕,而这一文化建设过程迄今仍然方兴未艾。

从文化体内部来看,现代知识的更新和现代生产力的发展是中国文化变革的根本推动力。现代知识和现代生产力为不断更新中国文化的三类文化关系直接提供了主客观动因和条件。"强国"目标促使中国人团结

---

① 梁漱溟:《中国文化要义》,学林出版社 1987 年版,第 3 页。

在一起,而中国内部的文化体系变革则会必然经过"知识更新和生产力发展—提出变革要求—社会讨论—产生不同意见—综合权衡—实施变革措施—评价与讨论—再综合权衡—再变革……"的过程,其中难免会产生意见分歧乃至比较严重的对峙。中国现代文化的核心任务是不断地调整内部文化规范,并以此实现"强国"的目标。

长期以来,中国现代文化建设落入"模仿西方"的窠臼不能自拔。究其原因,是因为不少学界人士将国家强弱视为衡量文化体高下的唯一指标,从而不能正确认识中西文化的优缺点。他们的思维逻辑是:因为中国在和西方的竞争中被动挨打,所以中国的一切都是落后的,而西方的一切都是先进的。他们的结论因此就是:中国必须全面模仿西方,例如,鲁迅等人对中国传统文化的彻底否定就出自这种思维模式,梁漱溟的文化代表作《中国文化要义》[①]也是以这种思维定式作为前提的。这种思维模式的危害甚为巨大:其一,西方文化本身也处于不断发展变化之中,并不能为我们提供一个客观的标准;其二,西方文化有很多缺点,以西方作为模范将让我们自然承袭这些缺点,甚至还会让我们以这些缺点取代我们固有的优点;其三,以西方为文化模范,意味着我们作出了"自居人后"的战略决策——这显然是一种错误的战略定位,因为这将使我们长期处于一种道德劣势地位,在西方的利益主张面前难以有效地提出自己正当的利益诉求——西方国家也不过是利益动物而已。这种自居人后的模仿还会导致我们很难超越西方。总之,这种思维模式有利于打破中国传统文化,却无益于中国现代文化建设。

建设中国现代文化,我们必须首先在理论上自主确立"生的文化"的基本理念,然后在实践中根据人类知识和生产力的发展水平不断创新文化规范。同时我们还必须胸怀全球——我们不可避免地要受到其他文化体的直接或者间接的影响,与其被动地受影响,还不如主动地去接受影响、施加影响。因此,我们应该主动了解、认识、理解其他各种文化体,主动介入、主动影响、主动改造或者主动适应人类的各种文化体,最终确保中国文化体能够与世界各种文化体良性互动、和平共生,确保中国能在世界的各种竞争之中欣欣向荣、不断发展壮大。

---

① 参见梁漱溟:《中国文化要义》,学林出版社1987年版。

# 跋 语
## 追寻文化精神家园

### 一、中国的文化精神

我们一般记不起襁褓中的往事，不过母亲们可不会忘记。我母亲年岁已高，闲时偶尔聊起往事，说我出生后肚脐有近一月不见愈合，父亲天天抱我冒着酷暑去镇卫生所求医，也无济于事。后来父母经人介绍找到一位中医，几分钟就去除病根，再过几天就痊愈了。每每提起这段往事，母亲都不由自主地流露出对中医的感激与敬仰。长大后读到一些文章，谈到中医在 20 世纪几次遭受险被取缔的劫难，不禁惊出一身冷汗。

中医在近现代的遭遇，可谓中国文化在近现代遭遇的一个缩影。近代以来，中华民族经历了"数千年来未有之变局"。及至 20 世纪初期，沿袭几千年的皇帝制度被废除了，沿用了几千年的文言文被弃用了，奉行了几千年的儒家学说被请下神坛……中国人的传统文化体系被全面解构！

我父亲只上过几年小学，我母亲更从未进过校门，想必他们并不知晓"文化"为何物。但是，他们对顽疾缠身的孩子不弃不离的行为，分明昭示着一种强大的文化精神力量。在千千万万普普通通的中国父母身上，中华文化分明闪耀着夺目的光辉。中华文化的精神内核，就是体现于普通中国人一言一行之中、由一代一代的中国人在生活实践中摸索、创造并且传承的文化信念，也就是和人类的生存需求息息相关的情感反应和生活实践规范，即人类的最基本人性——有饱暖之念，有男女之爱，有恻隐之心，有舐犊之情，有感恩之意……它的信仰者生于其中，长于其中，行于其中,却或许根本没有意识到它的存在。它就像空气一样,难以触摸却又无处不在。它是无形的,支配着人们的一言一行;它并不单独存在,而只是在人们的言行中得以体现。有形的文化学说可以被解构,无形的文化精神内核却绝不会因为时代的变迁而受到影响。

文化大师们只有顺应文化精神内核,才能成其为"大师"。孔子等人正是在很大程度上认识、捕捉并顺应了中国人的文化精神,因此其学说才在很长的一段时间里得到了人们的尊崇。冯天瑜说:"儒家是殷商以降巫史文化的承袭者,又特别发展了西周的礼乐传统"①冯天瑜还认为,儒家文化所强调的"礼"其实"起源于原始社会的风俗习惯"。②钱穆断言:"我们与其说孔子与儒家思想规定了此下的中国文化,却不如说:中国古代的传统里,自然要产生孔子与儒家思想。"③儒家文化是中国传统文化的优秀代表,但是儒家文化并不等同于中国传统文化。儒家文化被解构,也并意味着中国文化的消失。其实,中国文化精神须臾也没有离开过每一个普普通通的中国人。人们根据这一文化精神,在生活中养成了各种文化习俗——这些文化习俗十分稳定,却也颇为零散。文化大师们所能做的,就是以这些稳定的文化习俗为基础,对它加以明确、阐发、完善,并进行体系化的构建,提出一套文化信仰的话语体系。20世纪在中国被解构的正是一套儒家文化话语体系,而不是中华文化的精神内核。

只要人类本身并无大的变化,还要吃喝拉撒,还有七情六欲,那么,我们的文化精神内核就不会发生太大变化。而文化的话语体系从来就不是一成不变的,所谓帝制、文言、儒学等都只是中华文化的阶段性产物,而并不等同于中华文化本身。在中国近现代史中,几乎所有重大文化事件的直接发动者都是中国人自己。人们废除帝制是为了创造共和,弃用文言是为了推行白话,放弃儒学是为了引进西学……而创造共和、推行白话、引进西学的根本是为了服务于我们自己,服务于我们的吃喝拉撒、七情六欲,服务于我们的文化精神内核。无论其出生、来历,只要能够服务于我们并为我们的社会所接受、容纳、融会的行为方式,都可以为中华文化所

---

① 冯天瑜:《中国文化史纲》,北京语言学院出版社1994年版,第40页。
② 冯天瑜:《中国文化史纲》,北京语言学院出版社1994年版,第32页。
③ 钱穆:《中国文化史导论》,商务印书馆1994年版,第65页。

笑纳。

我们不能笼统地反对帝制、文言、儒家学说等，我们不能否定它们对中华民族几千年的优秀文明所作出的杰出贡献。我们可以指责各个朝代皇帝们的生活奢靡，却不能否定皇帝制度对于促进中华民族的融合所作出的丰功伟绩；我们可以指责文言文难学，却不能否定其精练、唯美；我们可以指责儒家学说中的严格等级制度，却不能否定其所倡导的仁爱精神等。我们无法抹杀历史，也没有必要。抹杀历史文化传统只能带来狭隘、浅薄的文化虚无主义。我们放弃部分文化传统，只是因为我们相信找到了更好的替代品。而且，替代品是否真的更好，也必须经受时间的考验——历史则是一面不可或缺的镜子。

古今中外，人类的基本需求都是相同的，人们的文化精神内核因此也是相似的。这是西方文化行为模式可能为我们所接受的根本原因。我们构建中国现代文化，必须以人类文化精神内核作为起点和基础。

## 二、中国的文化土壤

在学校，我读到孟子的《告天下》、梁启超的《少年中国说》、方志敏的《可爱的中国》……爱不释手。我尤其喜欢孟子的《告天下》，至今仍能随口吟诵。记得几次上学途中下起雨来，全身很快就湿透了，我就一面诵着"天将降大任于斯人也，必先苦其心志，劳其筋骨……"一面精神抖擞地赶路。那时我十分讨厌鲁迅的《狂人日记》、柏杨的《丑陋的中国人》之类的文字，感觉阴森森的恐怖。在很长的一段时间里，我都不能原谅他们。我想他们也太极端了吧。我也不能苟同梁漱溟等人动辄以"腐朽"来诅咒中国传统文化——那不就是所谓"吃了甘蔗甩甘蔗皮"吗？如果中国传统文化真如他们所说的那样"腐朽"，请问中国现在这般辽阔的国土是哪里来的？日本文化"先进"吧，他们没有。欧洲各国文化"先进"吧，他们没有……仅此一项，中国传统文化就应该为我们引以为傲！如果没有中国几千年的优秀文化传统，中华文化血脉或许早已在历史上无穷无尽的天灾人祸中无数次地湮没了啊！即便我们在新的时代需要创新文化，也不必妄自菲薄呀。中国传统文化在那么多的世纪里傲视全球、一枝独秀，其辉煌成就何止让我们现代人望尘莫及、自叹弗如！我们应该是知耻而后勇——把自己的无能归咎于祖先，只是懦夫的推诿而已，可笑且可恶。

后来慢慢学会读书，发现鲁迅、柏杨、梁漱溟等人其实何尝又不热爱中国！于是渐渐理解了他们的良苦用心——他们的作品不是写给学生读的，而是写给具有坚定中华文化信仰、心智已经发育成熟的人们读的。他们的作品，对中国现代文化的转型作出了不可或缺的贡献。在批评稀缺的时代，他们的批评精神显得尤其可贵。构建一个健康的文化肌体，必然离不开自由的、自发的、充分的批评。排斥批评的社会肌体，必然会不断地腐朽。

……

无论在物质还是精神方面，生活于我从来都不是一帆风顺的。而这也造就了我乐于挑战、享受逆境的性格。父母传递给我亲人之爱，诗人传递给我土地之爱，先贤们传递给我文化之爱…… 我愿以我的生命去捍卫这爱，去建设这爱，去享受这爱！我因热爱家园而热爱自己，我因热爱自己而热爱家园。

文化的精神，就是善的追求，爱的传递！人以爱化我，我以爱化人，是谓文化人。

## 三、体悟西方文化

近现代各位大家在解构中华传统文化的同时，举起了"西学"的大旗。这让我对西方文明一时颇为憧憬。

第一次真正接触外国人，是在读大学的时候。他们都是学校请来的外教。我带着十分尊崇的心情接近他们，寻找着每一个和他们交流的机会。他们住在专家楼，在专家小食堂进餐，衣着体面，待人随和友善，给我留下了十分美好的印象。他们在学生们的心目中声望普遍较高，远远高于一般的中国老师。自然而然，学生们也愿意和他们分享一些心里话。

2001年，我有幸得到教育部的资助，在导师推荐下到剑桥大学做博士论文。出国前我十分兴奋，有一种飞黄腾达的感觉。剑桥大学的校园环境真的不错，只是时间一长，就感觉有些憋得慌，感觉剑桥太"袖珍"了一点。英国的房间、街道、公共汽车……都给我一种"袖珍"的感觉。有一次听几位美国学生说英国太小,不够一顿便餐的时间就飞过了,颇引起我的同感。

除了少数几位颇为高傲、难以接近的教授之外,剑桥的师生大多和气友善。第一次让我体验到英国文化另一面的是几个不良少年:其中一个五六岁的小孩,居然毫无理由地朝着我们几个中国学者"Fuck You"、"Fuck You"地骂个不停——稍远处几个成年人不停地向这边张望,却丝毫没有过来训斥这几个不良少年的意思。又一次,我一个朋友骑自行车去上课,一辆汽车在她身边呼啸而过,车上有人在她耳边不知所谓地大喝了一声。她一分神,几乎和一辆汽车撞个正着,吓得再也不敢骑车上课了。还有一次,在一家二手书店,我们不知何故就得罪了一个大块头,他嚣张地走过了恶狠狠地骂了几句。他骂的什么我们都没有听明白,但他阴毒的眼神让我至今难以忘怀……开始时,只因为心中尚有一个西方世界的美妙想象,所以对这些遭遇感觉十分震惊。后来,随着这一幻想逐渐破碎、消失,我也不再大惊小怪。渐渐地,我发现狄更斯、巴尔扎克、马克·吐温、艾略特等笔下的故事原来并不虚妄;渐渐地,我发现了一个更为真切的"立体的"西方世界。

我的两位英国导师分别每周和我见面一次,为我答疑解难,为我推荐书籍,甚至为我订正语法、用词。我并非剑桥大学的在册学生,他们对我的帮助是完全自愿、无偿的。我十分享受剑桥这种特有的教育方式,对他们的感激一直铭刻在心。他们让我深刻体会到剑桥之所以成为剑桥的真义所在:它不在于徐志摩笔下的康河,不在于那些郁郁葱葱的青草地,而在于那些优秀而无私的学者们。剑桥的经历也让我明白国内现代教育的许多严重弊端——我突然发觉自己多么希望鲁迅能够复活,将他犀利的笔尖对准国内教育界的大小官僚们。我甚至生出办个私塾的想法——至少陈丹青会同情这种想法吧。

2005年受邀重访剑桥时,我已能心态平和、自由自在地在剑桥的小街上踱步了。我知道什么人龌龊,什么人热情,什么人下流,什么人高贵;我知道如何和他们交流。若有个疯子冲上来骂我一句,我自会一笑了之,唾面自干。后来我又到加拿大访问,到美国宾夕法尼亚大学、圣母大学等地讲学,进一步理解了西方文化,更能做到轻车熟驾。我逐渐明白,其实每个西方人心中都有一个上帝,每个西方人心中也都有一个魔鬼——和中国人没有两样。我不能与魔鬼为伍,也不能和把自己视为上帝的人和谐共处,我尊重上帝,将他看成一个高贵的朋友。我非常容易和像笛卡尔那样理解上帝的"善念"、并且被上帝的善念所"善化"的朋友十分友爱地相处。斯坦福大学的一位教授邀请我到她家做客,还亲自下厨为我做饭,让我颇有宾至如归的感觉。我忽然发现,"家"并非房子,"家"是认同,人和人之间的认同;"家"是珍惜,人对人的珍惜;"家"是快乐,认同和珍惜所带来的快乐。

正是在和许多普普通通西方人的接触之中,我触摸到了西方文化的脉搏,逐渐领悟到活生生的"西学"的真谛,发现西方人和中国人、西方文化和中国文化并无本质差别。

## 四、西方哲学的"真"

西方文化的最大特色在于"哲学"。"哲学"的英文是"philosophy",其古希腊原文的本意是"爱智"的意思。冯天瑜曾详细考证了中国学界逐渐确定将西方概念"philosophy"翻译为"哲学"的过程,认为这是一个成功的范例,并指出将"哲学"二字最终确定为"philosophy"译名的是王国维。[1]王国维在《奏定经学科大学文学科大学章程书后》称哲学是"天下有最神圣最尊贵而无与于当世之用者",并选用汉语中最尊贵的"哲"字来翻译"philosophy"。不过,西方的"philosophy"并无伦理道德品质,而汉语"哲"字具有强烈的"伦理道德"意蕴。

休谟指出,西方哲学所研究的是"是"的问题,伦理道德所研究的是"应该"的问题;而且,"是"的问题和"应该"的问题并不能通约。休谟提醒读者:"我倒想向读者们建议要留神提防;而且我相信,这样一点点的注意就会推翻一切通俗的道德学体系。"[2]这就是著名的"休谟(伦理)难题"。

---

①　参见冯天瑜:《"哲学":汉字文化圈创译学科名目的范例》,《江海学刊》2008 年第 5 期。
②　休谟:《人性论》下册,关文运译,商务印书馆 2005 年版,第 510 页。

休谟难题表明,西方哲学和伦理道德学说在质地上根本不同。赫德森也说:"道德哲学的中心问题,乃是那著名的是应该问题。"①成中英指出:"在知识论的现代发展阶段,即使像 G. E. 摩尔等哲学家们郑重其事地对待'道德知识论',也并没有对这一论题的系统关注。这意味着西方知识论的焦点和模式是对世界的知识,而不是对价值和人本身的知识。"②西方哲学的本质是科学知识论,并非伦理道德学说。

中国的"哲"字具有鲜明的"伦理道德"意蕴。《诗经·大雅·下武》说:"下武维周,世有哲王"。《毛诗序》云:"《下武》,继文也,武王有圣德,复受天命,能昭先人之功焉。"可见"哲王"是指"圣德"之王。在《礼记·檀弓上》中,孔子以"哲人"自比。显然,"哲王"和"哲人"当然不仅仅是一个"爱智"的智者。因此,以"哲学"翻译西方的"philosophy",其实是错误地为西方的"philosophy"注入了伦理道德内涵。王国维后来也叹息道:"余疲于哲学有日矣。哲学上之说,大都可爱者不可信,可信者不可爱……知其可信而不能爱,觉其可爱而不能信,此近二三年中最大之烦闷。"③可见,王国维并没有能够在哲学中找到伦理道德学说和文化精神家园。

西方哲学家对"哲学"概念也众说纷纭。王国维崇拜的叔本华说:"可是我们首先就发现哲学是一个长有许多脑袋的怪物,每个脑袋都说着一种不同的语言。"④在很多人看来,既然"philosophy"的本意就是"爱智慧",凡是"智慧"的产物理所当然都可以贴上"哲学"的标签。以这种"哲学"的概念作为基础,我们当然可以说中国传统中有"哲学",而且有丰富的"哲学"宝藏。以"哲学"涵盖一切对西方学界并无太大妨害,但是,这对中国学界却十分不利——它让我们在西方哲学面前手足无措,不知道它的精华何在,更不知道如何"取其精华"。

一般来说,对西方哲学颇有研究的人都倾向于认为传统中国并无西

---

① W. D. Hudson, *The Is—Ought Question: A Collection of Papers on the Central Problem in Moral Philosophy*. New York: ST. Martin's Press, 1969. p. 11.

② 成中英:《中国哲学中的知识论》上,《安徽师范大学学报》(人文社会科学版),2001 年第 1 期。

③ 王国维:《自序二》,《静庵文集续编》,《王国维遗书》第五册,上海古籍书店 1983 年影印本。

④ 叔本华:《作为意志和表象的世界》,石冲白译,商务印书馆 1982 年版,第 145 页。

方意义上的"哲学"。钱穆认为中国没有西方意义上的那种哲学。金岳霖认为,中国传统并无"知识论"。[①]为了弥补这一空白,他完成了《知识论》,填补了中国现代哲学中"知识论"领域的空白。[②]如果我们明白"知识论"在西方哲学中的地位,就会明白:金岳霖说中国传统并无"知识论",其实也就是说中国传统并无西方意义上的"哲学"。

俞吾金认为,"支配西方文化传统达二十多个世纪之久"的哲学其实是"知识论哲学。"[③]而且,西方的知识论哲学才是中国传统中缺乏,并且值得中国学界引进、学习的西方哲学的"精华"。西方哲学中的其他思想,最多只具有"对话"价值——在人文艺术的诸多方面,中国学术有过之而无不及。

西方知识论哲学起源于古希腊,由号称"古希腊三杰"的苏格拉底、柏拉图和亚里士多德共同完成奠基工作。苏格拉底"像猎犬一样追寻真理",提出将绝对意义上的"真理"作为哲学的追求目标,赋予哲学以宝贵的"求真"精神。柏拉图以古希腊盛行的"灵魂说"为基础,创造性地提出"理念说",认为"理念世界"就是一个真理的世界。从本质上来看,柏拉图的"理念世界"为西方哲学开辟出一种"真理思维域"。亚里士多德则在总结前人的基础上,创造了系统的逻辑工具,赋予西方哲学追寻真理的"思维工具"。至此,西方知识论哲学的基本框架就已经完成。从中国文化的视角出发,我们应该将西方哲学定义为"求真的逻辑的思维体系",即"知识论哲学",或者说"科学知识论"。以此概念,我们才能把握西方哲学有别于中国学术的特点,才能抓住西方哲学的精髓,也才方便我们研究、学习西方哲学。冯友兰曾指出:"就我所能看出的而论,西方哲学对于中国哲学的永久性的贡献,是逻辑分析方法……重要的是这个方法,不是西方哲学现成的结论。"[④]冯友兰的见解,尽管并

---

① 金岳霖:《中国哲学》(1943),《金岳霖学术论文选》,中国社会科学出版社 1990 年版,第 252—253 页。

② 胡军认为,金岳霖的《知识论》真正填补了中国现代哲学中"知识论"领域的空白。胡军:《中国现代哲学中的知识论研究》,《哲学研究》2004 年第 2 期。

③ 俞吾金:《超越知识论——论西方哲学主导精神的根本转向》,《复旦学报》(社会科学版)1989 年第 4 期。

④ 冯友兰:《中国哲学简史》,涂又光译,北京大学出版社 1996 年版,第 282—283 页。

不全面，却也是十分深刻、精辟的，触及了问题的本质。

西方知识论哲学是西方科学的源头。罗素指出，关于天体的研究过去归于哲学，而现在属于天文学；关于人类心理的学问，也刚刚脱离哲学变成心理学，"任何一门科学，只要关于它的知识一旦可能确定，这门科学便不再称为哲学，而变成为一门独立的科学了。"①西方科学中的大部分学科都直接脱胎于西方知识论哲学，更为重要的是，西方科学的"求真"精神也直接来自西方哲学。正是在这种背景下，西方哲学家笛卡尔被称为西方现代科学之父。西方哲学家胡塞尔直接将"哲学—科学"视为欧洲文化的精髓，他指出："在古希腊建立起来的是一种人对周围世界的独特的、体现着理性精神的'哲学—科学'的态度，这种'哲学—科学'的态度不仅奠定了欧洲文明的基础，而且还包含着欧洲文化发展的内在目的。"②理解西方哲学和科学的亲密关系，对中国现代文化的建设具有重要意义。

## 五、文化精神的"善"

"哲学—科学"的精神是"真"，而文化的宗旨则是"善"。唯有"善"，才可能作为我们的文化精神家园。王国维抱怨西方哲学"不可爱"，根本原因在于西方哲学并非"善"的领域。以"善"为宗旨的文化，表现为一套系统的伦理道德学说。甘阳说："文化的核心在于一套价值标准。"③而伦理道德学说就是这样一套价值标准。也正因为如此，人们才将中国传统文化称为"儒家文化"。

西方文化的精神家园并非"哲学—科学"，而是"宗教"，正因为如此，人们才将西方文明称为"基督教文明"。基督教的本质不在于其神迹故事，而在于其通过神迹故事所主张的一整套伦理道德学说。刘小枫说："旧约先知反而是为了将人们的的注意力引向人生。"④例如，《旧约圣经》

① 罗素：《哲学问题》，何兆武译，商务印书馆 1999 年版，第 129 页。
② 张廷国：《欧洲文化危机的根源——胡塞尔晚期思想中的一个哲学问题》，《江苏社会科学》2000 年第 5 期。
③ 甘阳：《古今中西之争》，三联书店 2006 年版，第 26 页。
④ 刘小枫：《拣尽寒枝》，华夏出版社 2007 年版，第 230－231 页。

中最重要的内容是上帝给信众的律法,即《摩西十诫》,而《摩西十诫》的核心内容就是日常伦理道德。基督教伦理和儒家伦理的基础不同,但是他们所主张的世俗伦理在很多地方均有异曲同工之妙。正是在《圣经》里面,西方人找到了日常生活的各种伦理规范,例如,勤劳、诚信、感恩、博爱、宽恕等最基本的日常生活基本规范。

近现代以来,随着科学技术的突飞猛进,西方人的基督教信仰受到严重的冲击。早在19世纪末,尼采就发出了"上帝已死"的断言。20世纪初,在美国田纳西州著名的"猴子审判"之中,达罗律师仅以寥寥几个逻辑问题就给《圣经》的"可信性"打上了一个大大的问号。对上帝和《圣经》的质疑导致西方严重的信仰危机。而"哲学—科学"对西方"宗教信仰"的冲击反过来导致了哲学本身的危机。胡塞尔指出:"哲学的危机就意味着作为哲学总体的分支的一切近代科学的危机,一种起初隐藏着,但然后日渐显露出来的欧洲人的人性本身的危机,这种危机就表现在欧洲人的文化生活的总体意义上,表现在欧洲人的文化生活的总体'生存'上。"①其实,只有在一定文化体系的土壤上,"哲学—科学"才能生存。

为了保卫西方人的文化精神家园,许多西方大哲学家主张将"哲学—科学"和宗教信仰和隔离开来。康德在自己的知识论之中"以干净利落的方式斩断了知识和道德之间的纽带"②。康德在《纯粹理性批判》之中坦言,他研究科学知识论的目的就是"悬置知识,以便给信仰腾出位置"③。西方另一位哲学泰斗维特根斯坦(Wittgenstein):"认为宗教信仰是不需要证据的。在《文化与价值》中他提到:基督教不是建立在历史事实上,而是在故事的基础上要求它的信徒相信。对待基督教的叙事,人们不能采用理解其他史实的方法来接受。宗教有自己独特的位置。维根斯坦(即维特根斯坦,引文中译者将 Wittgenstein 译为维根斯坦——笔者注)否决宗教需要证明的论点……维根斯坦认为信仰上帝是一个根本的、确定的、

---

① 张廷国:《欧洲文化危机的根源——胡塞尔晚期思想中的一个哲学问题》,《江苏社会科学》2000年第5期。

② 俞吾金:《超越知识论——论西方哲学主导精神的根本转向》,《复旦学报》(社会科学版)1989年第4期。

③ 康德:《纯粹理性批判》第二版序,邓晓芒译,人民出版社2004年版,第22页。

不需证明的信念。"①西方哲学家保护宗教信仰实质上是为了保护西方的伦理道德学说体系。

面对"哲学—科学"的冲击,西方神学家们也作出了调整。他们纷纷放弃"直解论"的立场,转而对《圣经》进行隐喻式的解释,这在很大程度上调和了科学发展和宗教信仰之间的直接矛盾。美国著名宗教研究学者路夫撰文说,美国一直是一个高度宗教性的国家,不信教的人是极少数,仅占美国人口总数的 4% 左右,而这些人在美国还不受欢迎。②现代西方人对基督教的信赖并不表明他们理性的缺失,他们信仰基督教也并非信其"真",而是信其"善";他们信仰基督教是出于他们对伦理道德体系的依赖,出于他们自己对文化精神家园的刚性需求。

对于大多接受过教育、思考过人生意义的人来说,文化精神家园是至关重要的。郑敏女士曾经感慨地说:"一个人,如果他是中国人,中国文化就是踩在脚下的土地。如果没有这块土地,那他就是一个文化漂浮者。哪热闹往哪去……我们应该有自己的文化土地,这块文化国土我认为太重要了,比其他什么国土都重要。"③郑敏可谓发出了 20 世纪几代中国人,尤其是中国学人的心声。自鸦片战争以来,中国人逐渐意识到西方坚船利炮的厉害,并开展了轰轰烈烈的"洋务运动",以求"师夷之长以制夷"。甲午战争的惨败使人们感到,单纯依靠科技并不能够拯救中国。在"洋务运动"之中,中国政府甚至还得以进一步强化了儒家文化的统治地位。及至甲午战争失败,中国政府再也无力保全其威望了,人们开始强烈怀疑中国的一切传统文化,儒家文化更是首当其冲。雷蒙德·杜胜说:"……中国人开始怀疑他们的所有的传统文化。这逐渐导致了 1919 年的五四运动——这一运动的目标是抛弃所有的中国传统文化,并全面模仿西方文化重建中国文化。"④郑敏所在的九叶诗派也正是在这一思潮的影

---

① 凯利·克拉克:《无须证明 不用论证——改良派知识论的辩护》,陈嘉明译,《东方论坛》2003年第 4 期。

② Wade Clark Roof and Natalie Caron:"Shifting boundaries: religion and the United States 1960—present", in *The Cambridge Companion to Modern American Culture*, ed. By Christopher Bigsby, Cambridge: Cambridge University Press, 2006.

③ 郑敏:《诗歌与哲学是近邻:结构—解构诗论》,北京大学出版社 1999 年版,第 251 页。

④ Raymond Dawson, *The Legacy of China*, Oxford: Clarendon Press, 1964, p. 81.

响下成长起来的。九叶诗派大力推介西方现代诗歌,并且秉持西方现代诗歌精神大量从事中文诗歌创作,他们协助解构了中国传统文化体系,却未能成功构建中国现代文化体系——很多近现代中国学人都是如此。

解构中国传统文化的关键在于以西方哲学取代中国经学。既然"philosophy"是西学体系中的王者,中国学人便赋予其"哲学"的崇高地位,并以它取代了中国传统学术体系中作为统领和灵魂的经学的位置。1904年张之洞等人制定出《奏定大学堂章程》(即"癸卯学制"),尚保留了经学的统领地位。1906年,王国维在《奏定经学科大学文学科大学章程书后》中对"八科分学"方案提出了反对意见——反对的焦点是以"哲学"挑战"经学"的地位。王国维的这个方案,到民国成立后的新的学术分科中得到了采纳。[①]1913年初,蔡元培主持的民国教育部公布《大学令》、《大学规程》,基本采用了王国维的意见。王国维主张将"经学"降低为"经学门"纳入到文学科之中,同时将哲学纳入文学科之中,并使哲学具有"'哲学科'之实"的地位,这事实上是将中国传统知识的统领和灵魂"经学"置于西方所谓"学科之王"的"哲学"之下,使中国的知识分类实质上"全盘西化"了。

在西方,高明的哲学家小心翼翼地将哲学和宗教隔离开来,以求保卫人们的文化精神家园。可是,中国的学人们却主动将西方哲学请上学术统领的宝座,并将"哲学—科学"引向中国传统文化的各个领域。不久,中国学人便发现自己的"文化国土"几乎丧失殆尽,自己的文化家园被彻底瓦解。中国近现代的学人为了变革,不遗余力地解构中国传统文化,推介西学。可是,我们却难以在西学之中找到安身立命之所。在中国现代学人的许多文学艺术、学术论著作品之中,都流露出浓郁的文化迷茫气息。西方"哲学—科学"或许可以为我们提供一条强国之路,但它又毕竟只是"路",而不是"家"。

## 六、文化家园的构建

处理好真和善的关系,是中国现代文化建设的核心命题,也是中西方

---

① 左玉河:《从"四部之学"到"七科之学"——晚清学术分科观念及方案》,《光明日报》2000年8月11日。

现代性问题的关键所在。西方文化的危机在于"真"对"善"的冲击,当代中国文化的危机更在于"真"对"善"的瓦解。

苏格拉底为西方哲学所设定的目标是"真理"。不过,西方许多近现代哲学家都认为这一目标是不可能达到的。康德认为:"我们认识的是事物的现象,至于事物本身究竟是什么样子则完全超出了我们的认识范围。"①色诺芬也认为,对于绝对真理和客观真理:"我们绝不可能达到它,就是达到了也不知道它就是真的。"②事实上,人们在现实生活中只能,也只需要得到相对意义上的"真"——由人类根据自己的需要在某一层面自由设定的"真"。西方哲学所赖以生存的工具是亚里士多德所创建的"逻辑",而逻辑的本质是"必然地得出"。③逻辑能够保证推论过程的正确,但是它并不能够自设起点——它必须以某一元命题作为自己推论的出发点。从本质上来看,西方哲学只具有一种"过程"意义,它是一种良好的工具,却并无"自足"的价值——只有在服务于"善"的过程中,"真"才具有价值意义。

"善"以自己为出发点,并且以自己为目标。"善"是中华文化的宗旨,也是所有人类文化的宗旨。文化是一种伦理道德价值体系,是一种让人们在践行的过程之中可以得到精神满足的行为准则与规范。文化的精神内核与人类个体的需求息息相关,例如,"饮食"可以给人们带来快乐,因此"饮食信条"也就成为文化的精神内核。又例如,"遗传"可以给人们带来快乐,因此"生儿育女的信条"也就成为文化的精神内核。人类文化的精神内核决定人们最基本的行为方式。文化大师们根据文化精神内核进行系统化的文化体系构建,例如,中国古人根据"饮食信条"提出了"民以食为天"的文化信条,根据"生儿育女的信条"提出了"父慈子孝"的孝道,等等。人们在为寻找、生产饮食的过程中,人们在抚养后代的过程中,人们在孝敬父母的过程中,无论过程多么艰辛,都能体会到一种精神的满足和快乐——将逻辑理性作为最高崇拜对象的人,最终必然会陷入虚无主义,因为他们只是在"过程"之中、在"路上",无家可归;而具有文化信仰的

---

① A. B. 古雷加:《费希特耶拿时期的知识学》,《世界哲学》1992 年第 6 期。
② 参见波普:《猜想与反驳》,傅季重等译,上海译文出版社 1986 年版,第 328 页。
③ 王路:《论"必然地得出"》,《哲学研究》1999 年第 10 期。

人在实现文化理念的过程之中就会得到精神满足,找到精神家园。而且,这种精神快乐,也是人类一切审美愉悦感的基础与源泉。

如果说文化精神内核是人类无意识的文化本能,那么文化话语体系就是人类有意识的文化构建;如果说前者是人类文化的自发阶段,那么后者就是人类文化的自觉阶段。而这二者所构成的文化规范从根本上决定人类群体有关吃喝拉撒的物质资料和有关七情六欲的精神资料的分配原则,其他一切社会政治、经济制度,都只是基于这一原则,并对它进一步完善后的具体表现形式而已。

中华文化的精神内核植根于千千万万普通中国人的生存需求,并体现于他们形态万千的日常生活之中。这一文化精神内核不会因为时代变迁或者科技发展而发生改变。任何违背这一文化精神内核的文化学说都将被漠视、唾弃乃至最终抛弃。我们只有依据这一文化精神内核,才可能重构中华现代文化话语体系。其实,我们的第一文化精神家园就在于我们的日常生活实践,体现为我们的文化精神内核。只要一息尚存,我们就不会丢弃自己的这一文化家园。我们的第二文化精神家园则是我们的文化话语体系,它对促进我们的沟通交流、促进社会的良性发展具有至关重要的意义。第二文化精神家园对于以"话语"作为生活主旋律的学人们尤其重要。

追求第二文化精神家园的根本手段在于"认信"。我感念父母的养育之恩,认信"孝道",在抚养子女、孝敬父母之中得到了无比的精神享受。我感念老师(无论中西)的教育之恩,认信"师道",在教育学生、尊敬老师之中得到由衷的精神享受。我感念友人(无论中西)的扶持,认信"友道",在与朋友的交往之中享受纯净的精神享受。我感念许许多多的我不认识的人(无论中西)为我提供衣、食、住、行的便利,认信人道,在关心社会、回报社会之中得到恬静的精神享受……有人依赖亲人荫蔽、衣食无忧,我则认信独立自由、个人奋斗;有人喜欢豪房靓车、大把钞票,我则认信"知足曰富、知足常乐";有人钟爱高官厚禄、媒体聚焦,我则认信"小径信步、自在逍遥"……

在自己创造的文化精神家园,我们会感到心灵的充实。若有人叩门,笑而迎之;无人暇顾,自得其乐。

# 后 记

## ——研文化以为大兮，习诗歌以入微

　　和所有人一样，我也关注生活问题；所不同的是，我是以学术关注生活。我相信，只有关注生活的学术，才是有价值的学术。我从事学术研究的最终目的，也只是为了生活更好而已，不过并不仅仅是为了自己生活更好——学术本来就有"利人"的社会特征。我相信，只要大家的生活更好了，我的生活也就自然会更好，而且也只有大家的生活更好了，我的生活才会更好。

　　对于生活本身的关注、对于快乐生活的追求，使我在学术研究中逐渐注意到文化问题。我所说的文化，指的是涉及日常生活的各种理念体系和价值体系。在物质生活得到满足之后，文化理念是决定生活幸福指数的关键。在当前中国，人们的幸福感并没有随着物质财富的提高而提高，其根本原因，在于物质建设和文化建设分别属于性质截然不同的两个领域，一者的提高并不能够必然地促进另一者的提高。和经济建设相比，中国现代文化的建设更为重要，也更为艰巨。

　　中国文化的现代转型自 19 世纪中叶就已经开始。历代仁人志士不断艰辛探索，已经为我们积累了大量宝贵的实践经验和研究资料。如果没有前人打下的牢固基础，我的研究也就无从谈起。我发现，西方文化对于中国文化的冲击，根本上体现为西方"哲学—科学"对中国传统文化体系的冲击（也即"真"对于"善"的冲击），因此，现代文化建设的核心问题，就在于协调"哲学—科学"和文化理念之间的关系（也即"真"与"善"之间的关系),使之达到一种良性互动、基本平衡的状态。

让我颇为费神是对于西方哲学的研究。原因有二:其一,中国传统并无西方狭义上的哲学;其二,西方哲学本身体系庞大而混乱。所幸我牢牢地抓住了"中国问题",因此在研究西方哲学时就掌握了主动权。——只要抓住了"中国问题",我们就容易取得质疑任何所谓西方权威的合法性,从而保持自己的独立性;同时也容易锁定研究对象,从容地从各种渠道摄取有用信息,而不会迷失于西方哲学的汪洋大海之中。在"中国问题"的观照下,我发现并界定了西方哲学的本质,即"求真的逻辑的体系"。或许有人会质疑我的这一界定,并举出西方哲学中的大量论著来进行反驳。对此,我只能一笑了之——我以为学术的真谛,不是盲目追随既定的权威,而是要解决"自己的问题"。为了构建中国文化的精神家园,我自然乐于解构并重新界定西方哲学体系——只要我们言之有理,西方学界未必就不会洗耳恭听。其实,即便在西方,每一位哲学家的笔下的"哲学"概念也并不相同。

西方哲学的精髓在于形式问题,不是质料问题。形式问题是哲学问题,质料问题是思想问题。从形式的视角研究西方哲学,人们就可以很快地领悟到西方哲学的真谛;相反,从思想问题着眼,就很容易被西方哲学的浩瀚论著所淹没。中国自古有不少伟大的思想家,而少有伟大的哲学家。对于中国学者来说,需要着重学习的是西方哲学中的形式问题,而不是质料问题。冯友兰先生多年前就已经指出,中国学界需要学习的是西方哲学中的逻辑,而不是现成的结论。笔者深以为然。

因为关注自己的生活,所以我就有自己的问题;因为有自己的问题,所以我就有自己的学术土壤以及与之伴随的理论框架。我发现现在许多朋友在进行学术研究之时,习惯于披上某位所谓西方权威的皮衣,结果常常会让他人的问题代替自己的问题,最终迷失自我。这种情况让我深感痛惜,而又无从援手。其实,只要将学术研究建立在我们自己生命体验的基础之上,勤于观察、乐于思考,我们就能拥有自己的问题;而只要立足于自己的问题,我们就能将他人的理论体系化为自己的理论体系。从绝对意义上来看,人们总是在不同意义上使用同一概念的,因此,所有学术研究中的"引用"都是"不合法"的。不过,只要我们拥有自己的问题和自己的理论体系,就可以让任何学术概念在我们的体系之中得到重新阐释,从而得以消化。这样,也就达到了"六经注我"的境界。

虽然已近"不惑"之年,心中却仍有许多不解之"惑"。唯一可以聊以自慰的是:我毕竟是在不断勤奋地思考着的。这本书就是我过去近十年在学术领域不断求索的结果,若它能够对同行者稍有启发,我就无怨无悔了。在该书之中,我所提出的是有关基本原则和理论框架,许多细节还有待日后慢慢补充。我以真诚对待自己,也以真诚对待学术,我相信以诚为本的学术和真诚一样,永远不会被时间所淹没。

在学术领域没有敌人,只有对手,而对手是不可或缺的朋友。只有进行人身攻击者才是敌人,而这种人不配称为学者。在以后的日子里,我会不断地通过质疑来考验、发展自己提出的各种观点,也衷心欢迎同道中的朋友们助我一臂之力。

感谢刘小枫教授、曹峰教授的支持与指点。肖小军博士、郑杰博士认真审读全文,并提出不少有益的建议,特此致谢!

2010 年 12 月 24 日
于广州桂花岗

后
记